프로바둑강좌 · 초급이상 1

3수로 결판내는
정석입문

王座 加藤正夫 지음

프로바둑연구회 편

太乙出版社

머 리 말

정석은 바둑의 역사적 소산이라고 말할 수가 있다.

처음 바둑을 대하는 사람에 있어서는 반드시 거쳐야 할 하나의 과정이다.

이 책에서는 긴 수수(手数)의 정석에서 알기쉽게 3수 정도의 수수로 압축하여, 자연스럽게 정석을 깨달을 수 있도록 하였다.

정석은 맥의 보고(宝庫)이다.

정석에는 돌의 모양이 있다.

실리와 두터움의 관계가 그것이다.

'흑이 좋다'고 하여도 그것을 납득할 수 없다면 이 반신반의한 의문이 바둑을 향상하는 디딤돌이 될 것이다.

실전에 나타난 여러가지의 모양에 대해서 좋고 나쁨을 가려, 마땅히 이 책이 기력 향상에 도움이 되었으면 한다.

저 자 씀

차 례*

제 1 편

화점 정석

12

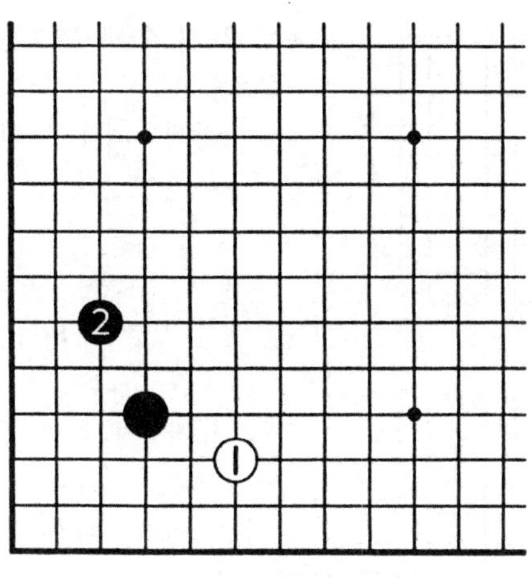

백선

제 1 문

날일자 받음

화점 정석의 처음은 백 1 의 날일자 걸침이다. 흑 2 의 날일자 받음이 견실한 수이다. 이후는 어떻게 두어야 할까?

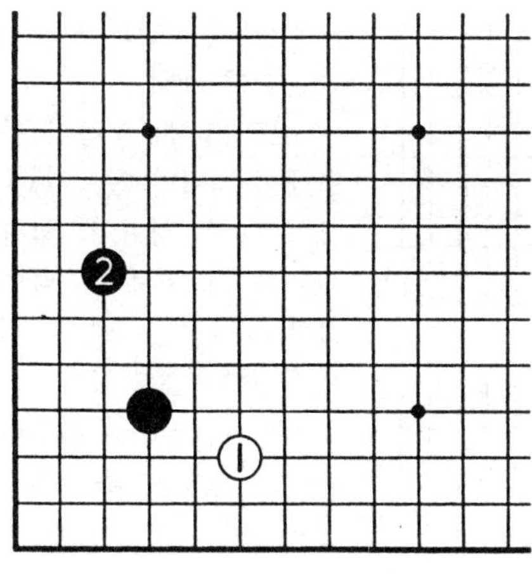

백선

제 2 문

눈목자 받음

백 1 에 눈목자 받음이다. 계속 어떻게 두어야 할까?

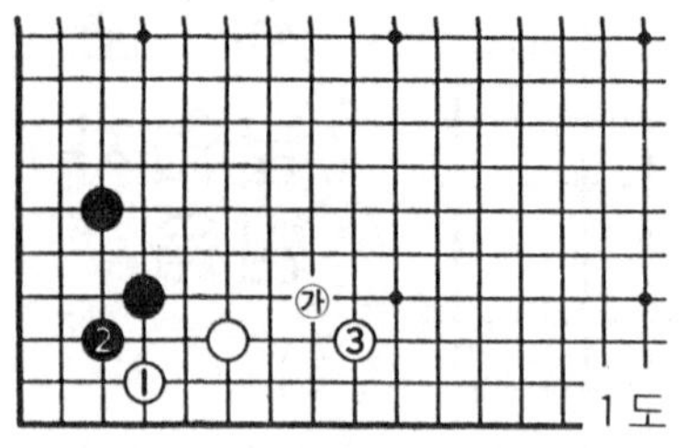

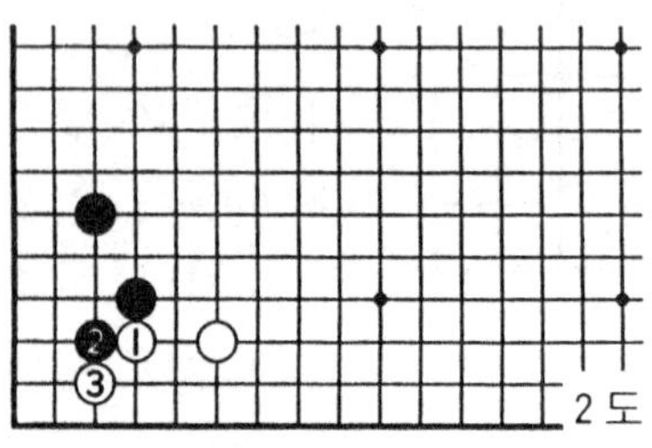

●두 가지 소재(제 1 문 해답)

1 도 (정해) 백 1로 미끄러짐. 흑 2로 받으면 백 3으로 2 칸을 벌린다. 실전에서 많이 두는 정석이다. 백 3으로 ㉮의 곳을 두는 수도 있다.

2 도 (정해) 백 1의 붙임. 흑 2에는 3으로 젖히는 수가 있다. 이후 두 가지 소재로 얘기해 나간다.

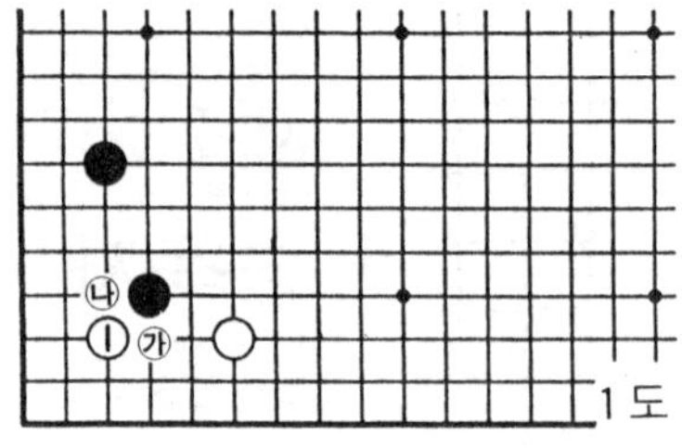

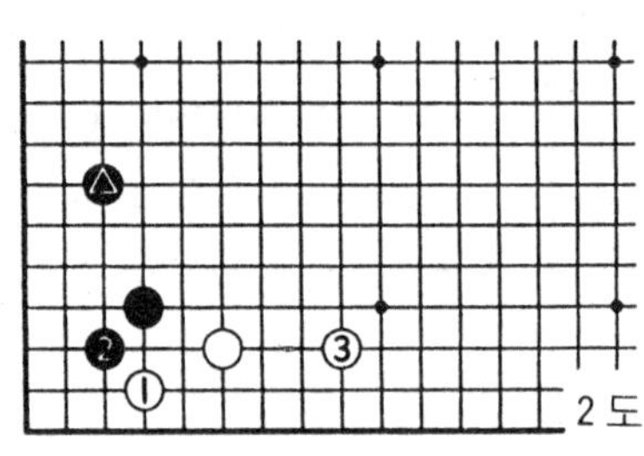

● 2 도는 흑이 좋다(제 2 문 해답)

1 도 (정해) 눈목자 받음에는 넓이가 있기 때문에 3·3의 침입이 있다. 달리는 ㉮의 곳을 붙여 1의 곳을 받을 때 ㉯의 곳을 끊는 수가 있다.

2 도 (참고) 백 1의 날일자는 흑 2와 ▲표가 좋다. 백은 1, 3으로 둔다.

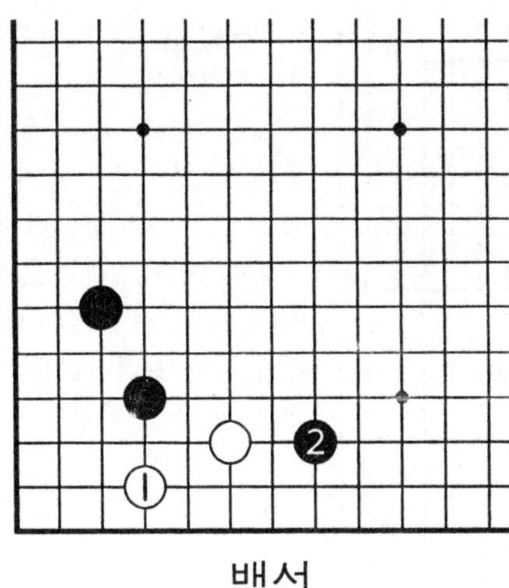

백선

제 3 문

협공

백 1의 미끄러짐에 흑 2로 직접 응수하면 백의 착점은?

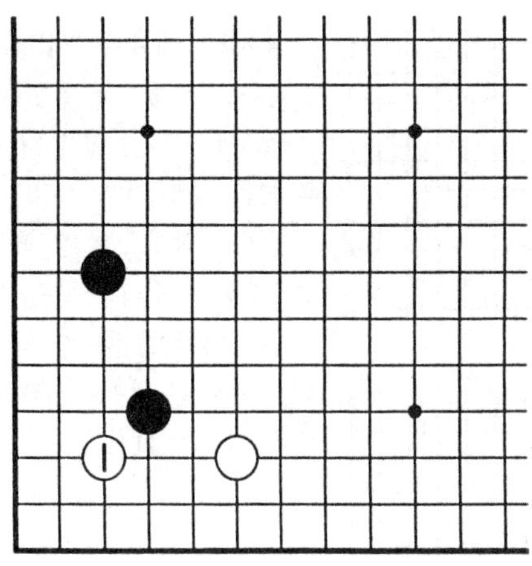

흑선

제 4 문

3·3에 대하여

백 1의 3·3의 들어옴에 대하여 흑은 통상 내려섬으로 응수를 하는데—.

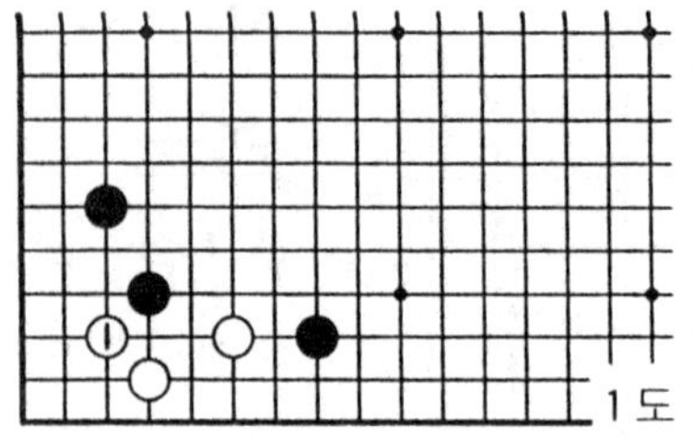

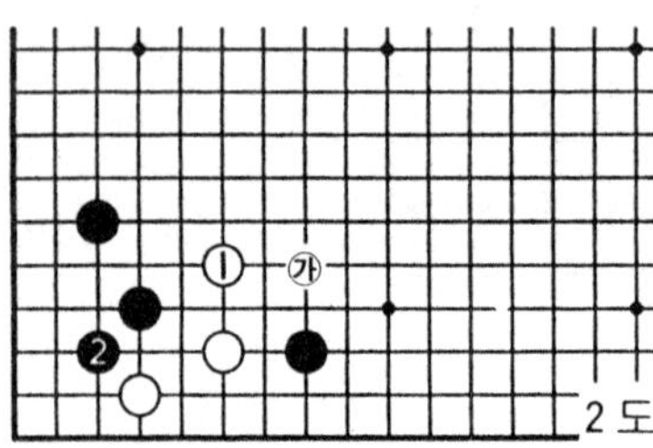

● 당연한 3·3 (제 3 문 해답)

1 도 (정해) 흑이 3·3에 받지 않으면 당연히 백 1 로 근거를 확보한다.

2 도 (실패) 백 1 로 한 칸 뛰면 흑 2 가 근거에 관해 좋은 수다. 다음 흑 ㉮로 백을 공격한다.

1 도

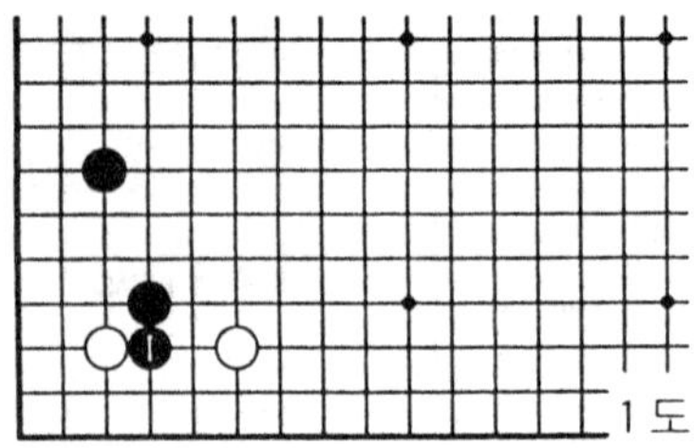

2 도

● 차단(제 4 문 해답)

1 도 (정해) 특별한 경우를 제하고는 흑 1 의 내려섬은 당연하다.

2 도 (참고) 통상 흑 1 은 백 2 로 둔다. 흑이 손해다. 다음에 ㉮가 급소다. 본도는 백이 결코 불만스럽지 않다.

1 도

2 도

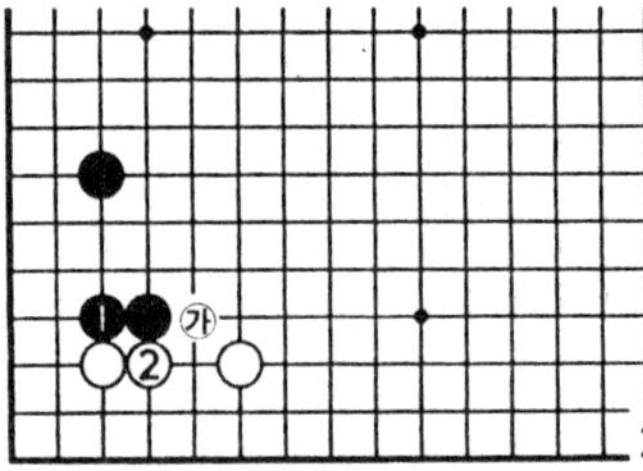

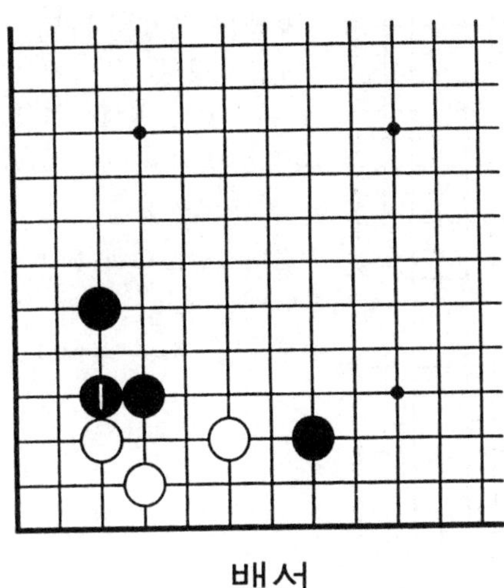

백선

제 5 문
둔중

흑 1의 내려섬에 백은 어떻게 두어야 할까?

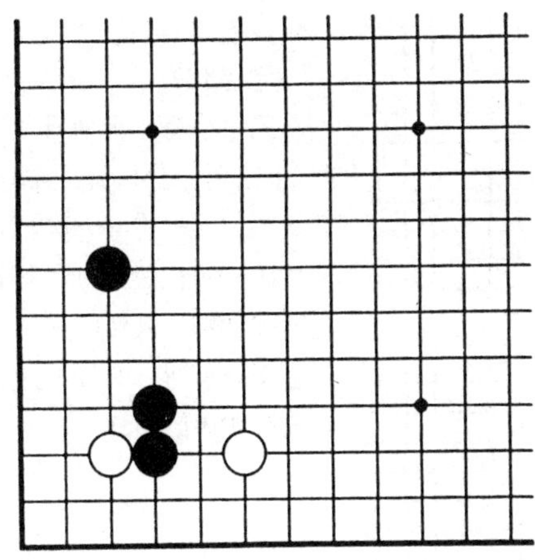

백선

제 6 문
계속

전문에 계속하여 백이 두는 방법을 생각을 해보자.

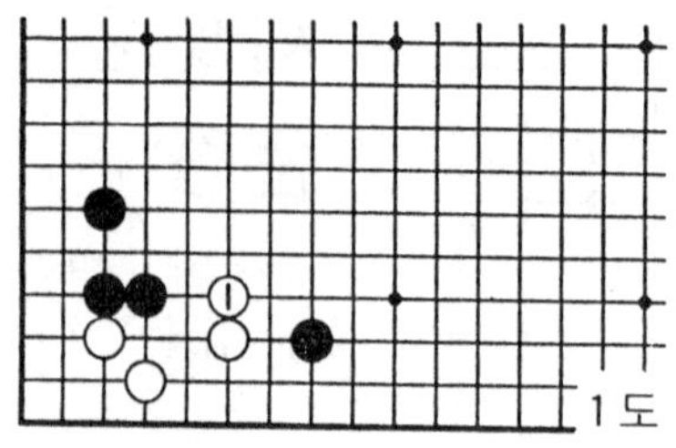

● 뻗음(제 5 문 해답)

1 도 (정해) 무겁게 보이는 백 1 이 정해이다. 봉쇄를 막는 수이다. 여기에서 한칸은 엷다.

2 도 (참고) 백이 1 로 부딪히면 흑 2, 그다음 3 으로 뛰는 수는 손해다.

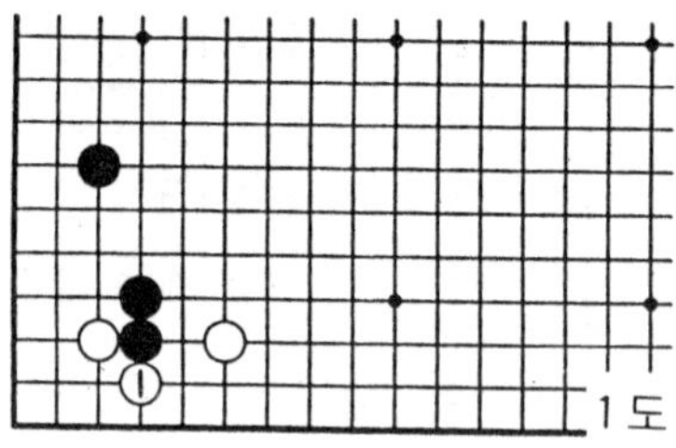

● 젖힘과 늘음(제 6 문 해답)

1 도 (정해) 국세에 따라 1 도의 젖히는 수와 2 도의 느는 수를 생각할 수 있다. 이것은 그때의 선택에 따라 다르다.

2 도 (정해) 백 1 도 실전에서 많이 둔다.

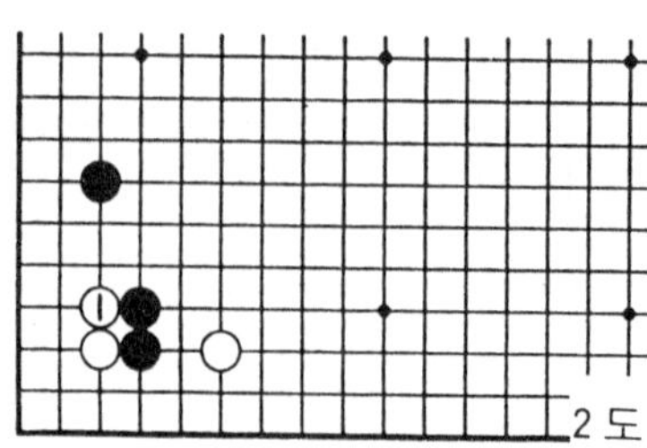

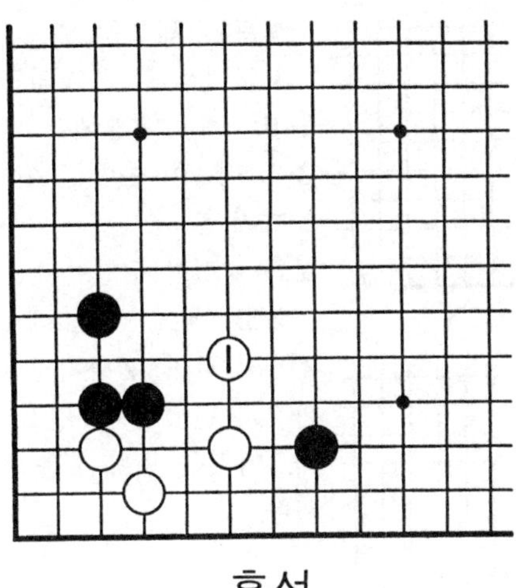

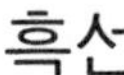

흑선

제 7 문
부딪힘

백 1의 뜀은 옳은 수이다.

흑이 좋은 응수는?

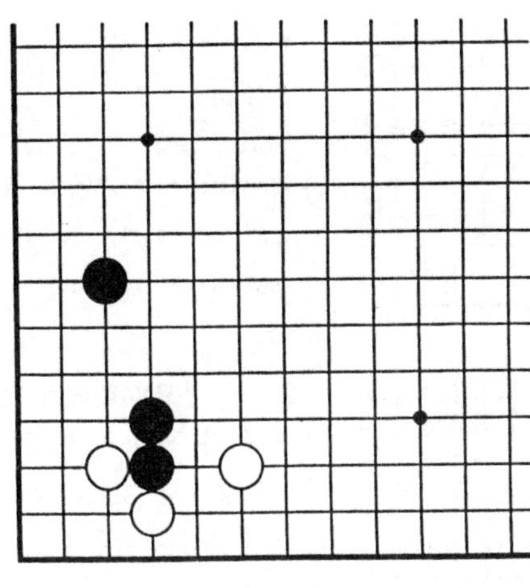

흑선

제 8 문
두개의 타개

제 6 문에 대한 계속이다. 흑에게는 2 종류의 타개방법이 있다. 강수와 타협수는?

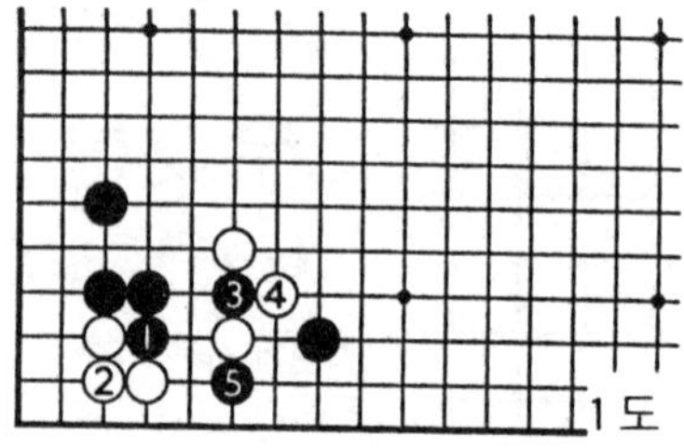
1 도

●분단(제 7 문 해답)

1 도 (정해) 흑 1의 구부리는 수. 백 2에는 흑 3의 끼움이 있다. 이하 5까지 분단이 된다. 이것은 강렬한 수단이다.

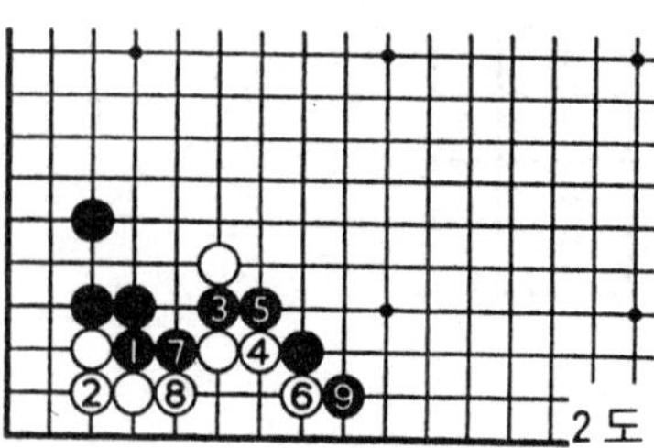
2 도

2 도 (참고) 흑 3에 백 4에서 흑 5, 7까지, 9까지 2단젖힘이 강렬하다. 이것은 흑이 좋은 결과다.

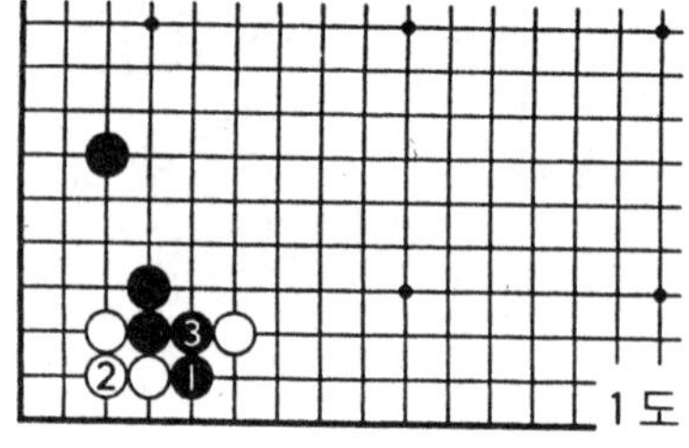
1 도

●국세에 따라 (제 8 문 해답)

1 도 (정해) 흑 1로 강하게 차단하는 수단은 당연하다. 백 2에는 흑 3의 이음이 있다. 보통으로 두는 수.

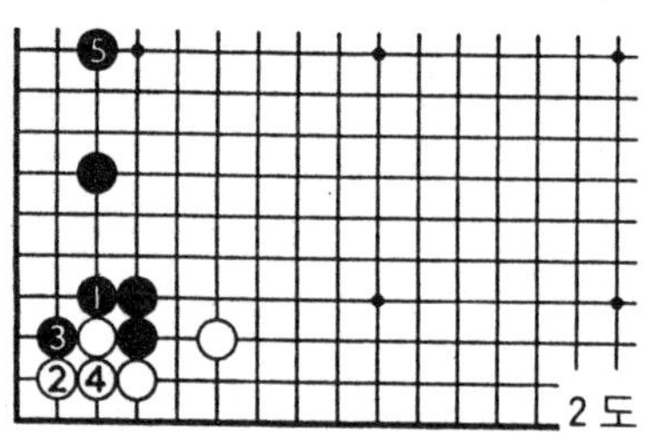
2 도

2 도 (참고) 타협을 구하는 수가 흑 1의 막음이다. 백 2, 흑 3, 백 4, 다음 흑 5는 당연하다.

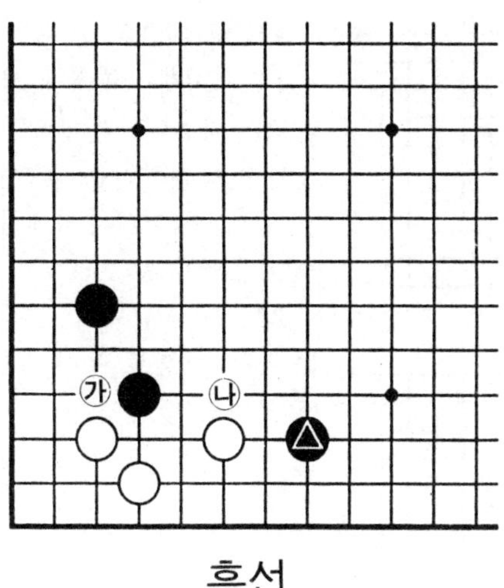

흑선

제 9 문
엿봄

흑㉮는 백㉯로 그만인데, 흑▲표의 의도는 무엇일까?

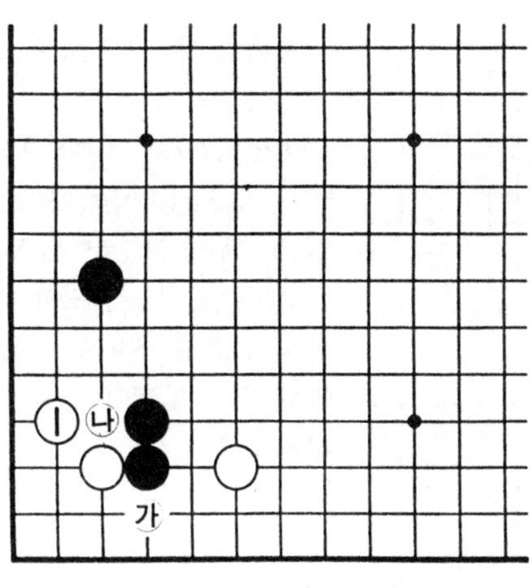

흑선

제10문
조이는 방향

백 1 에는 ㉮와 ㉯의 곳이 있다. 백 1 의 마늘모에 조이는 방향은?

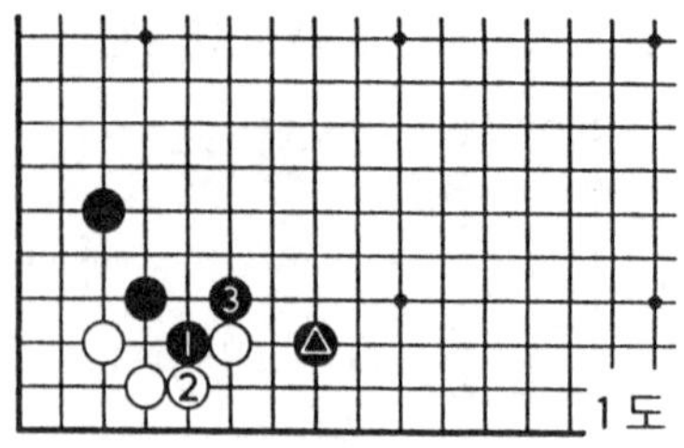
1 도

2 도

●봉쇄(제 9 문 해답)

1 도 (정해) 흑◬표의 의도는 다음에 흑 1 에서 3 까지 봉쇄한다는 의미가 있다. 이것은 외세가 두텁다.

2 도 (참고) 흑 1 로 두는 것은 백 2 로 둔다. 1 도 보다는 떨어 진다.

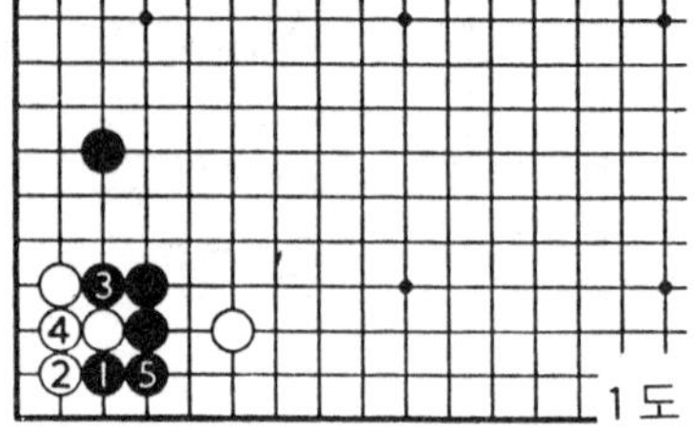
1 도

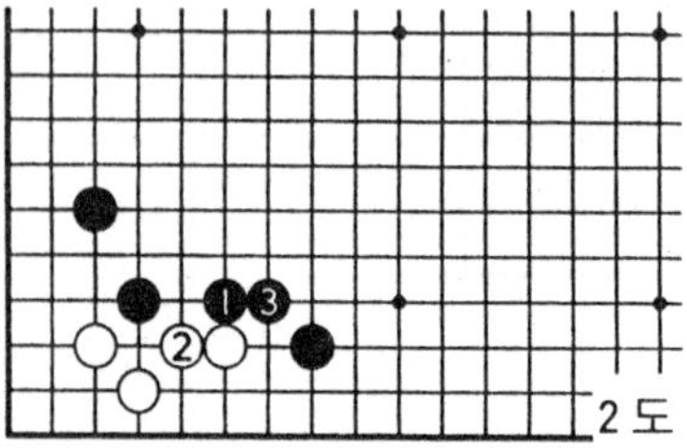

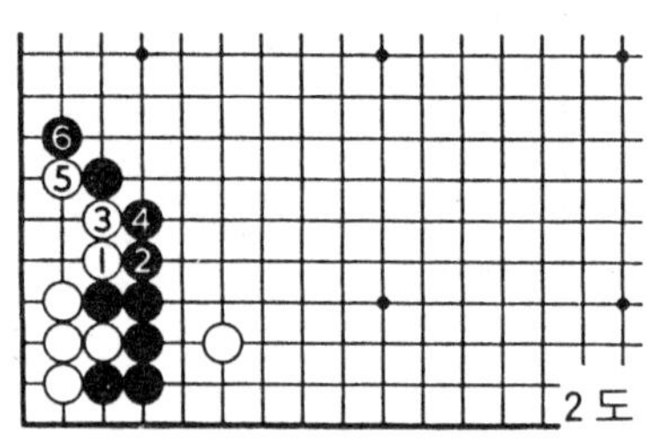
2 도

●흑 대우세(제10문 해답)

1 도 (정해) 아래 젖힘에서 흑 5 의 이음까지가 있다. 백이 고전의 양상.

2 도 (참고) 1 도에 계속하여 흑 6 까지 된 모양에서 흑의 철벽이다. 흑의 대우세.

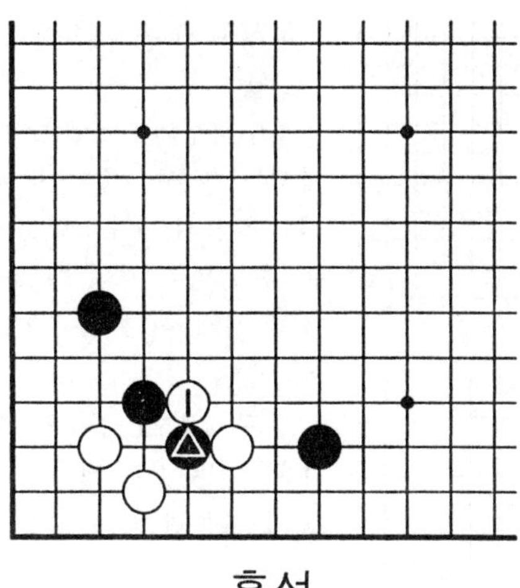

흑선

제11문
단수

흑▲표에 백 1로 맞젖히는 것에 흑은 어떻게 둘까?

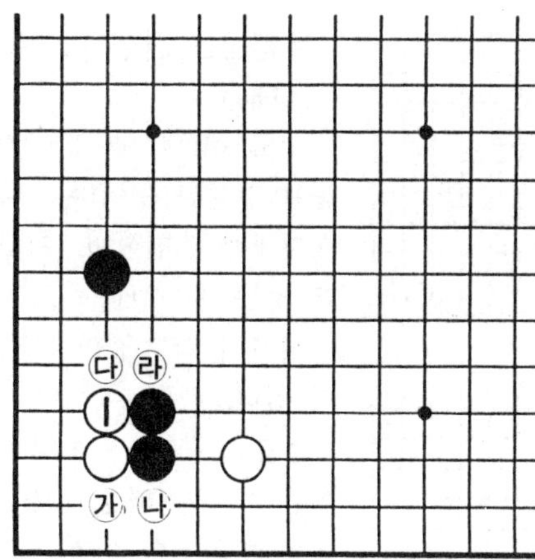

흑선

제12문
견실한 수

백 1에 대하여 흑은 ㉮, ㉯, ㉰, ㉱의 방법을 생각할 수 있다. 제일 견실한 수단은?

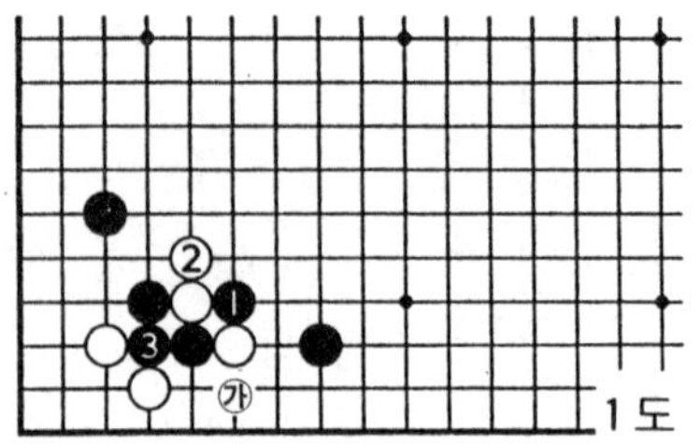
1 도

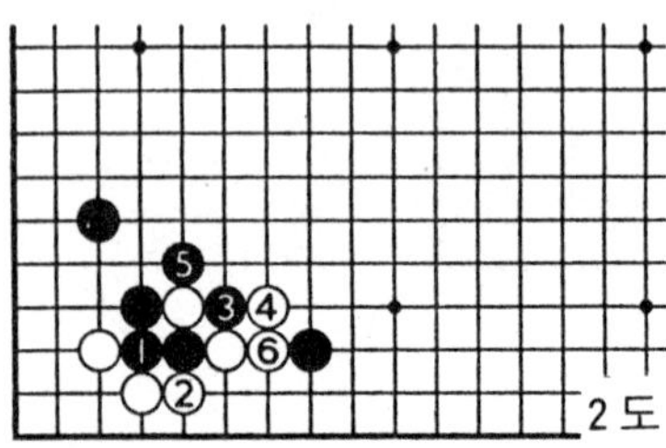
2 도

●끊고 이음(제11문 해답)

1 도 (정해) 이런 모양에서는 수순이 좋아야 한다. 흑 1 의 단수. 백 2 에는 흑 3 으로 이어 백모양을 무겁게 한다. 흑 3 으로 ㉮ 도 있다.

2 도 (참고) 단순히 흑 1 로 잇는 것은 백 2, 흑 3 의 끊음엔 백 4, 6 으로 나간다.

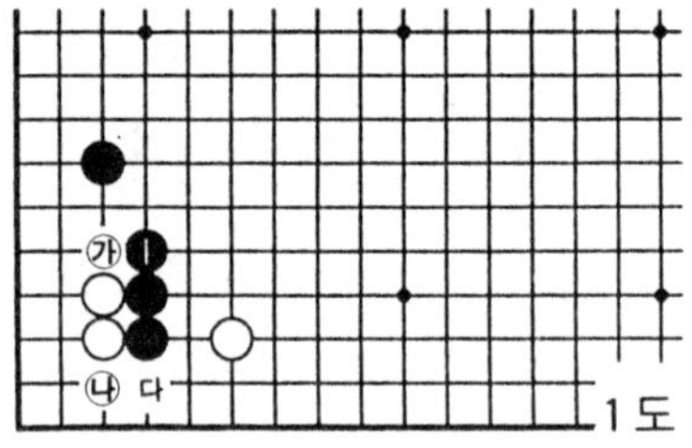
1 도

2 도

●뻗음은 견실(제12문 해답)

1 도 (정해) 흑 1 의 뻗음이 견실한 수이다. 초심자에게 추천할만 하다. 흑㉮는 후술한다. ㉯는 국세가 유력, ㉰의 젖힘이 있다.

2 도 (참고) 흑 1 의 젖힘은 강수다. 백 2 에서 6 까지 변화된다. 이것은 고단자가 쓰는 정석이다.

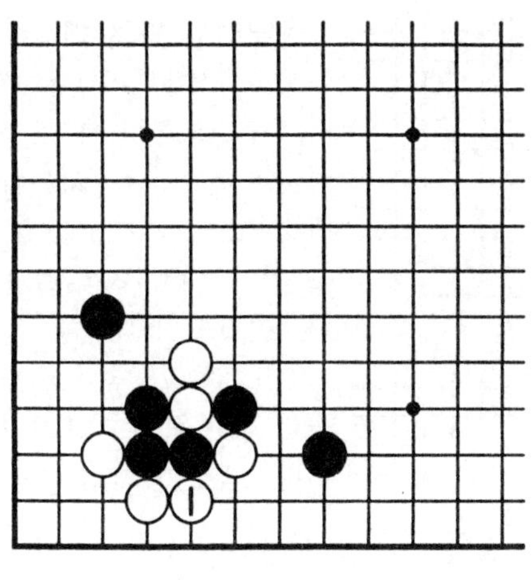

흑선

제13문
간요(肝要)

백 1에 대하여 흑이 응수하는 방법은?

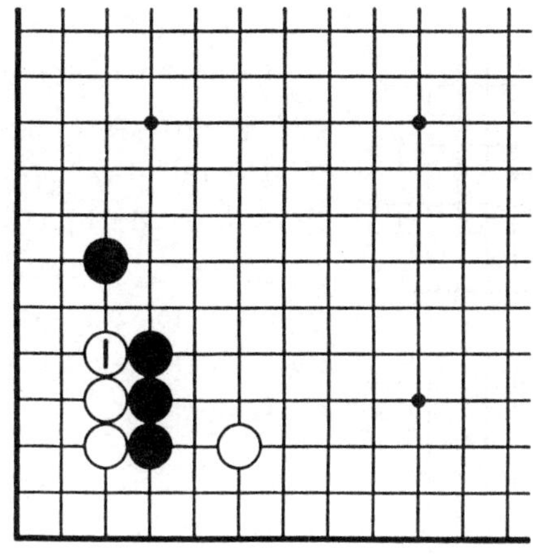

흑선

제14문
강수

백 1에 대하여 다음의 한수로 강수를 방지한다.

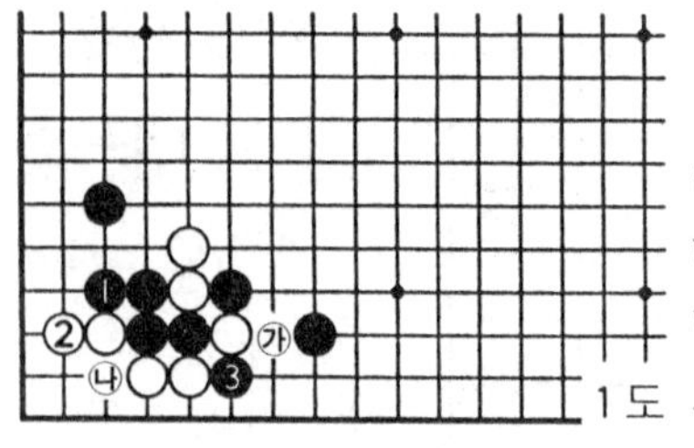

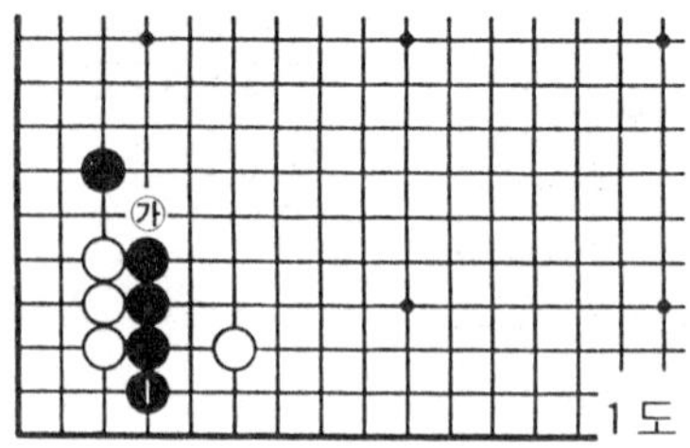

●내려섬(13문 해답)

1 도 (정해) 흑 1 의 내려섬이 간요하다. 백 2 로 내리면 흑 3 으로 끊는다. 백 2 로는 ㉮로 두는 수도 있다. 이때는 ㉯로둔다. 이것도 정석이다.

2 도 (참고) 흑 1 의 단순한 끊음은 백 2 가 호수이다. 백 2 가 맥점이다.

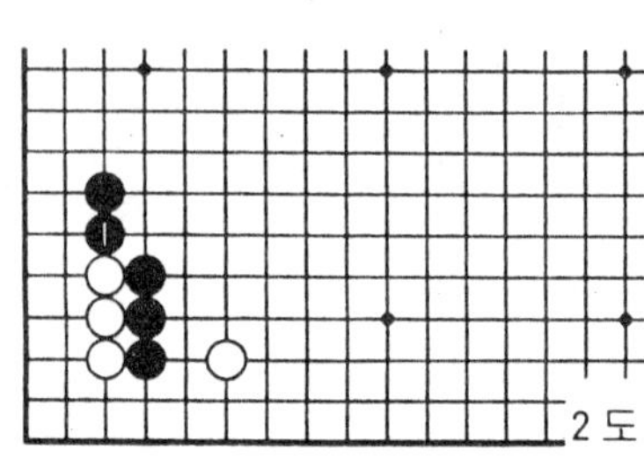

●뻗음(제14문 해답)

1 도 (정해) 흑 1 의 뻗음이 강수이다. 흑이 나쁘지 않다. 이 수로 ㉮도 견실하지만, 완착이다.

2 도 (참고) 흑 1 의 부딪힘은 견실한 응수이다. 이것은 초보자가 두어도 무난한 수이다.

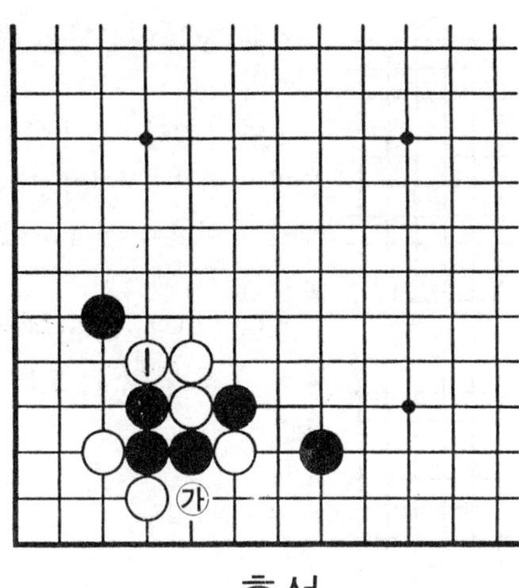

흑선

제15문 변화

전문의 백 ㉮로 두지 않고 백이 1의 곳을 내리면 흑의 응수는?

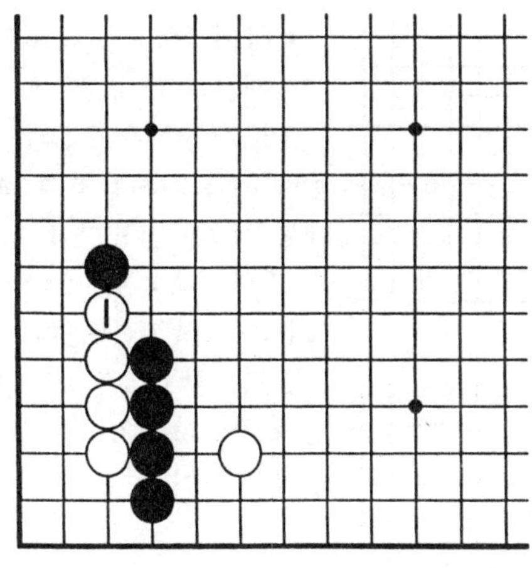

흑선

제16문 계속된 강수

앞문에 계속하여 백 1로 부딪히는 것은 강한 응전이다.

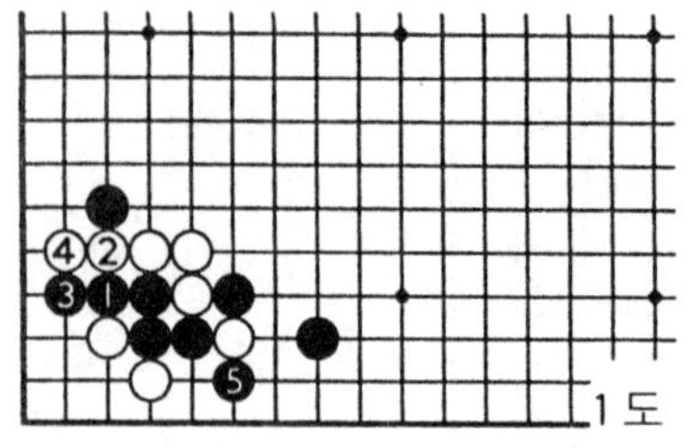

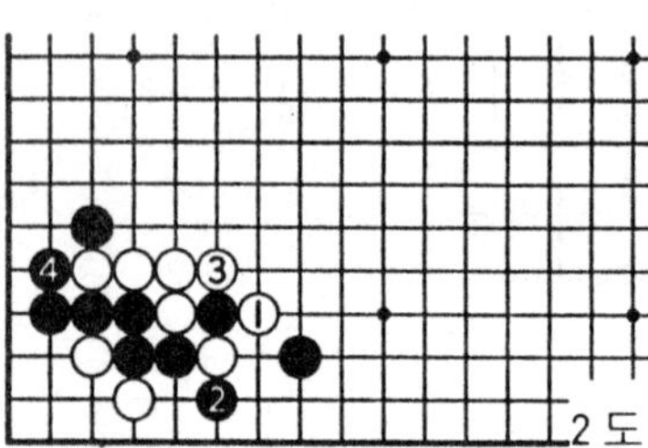

●흑 좋다 (第15문 해답)

1 도 (정해) 흑 1 이하 5 까지 흑의 실리가 커서 흑이 유리하다. 흑 1 로 2 도 백은 1의 곳.

2 도 (참고) 1 도의 백 4 로 본도의 백 1, 3 은 축.

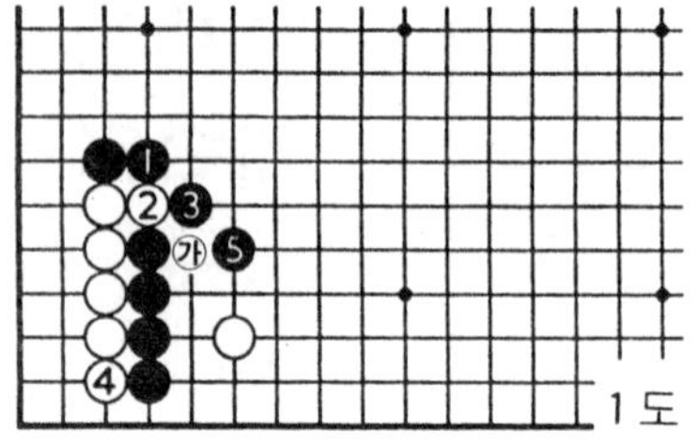

2 도

●강한 올라섬 (第16문 해답)

1 도 (정해) 흑 1 의 올라 섬이 강수다. 백 2, 4 에는 흑은 3, 5 까지. 흑이 좋다. 백 4 로 ㉮의곳 끊음은 흑 4 로 싸운다.

2 도 (참고) 흑 1 은 작은 완착. 이곳은 견실한 수가 아니다.

제17문 손뺌

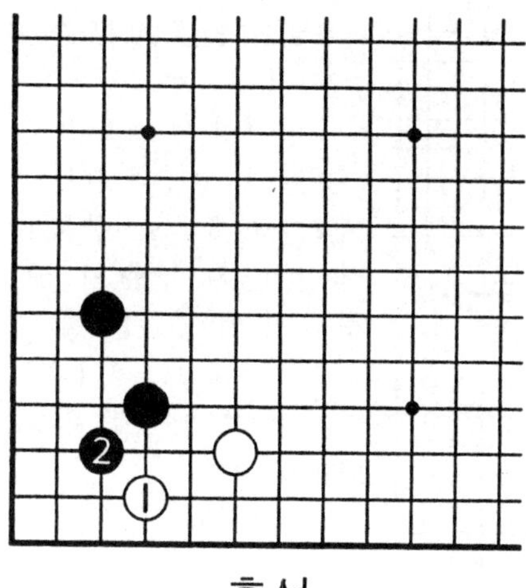

흑선

백 1에 흑 2를 교환한 다음 백이 손을 뺀 장면이다.

흑의 응징방법은?

제18문 강한 싸움터

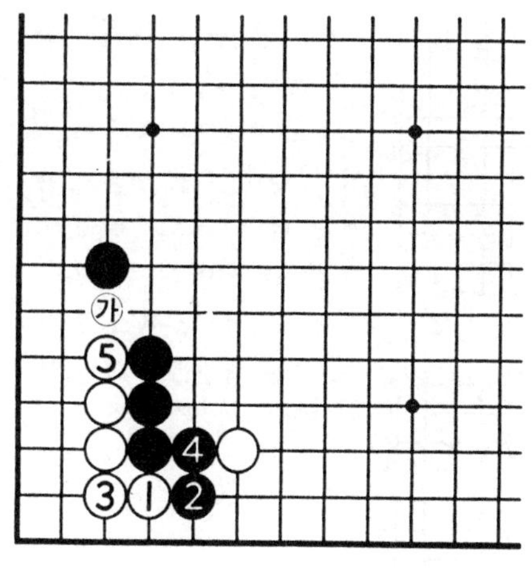

흑선

제14문 백 1로는, 백 1, 3으로 선수로 둔다. 이것도 정석이다. 백 5에 대하여 ㉮는 견실하다. 다른 방법은 없을까?

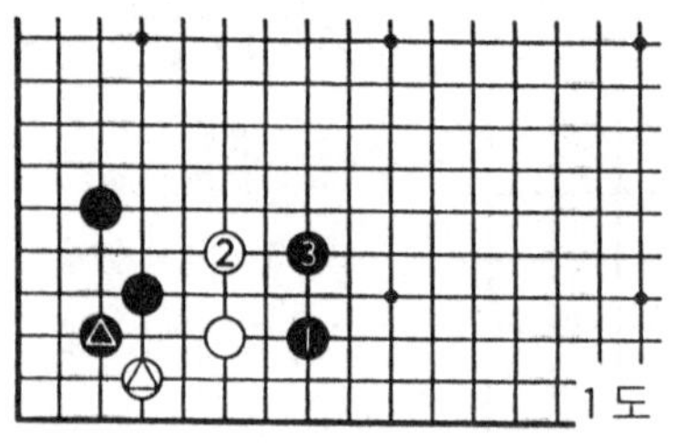

●엄한 협공(제17문 해답)

1 도 (정해) 흑 1의 협공이 엄한 수단이다. 백 2에는 3으로 공격한다. 백Ⓐ와 흑●가 교환 되어 백이 무겁다.

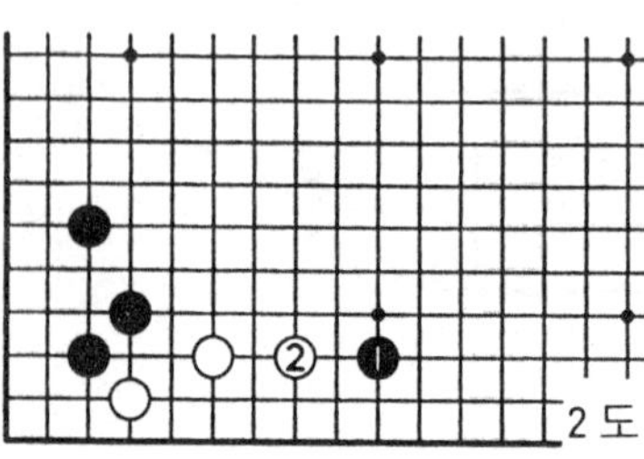

2 도 (참고) 흑 1의 다가섬에는 백 2로 벌릴 여유가 있다.

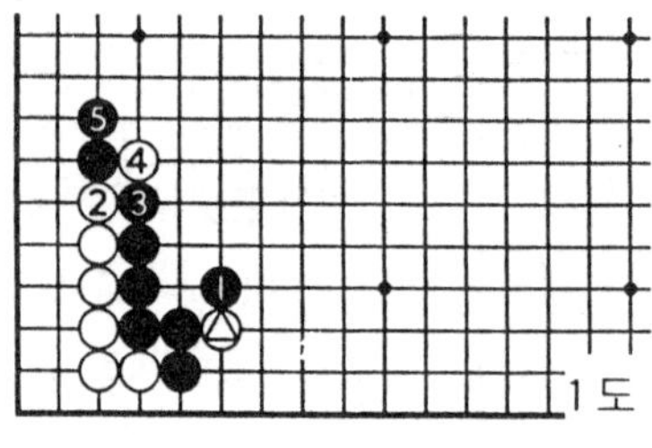

●강한 수(제18문 해답)

1 도 (정해) 흑 1의 젖힘이 강수이다. 백 2, 4에는 흑 3, 5로 싸운다. 백Ⓐ를 제어하여 크다.

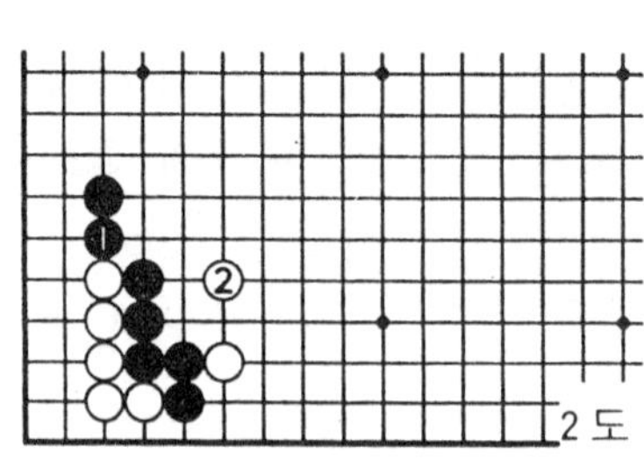

2 도 (참고) 흑 1로 막는 수는 백 2로 되어 좋지 않다.

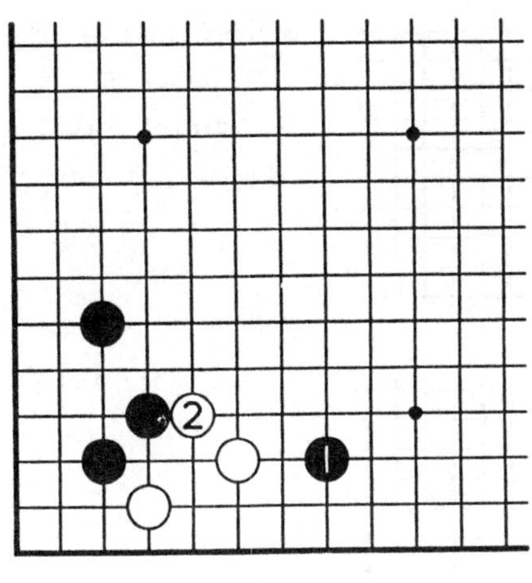

흑선

제19문 대치하는 수

흑 1의 협공에 백 2의 마늘모의 수단이 있다. 이에 대한 흑의 응수는

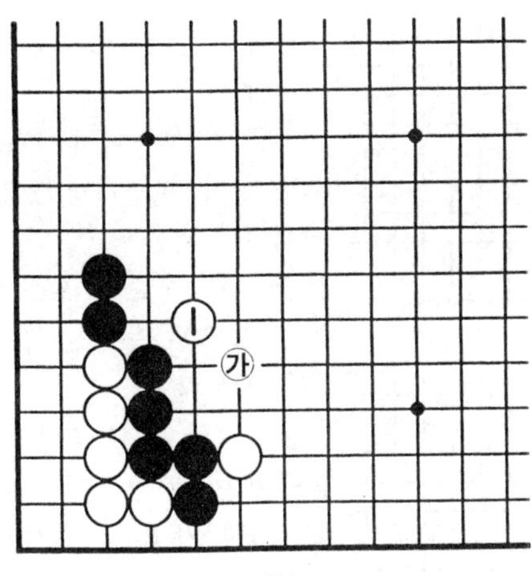

흑선

제20문 밑을 두는 수

백 1의 들여다봄이 상수가 애용하는 수단. ㉮의 한칸 뜀은 너무나 정직하다.

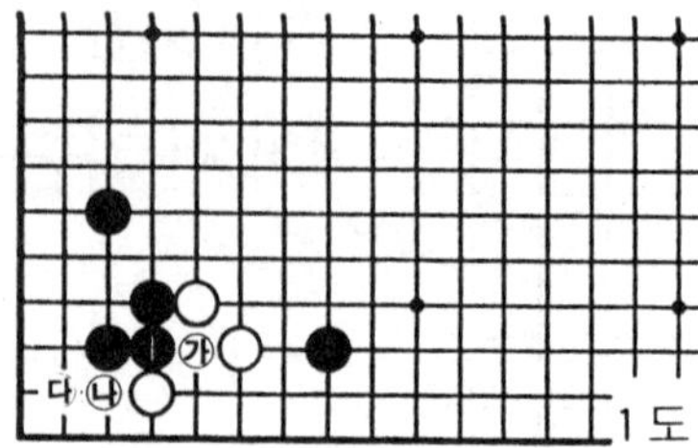

1 도

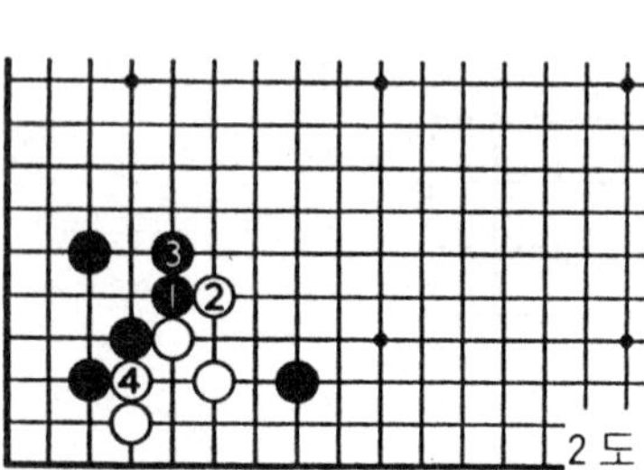
2 도

●빈삼각(제19문 해답)

1 도 (정해) 흑 1이 최강의 수단이다. 상대의 눈을 뺏는 완고한 수다. 백 ㉮는 흑 ㉯, 백 ㉰는 흑 ㉱.

2 도(참고) 흑 1의 젖힘은 백 2에서 4까지의 급소를 둔다.

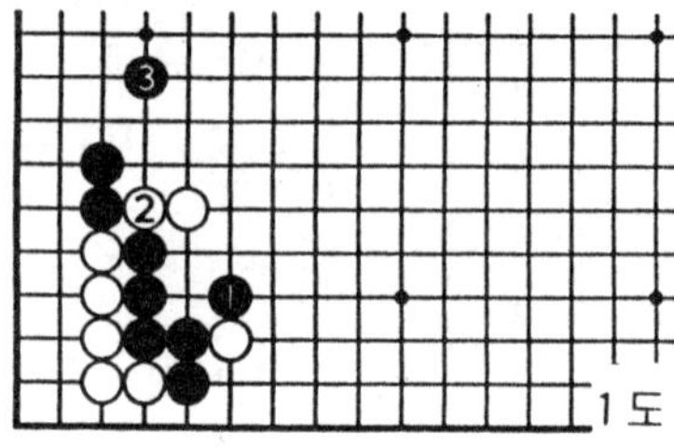
1 도

2 도

●좋은 전투(제20문 해답)

1 도 (정해) 흑 1이 급소의 젖힘이다. 이것은 앞 문제에서 배운 바 있다. 강수이다. 백 2의 끊음에는 흑 3으로 두어 십분 좋은 전투다.

2 도 (참고) 흑 1의 이음엔 백이 2의 곳을 둔다. 아주 가볍고 경쾌한 모양이다.

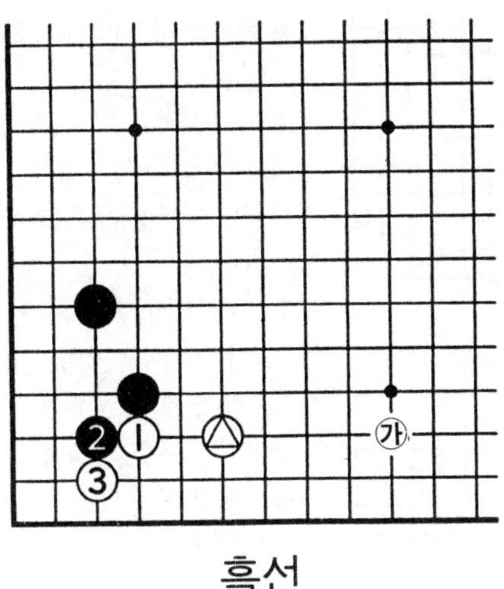

흑선

제21문 맞젖힘

백 1로 붙여 흑 2에 백 3으로 맞젖힌 모양이다. 흑㉮의 곳에 흑돌이 없다. 흑의 견실한 타개방법은?

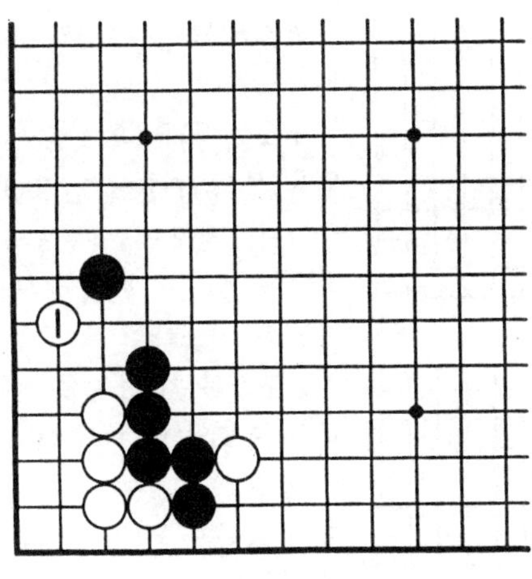

흑선

제22문 날일자에 대해

백 1의 날일자에 대하여 흑이 받는 응수는?

1 도

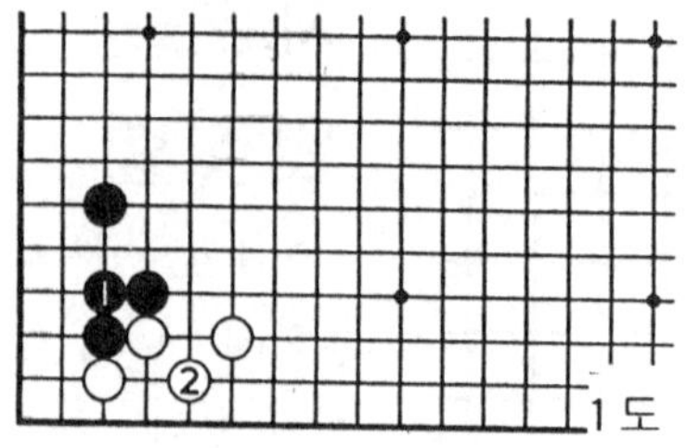

● 알기쉽다 (제21문 해답)

1 도 (정해) 흑 1은 알기쉬운 수단이다. 이것은 정석이다. 백 2의 지킴이 정착이다.

2 도

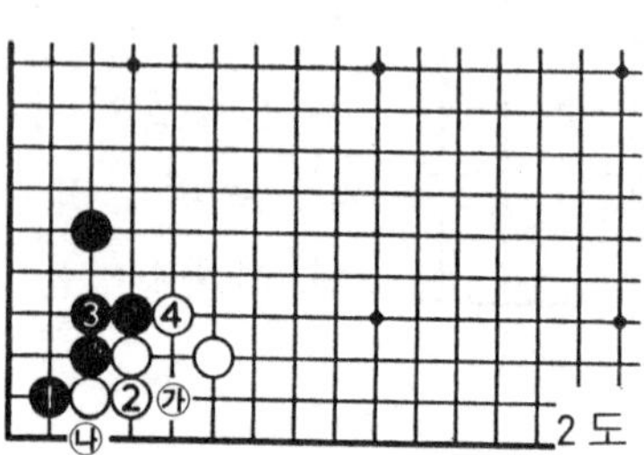

2 도 (참고) 흑 1의 강한 2단 젖힘은 엄한 수이다. 백 2에서 흑 3의 이음까지. 다음 백 4로 된다. 백 2로 ㉮는 흑 ㉯로 단수한다.

2 도

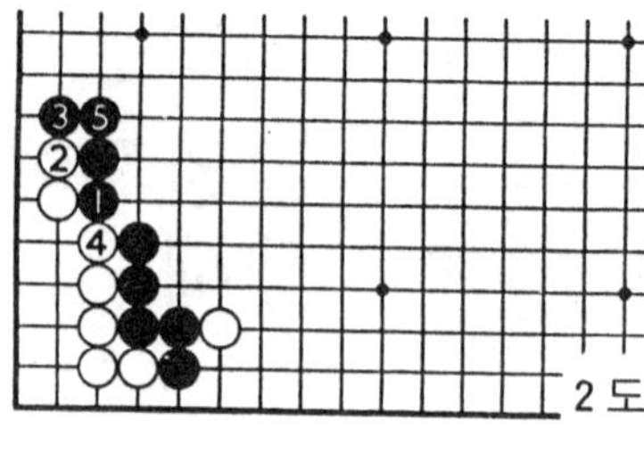

● 눌러붙임 (제22문 해답)

1 도 (정해) 흑 1로 상변을 붙여 누름이 견실한 수이다. 백 2에는 흑 3의 막음이 있다. 백 4에서 흑 5로 일단락.

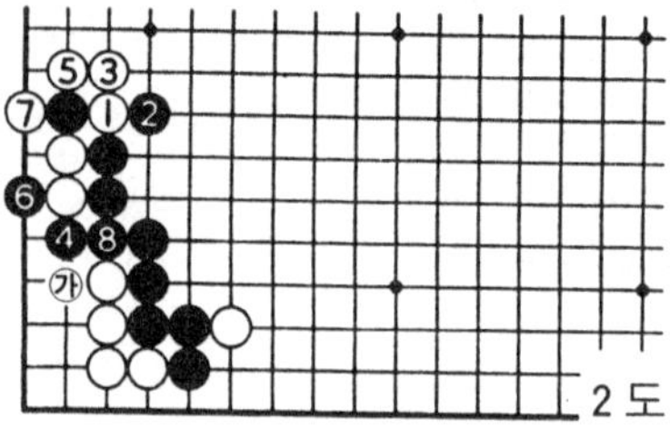

2 도

2 도 (참고) 1도의 백 4로 본도의 백 1은 흑 4의 젖힘으로 분단이 된다. 백 ㉮로 두어 패의 수단이 남는다.

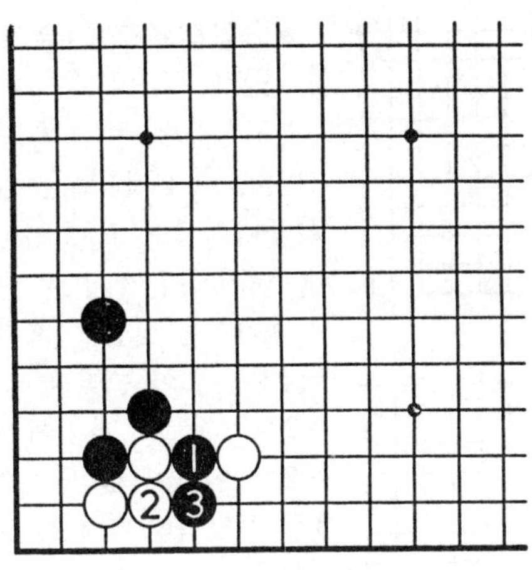

백선

제23문

위의 변화

흑 1의 단수에 백이 2로 이으면 3으로 내려서는 수단이 강하다. 이후의 변화를 생각해 보자.

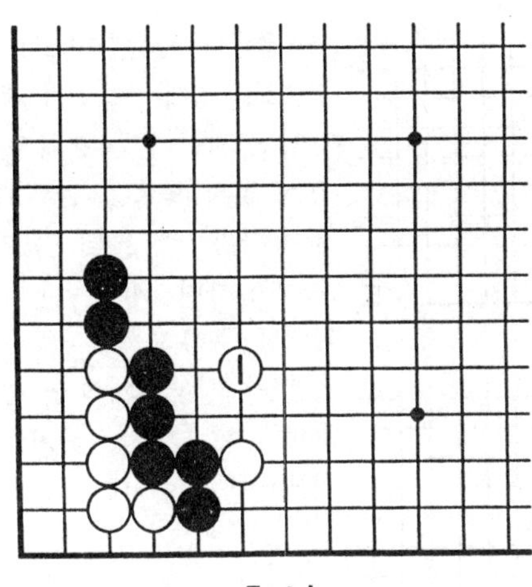

흑선

제24문

큰곳

백 1의 한칸뜀에 대하여 흑의 응수 방법은?

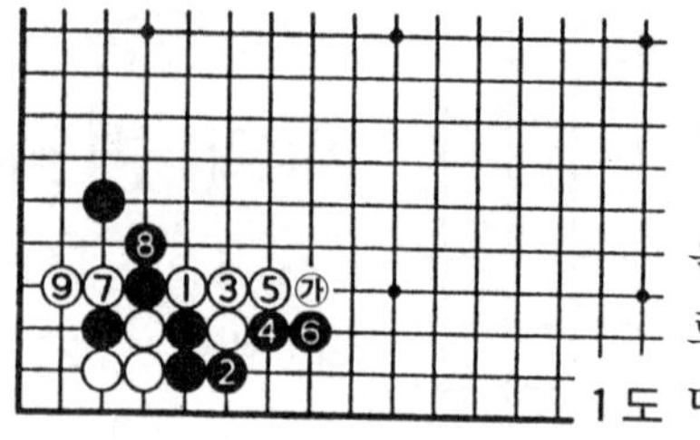
1 도

● 중앙전투 (제23문 해답)

1 도 (정해) 백 1의 끊음이다. 흑 2에 백 3, 5로 둔다. 백 9가 모양이다. 여기에서 흑㉮로 밀고 올라서는 것은 흑이 중앙전투에 아주 좋다.

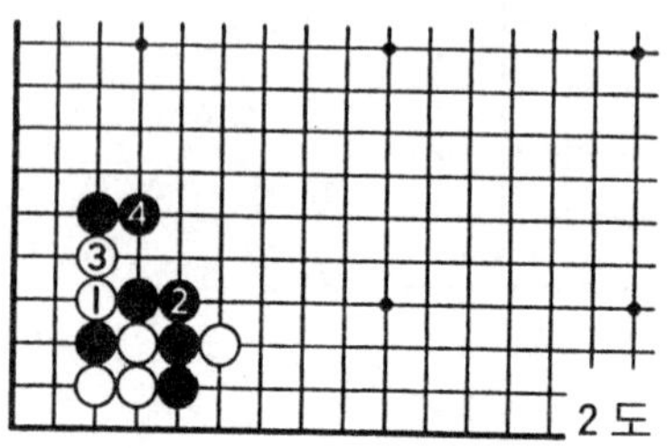
2 도

2 도 (참고) 백 1에는 흑 2의 이음이 있다. 백 3의 부딪힘엔 흑 4로 올라선다.

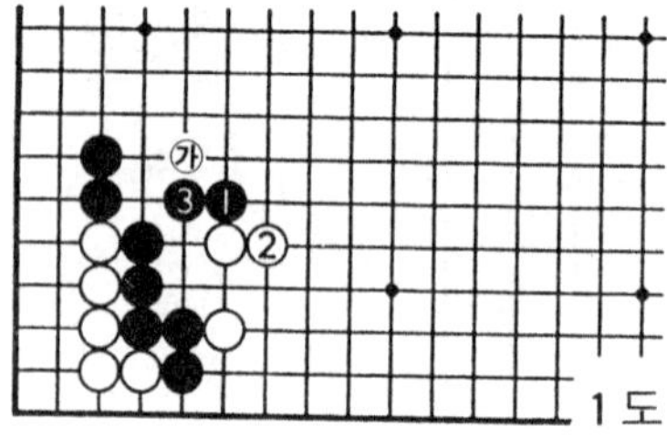
1 도

● 붙임 (제24문 해답)

1 도 (정해) 흑 1의 붙임이 정해이다. 백 2의 젖힘엔 3의 뻗음까지로 되돌아 간다. 백 2로 3으로 반발하면 ㉮의 곳의 외곽을 둔다.

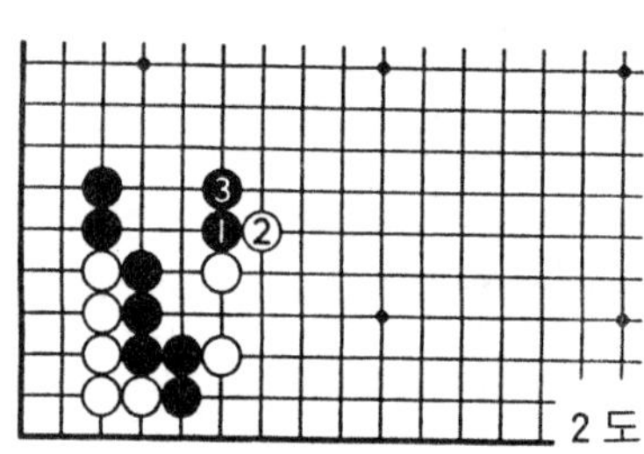
2 도

2 도 (참고) 백 2의 젖힘에서 흑 3까지. 이것은 기본적인 모양이다.

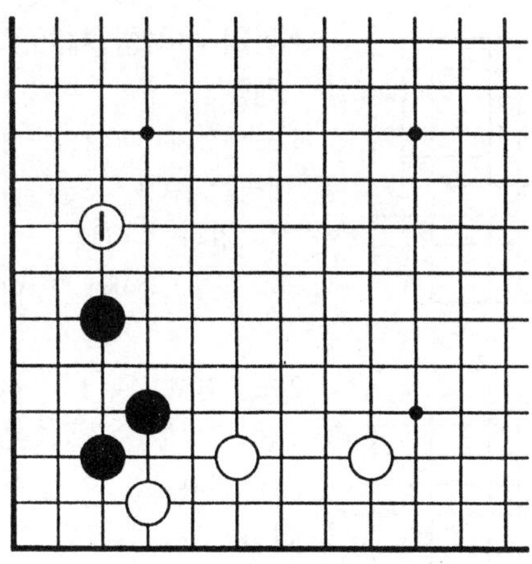

흑선

제25문 지키는 방법

제 1 문의 정석과정에서 백 1로 두면 흑이 수비하는 방법은?

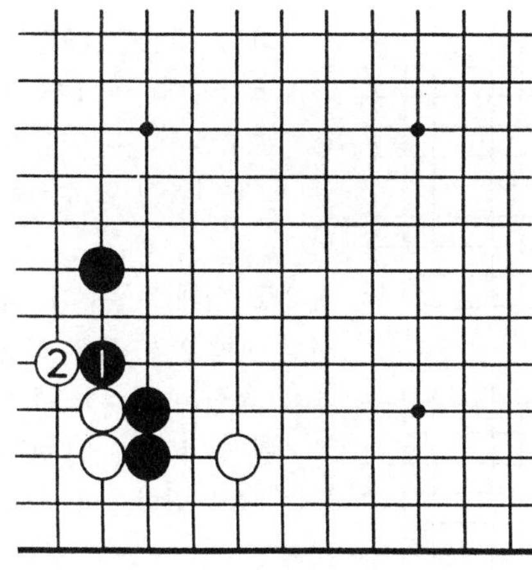

흑선

제26문 평범함

흑 1의 차단에 백 2의 젖힘은 흑이 다음 수를 어떻게 응해야 하나?

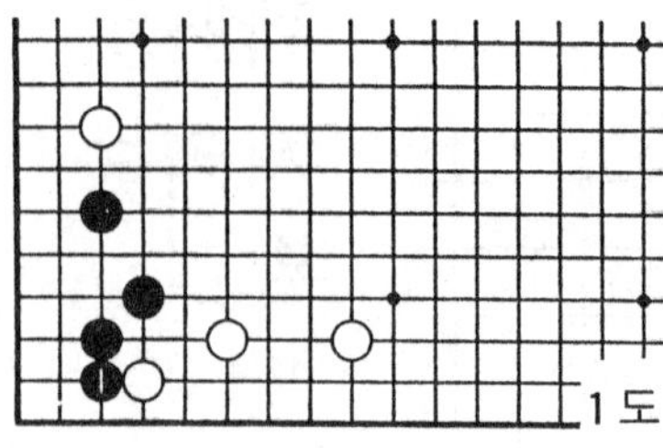

1 도

●귀의 내려섬(제25문 해답)

1도 (정해) 흑 **1**로 귀를 내리는 수가 실리와 안정을 겸한 수이다. 제 2 선이라도 서반에 많이 둔다.

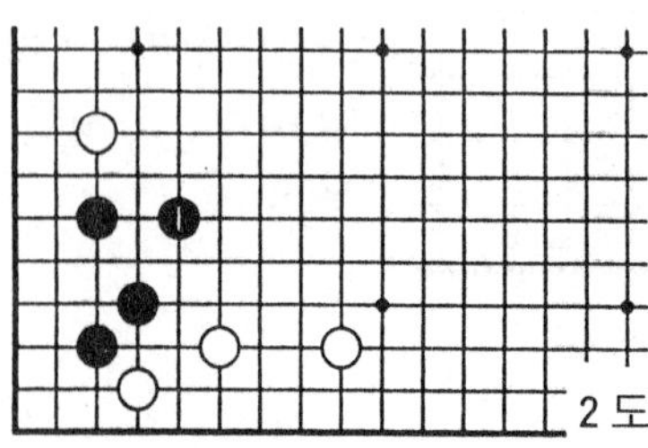

2 도

2도 (참고) 흑 **1**의 한칸 뜀이 있다. 중앙으로 한칸 뛰어나가는 수에 악수 없다.

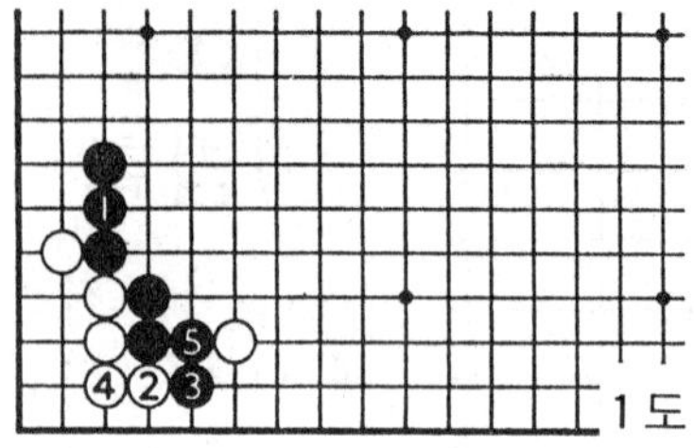

1 도

●이음(제26문 해답)

1도 (정해) 흑 **1**의 이음. 백 **2**에서 **4**까지 다음 **5**의 이음까지 정석이다.

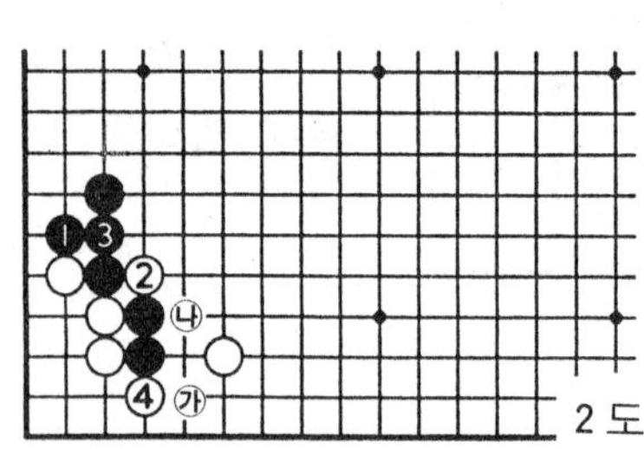

2 도

2도(실패) 흑 **1**의 내려섬은 백 **2**의 끊음 다음 **4**의 젖힘이 있다. 축이 좋으면 백 **4**로는 ㉯에 두는 수가 있다. 흑의 실패다.

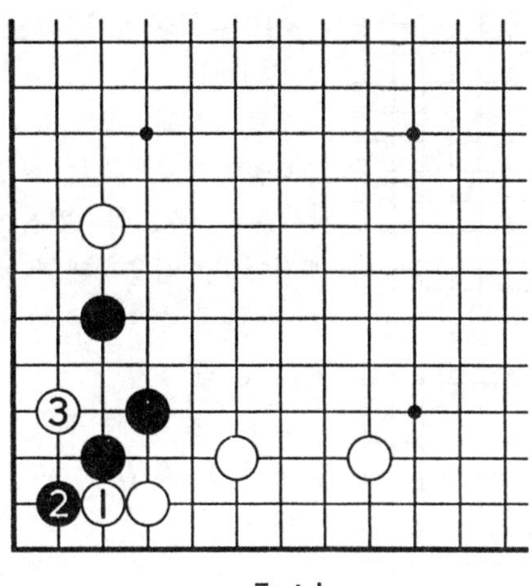

흑선

제27문 치중에 대해

백 3의 치중에 대해 흑은 어떻게 처치하여야 할까? 축관계가 문제인데 물론 축은 흑이 유리하다.

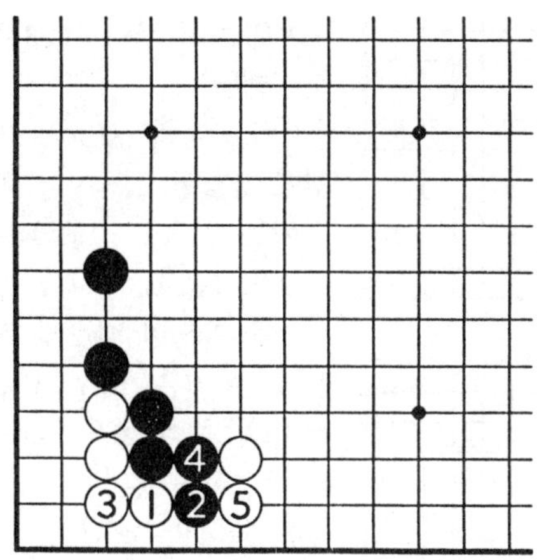

흑선

제28문 알기 쉽다

백 1, 3의 젖혀이음 다음 백은 5로 내려섰다. 흑의 받는 방법은?

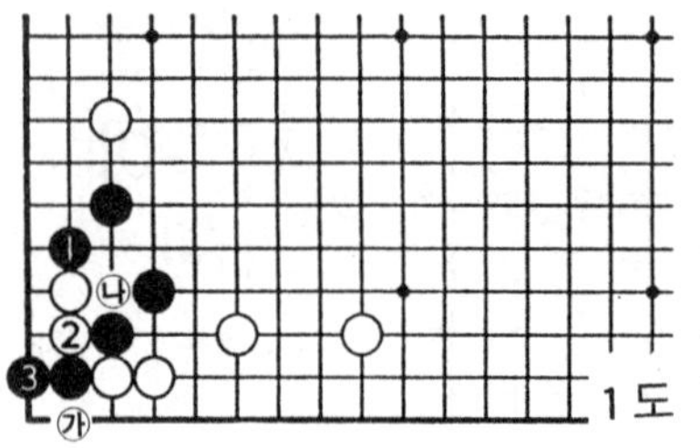

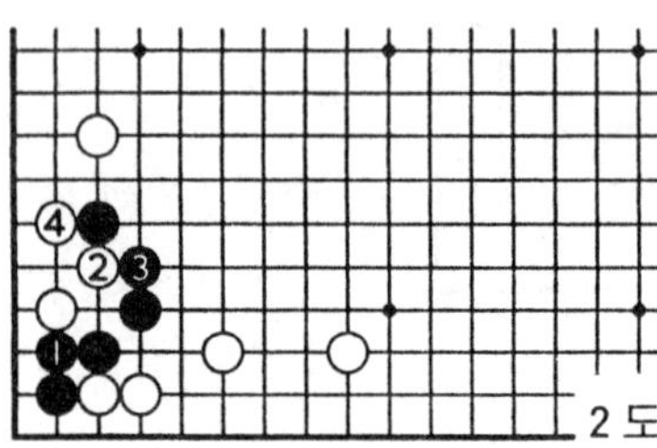

●마늘모붙임 (제27문 해답)

1도 (정해) 흑1의 마늘모붙임으로 두면 백2로 둔다. 흑3의 뻗음이 맥점이다. 다음 백㉮이면 흑㉯로 잡는다. 백㉯는 다음 문제이다—.

2도 (참고) 흑1의 이음은 백2, 4로 건너가 버린다.

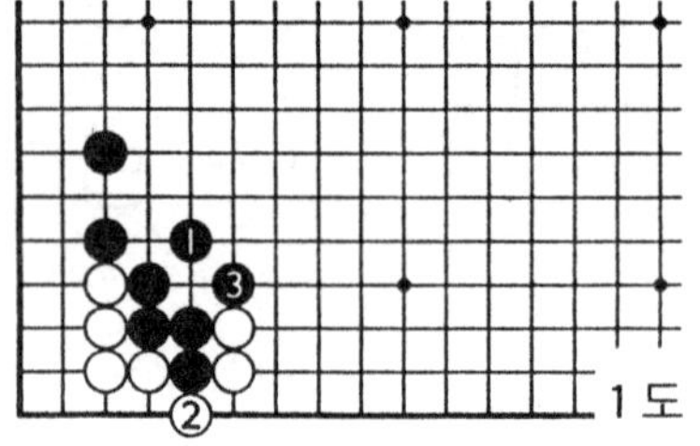

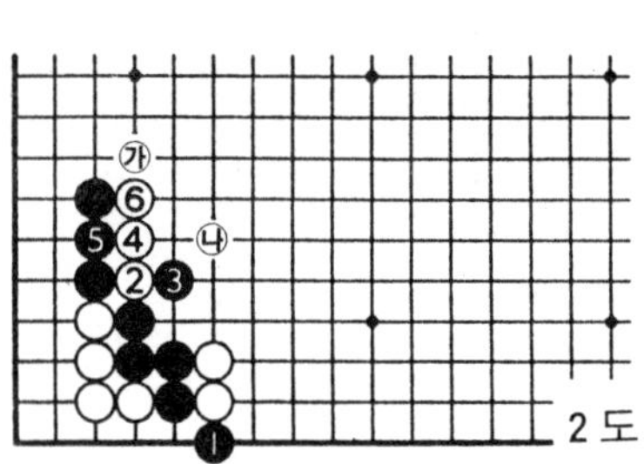

●이음이 간명 (제28문 해답)

1도 (정해) 흑1의 지킴이 간명한 수단이다. 백2에는 3으로 충분하다.

2도 (참고) 흑1로 건너감을 막으면 백2로 끊는다. 이것은 매우 복잡해진다. 흑3, 5는 백6의 누름이 좋은수다. 이 다음 흑㉮는 백㉯로 두어 복잡한 전투다.

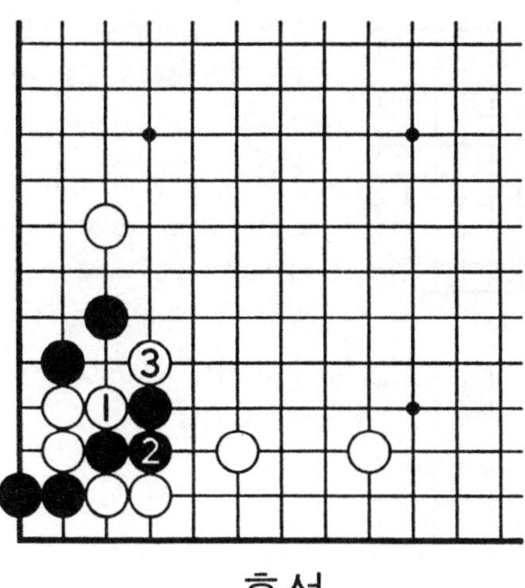

흑선

제29문 축관계

앞문제에 계속하여 백 1에서 3까지 두면 이 다음의 변화는?

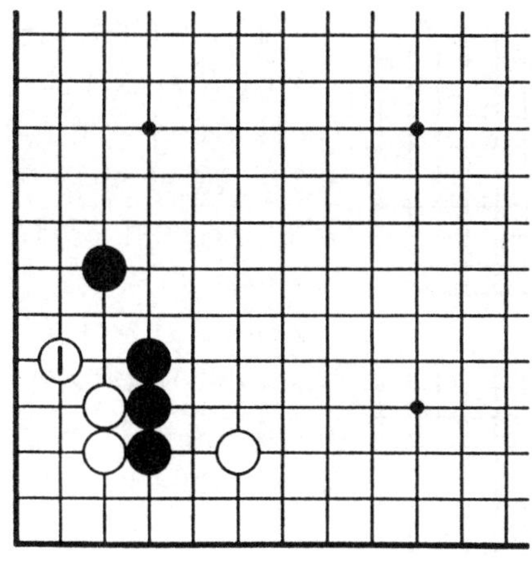

흑선

제30문 대응

백 1의 마늘모는 실전에서 두는 모양이다. 이에 대응하는 흑의 응수는?

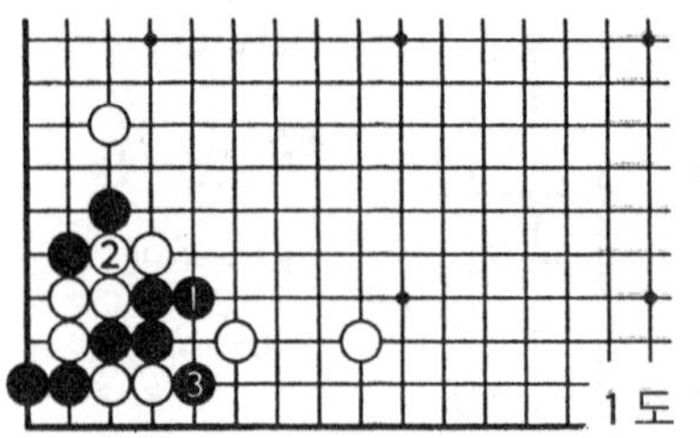

●이 한수(제29문 해답)

1 도 (정해) 흑 1은 이 한수. 백 2 의 이음엔 흑 3 으로 2 점을 잡는다.

2 도 (참고) 흑 1에 대하여 백 2, 4는 흑 5 의 끊음이 있다. 이런곳은 축관계를 확인하고 결정을 하는 것이 좋다.

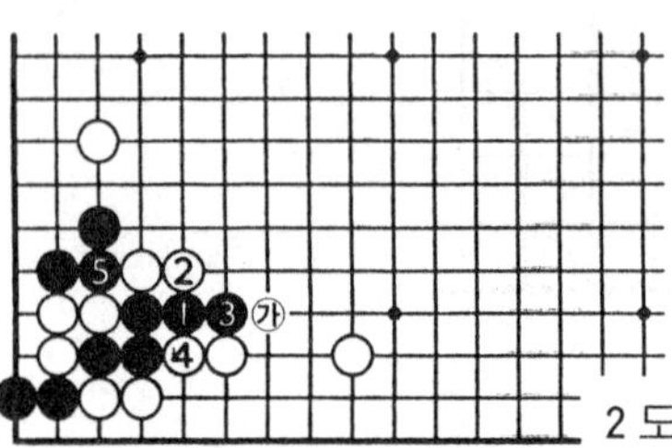

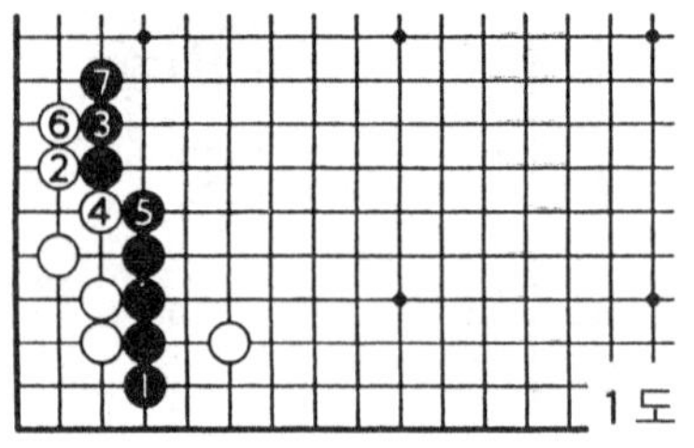

●내려섬(제30문 해답)

1 도(정해) 흑 1의 내려섬이 좋은 수. 백 2 에 흑 3 의 뻗음이 있다. 흑 7 까지 상처없이 두터운 모양이다.

2 도 (참고) 흑 1의 마늘모. 이하 백 8 까지의 변화를 생각할 수 있다. 1 도보다 나쁘다.

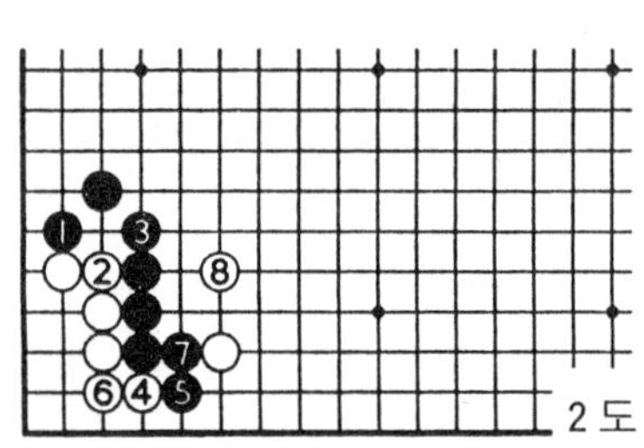

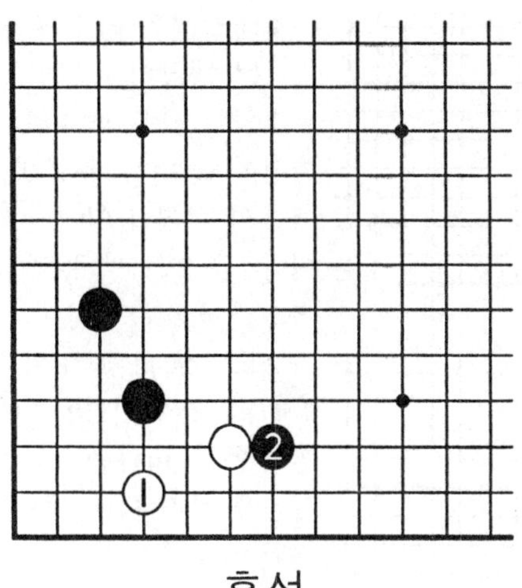

흑선

제31문
의표

백 1의 미끄러짐에 흑 2로 직접 붙이면 백의 응수는?

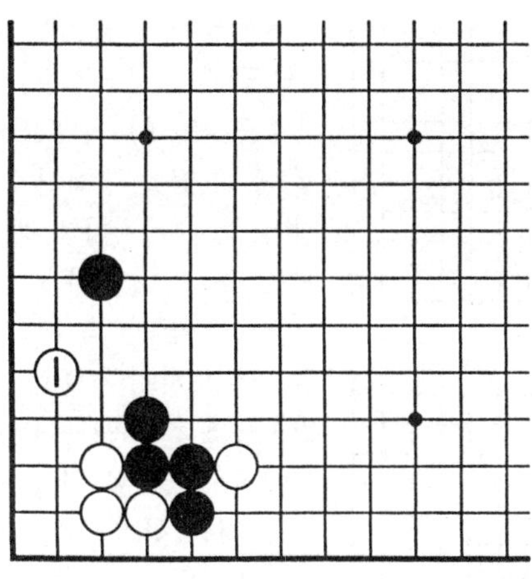

흑선

제32문
강수인가 견실인가

백 1의 미끄러짐에 대하여 흑의 응수는?

강수인가 견실인가 나타내 보아라.

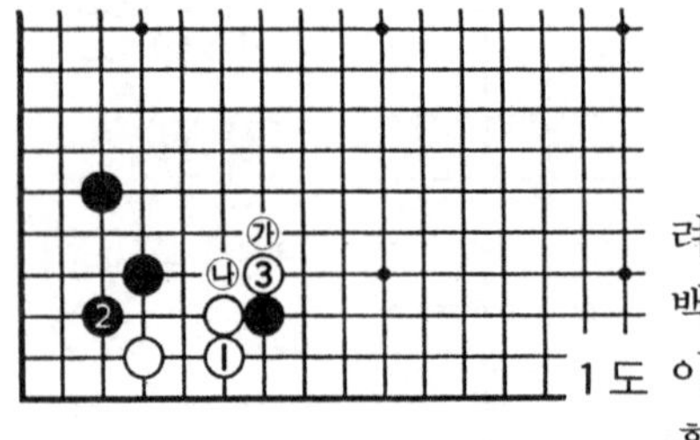

1 도

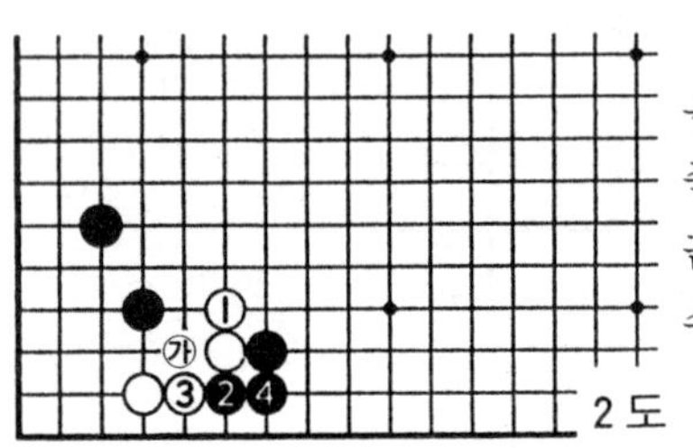

2 도

●내려섬이 급소(제31문 해답)

1 도 (정해) 백 1의 내려섬이 급소다. 흑 2에는 백 3의 젖힘이 있어 호각이다. 흑 2로 ㉮는 백㉯ 흑 3, 백 2로 둔다.

2 도 (참고) 백 1의 뻗음은 흑 2의 젖힘이 있어 좋지않다. 이다음 ㉮의 끊음을 방지하는 적당한 수단이 없다.

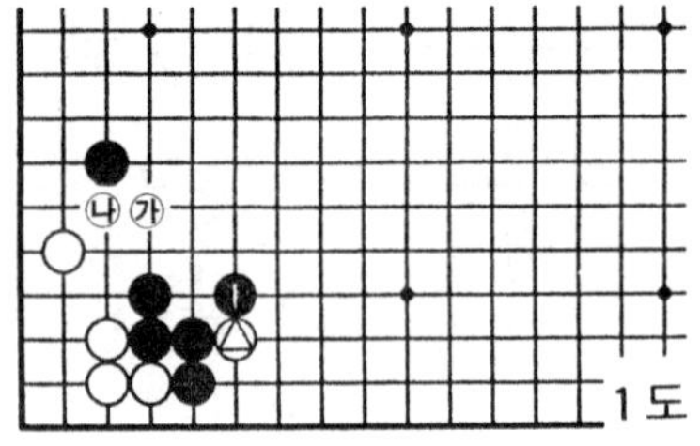

1 도

2 도

●전투각오(제32문 해답)

1 도 (정해) 흑 1로 백 △표 한점을 제어하는 것이 강수다. 이다음 백 ㉮에는 흑 ㉯가 있다.

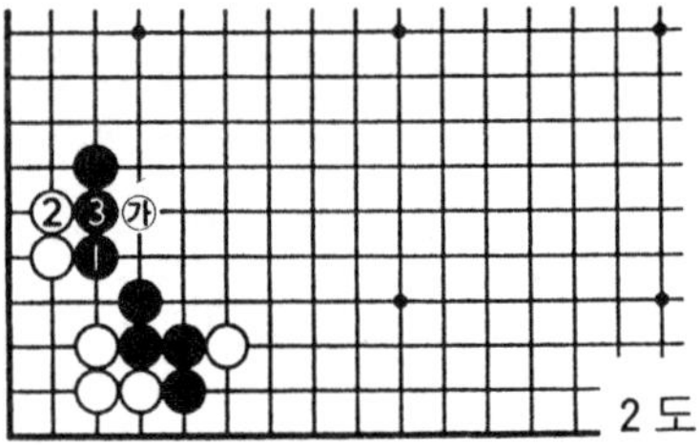

2 도 (참고) 흑 1로 위를 마늘모하여 누름은 백 2에는 3으로 잇는다. 처음에 흑 1을 ㉮의 곳에 두는 것은 완착이다.

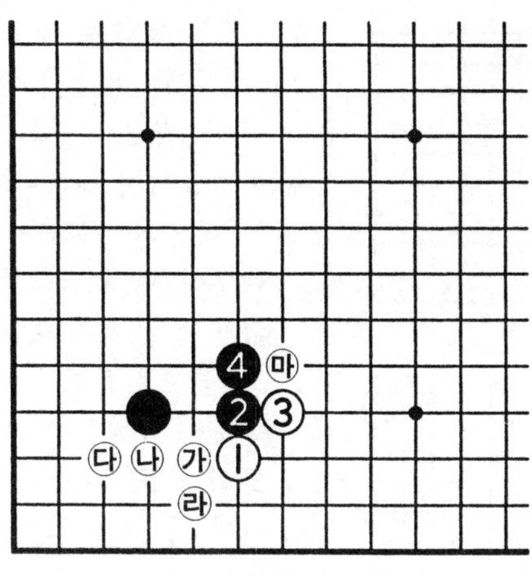

백선

제33문 붙여뻗음

여기에서는 붙임이 있다. 백 1의 걸침에 흑 2, 4는 견실한 붙여 뻗음의 정석. 백은 다음에 ㉮에서 ㉯까지 두는 방법이 있다. 응수는?

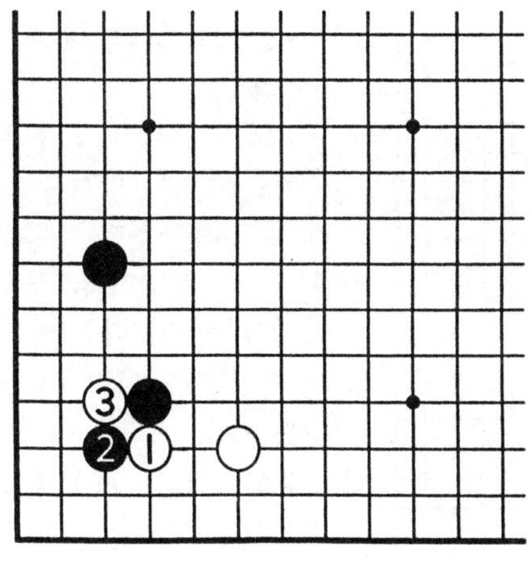

흑선

제34문 맞끊음

백 1, 3의 맞끊음에 대하여 알기쉬운 타개 방법은?

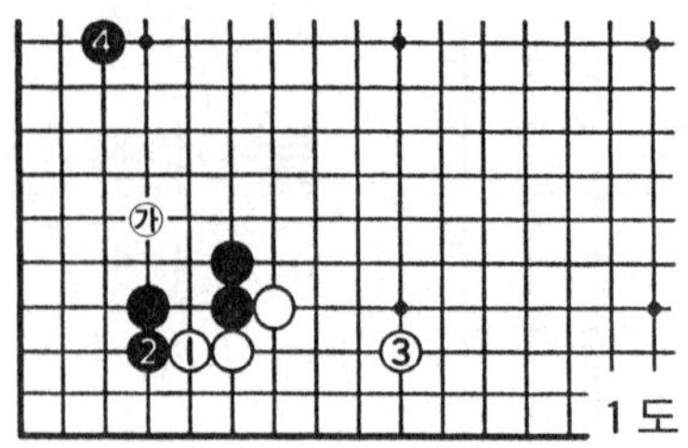
1 도

●기본도(제33문 해답)

1 도 (정해) 백 1의 뻗음이 있다. 흑 2의 내려섬에는 백 3까지 기본정석이다. 백 4의 화점 밑을 둔다. 이것으로 ㉮의 곳은 너무 견실 위주다.

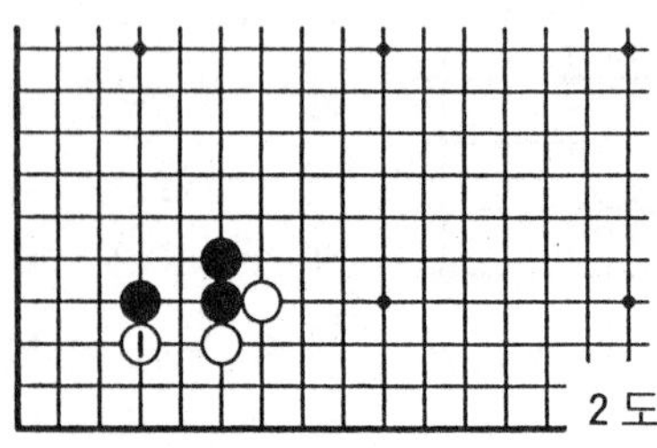
2 도

2 도 (참고) 백 1의 붙임으로 두는 수도 있다. 이 1도와 2도를 중심으로 하여 얘기를 진행시켜 나가자.

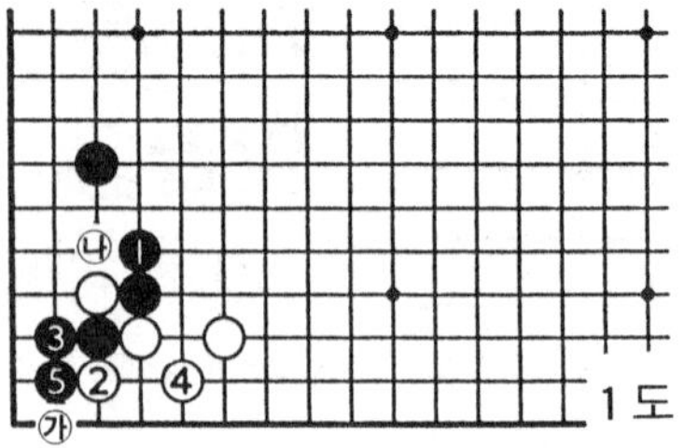
1 도

●한쪽을 뻗음(제34문 해답)

1 도 (정해) 흑 1의 뻗음으로 백 1의 변화를 알기 쉽게 제한한다. 백 2, 4가 기본모양이다. 흑 5는 간심(肝心) 다음 백㉮엔 흑㉯로 될자리. ㉮의 곳은 보류.

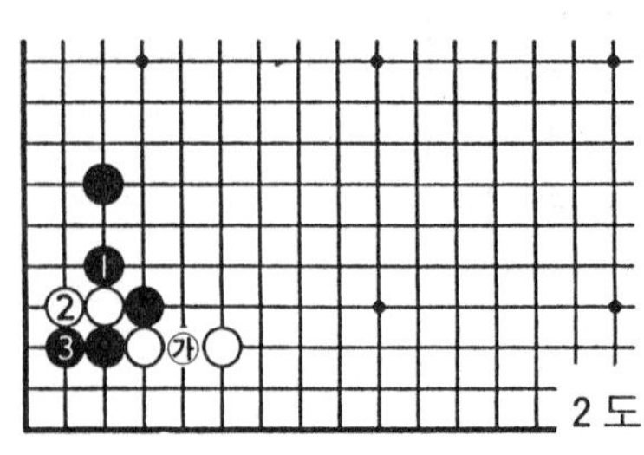
2 도

2 도 (참고) 흑 1의 단수. 백 2에는 흑 3의 강수가 있다. 3으로 ㉮는 연구과제.

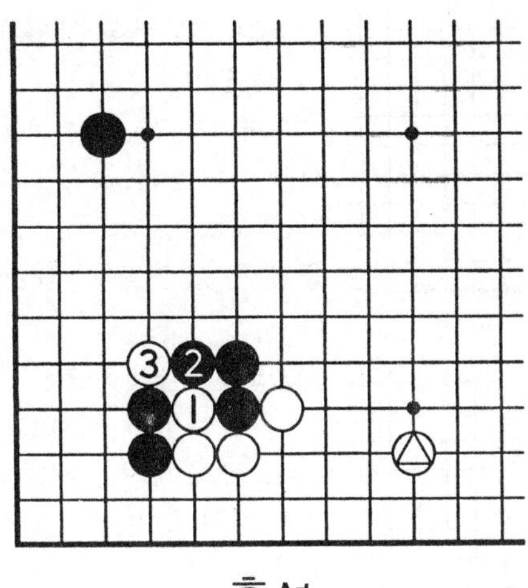

흑선

제35문 절단

백 ◬표로 벌려있는 모양이다. 백 1, 3으로 나가서 끊음은 무리다. 흑의 냉정한 처치는?

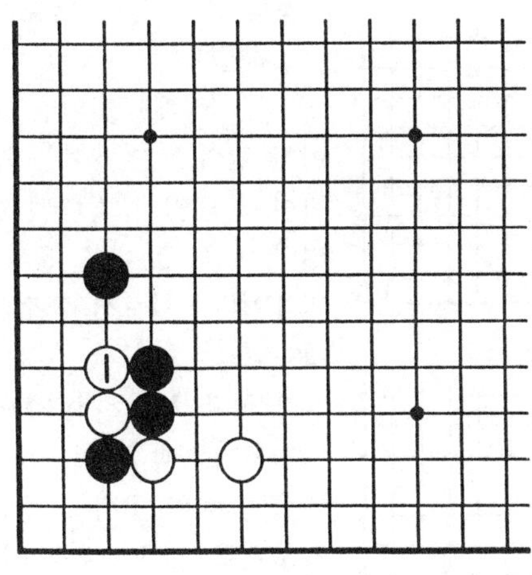

흑선

제36문 대처

백 1은 무리한 맥이다. 흑이 대처하는 수는?

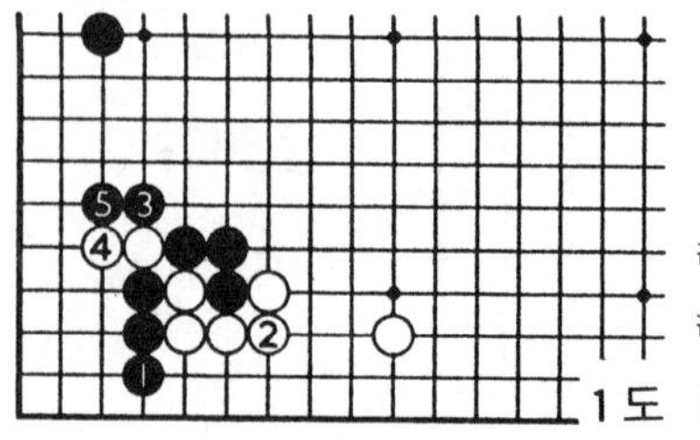

1 도

●아래가 약함(第35문 해답)

1 도 (정해) 흑 1 의 내려섬은 백 2 의 끊음을 노리는 수로 냉정하다. 백 2 에 흑 3, 5 로 내려선다.

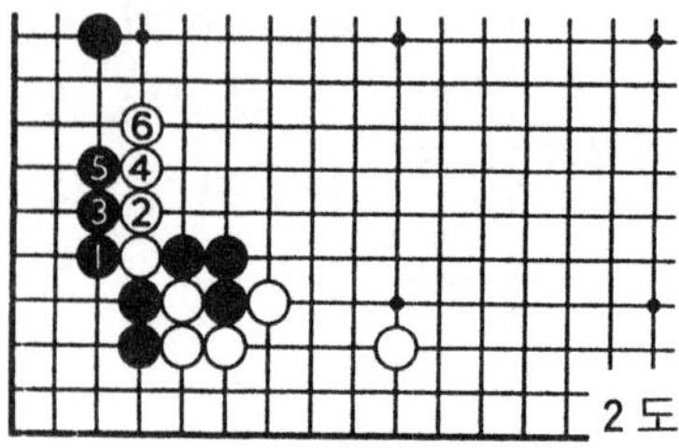

2 도

2 도 (실패) 흑 1 로 두는 것은 기합이 빠져있는 수다. 백 6 까지 결과를 보면 백의 무리가 통한 곳이다.

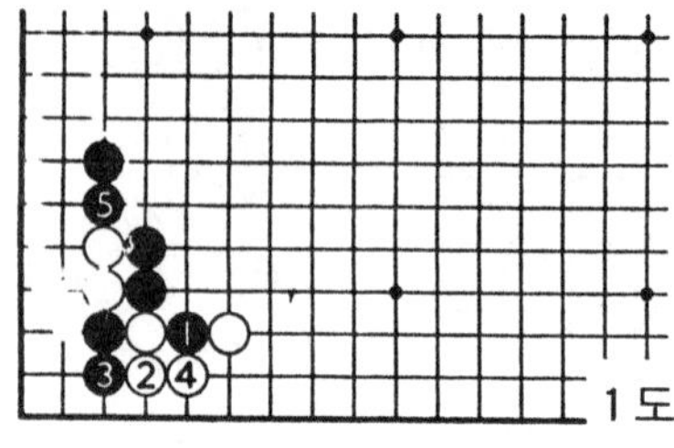

1 도

●나쁘지 않음(第36문 해답)

1 도 (정해) 어디를 두어야 할까? 알기쉬운 수단이 2 곳 있다. 하나의 방법은 흑 1, 3 다음 5 의 막음이다. 이로서 2 점을 잡는다.

2 도

2 도 흑 1 의 내려섬이 알기쉽다. 백 2 에는 흑 3, 다음에 4 의 곳과 5 를 맞보기로 한다. 백 4 에는 5 로 1 점을 잡는다. 흑이 유리하다.

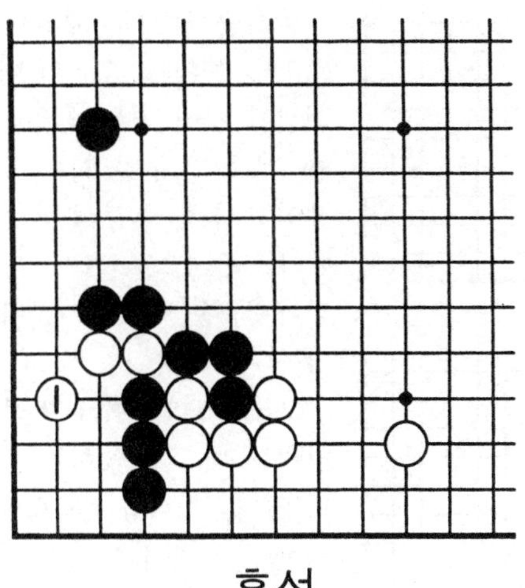

흑선

제37문 맛좋은 잡음

앞문제에 계속하여 백 1의 마늘모로 둔다.

흑의 맛좋은 잡음의 수는 없을까?

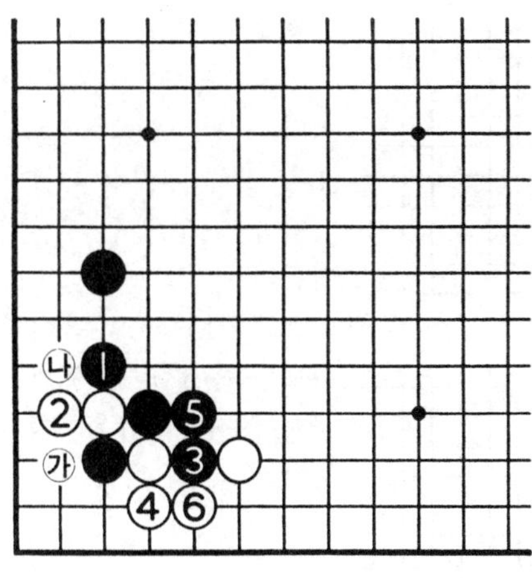

흑선

제38문 택일

백의 끊음에 대해서 흑은 5까지 된 모양이다. 백 6이면 다음 흑은 ㉮와 ㉯의 곳인데 어느 쪽일까?

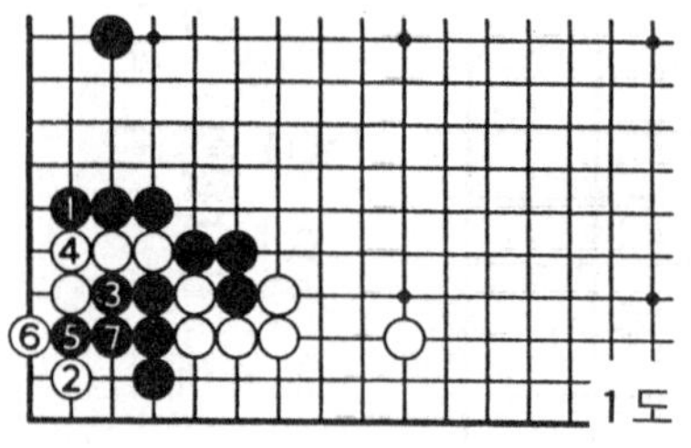

1 도

2 도

●흑승(第37문 해답)

1 도 (정해) 흑 1 의 내려섬이 맛이 좋은 잡음이다. 백 2 의 한칸에는 흑 3 이하 7 까지 두어 흑승이다. 흑 3 으로 5 의 곳 집어넣음은 백 7 로 삶이 남는다.

2 도 (실패) 흑 1 의 붙임에는 백 2 로 젖히는 맛이 있다. 이다음 백 4 로 끊어서 복잡하다.

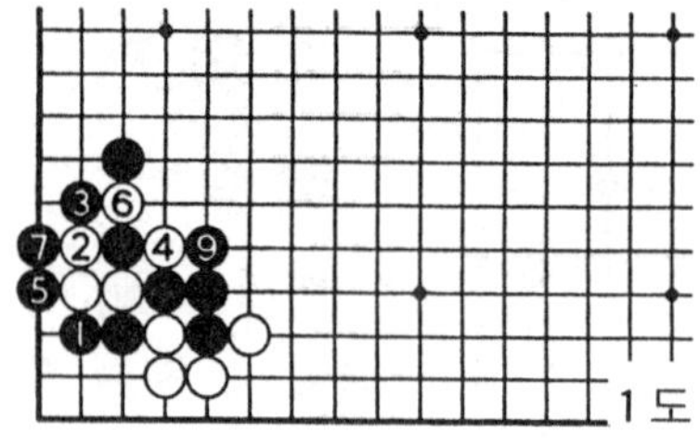

1 도

2 도

●축(第38문 해답)

1 도 (정해) 축과 관계이다. 흑은 축이 좋으면 1 의 곳을 내려선다.

이하 흑 5 에서 9 까지 잡는다.

2 도(참고) 축이 흑에게 나쁘면 흑 5 에서 7 까지 둔다. 흑은 두점을 잡아 두텁다.

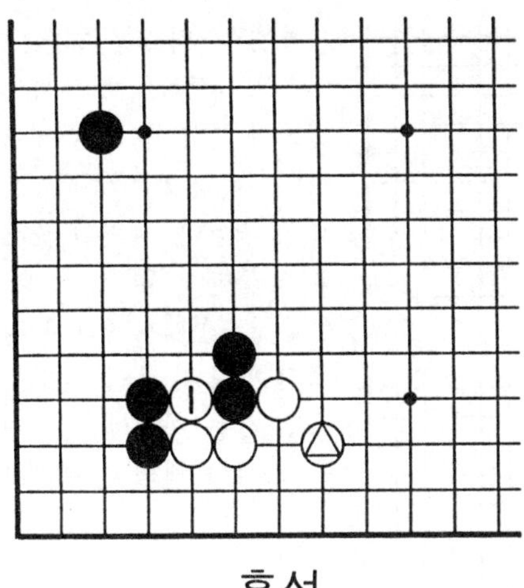

흑선

제39문

지금은?

백◎표에 돌이 있을 때 백 1의 나가는 수에 대하여 흑이 두는 수는?

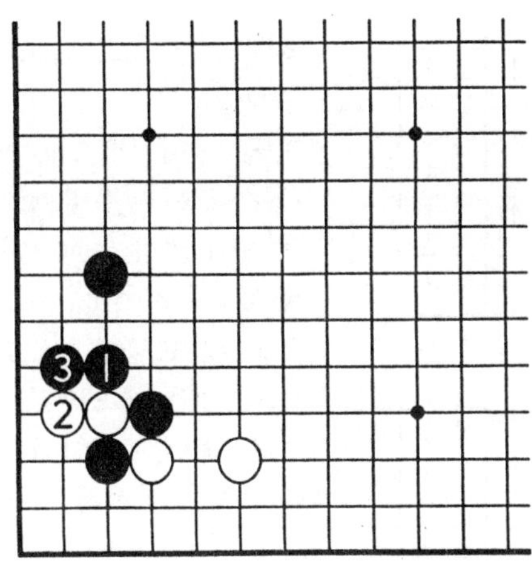

백선

제40문

악수

흑 1 다음 3은 악수이다.

백이 두는 응수는?

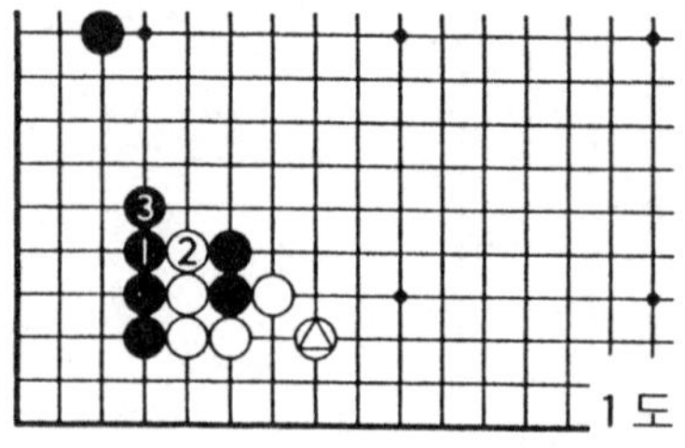
1 도

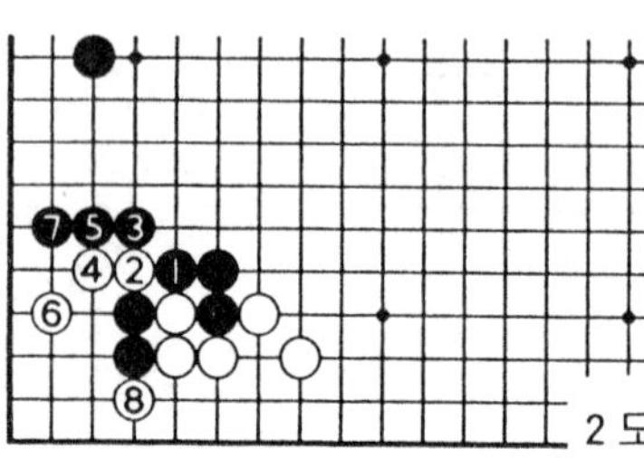
2 도

● 완착 (제39문 해답)

1 도 (정해) 백 △ 표가 있으면 흑 1 의 늦춰 받음이다. 백 2 에는 흑 3 으로 응수한다. 좌변이 커서 흑은 불만이 없다.

2 도 (실패) 흑 1 로 막으면 백 2 의 끊음이 있다. 흑 3, 5 는 무리이다. 이하 8 까지 백의 손해이다.

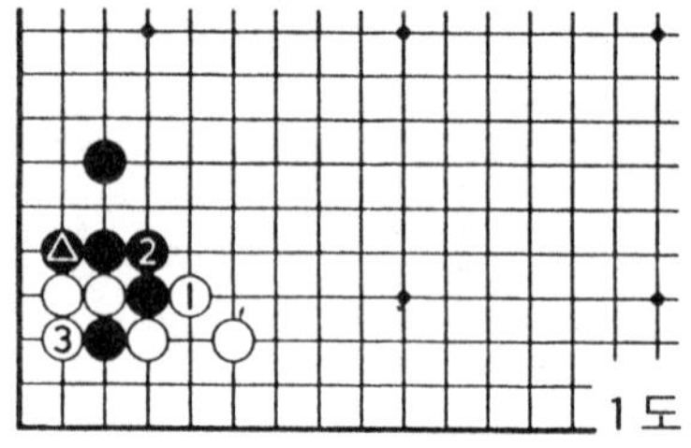
1 도

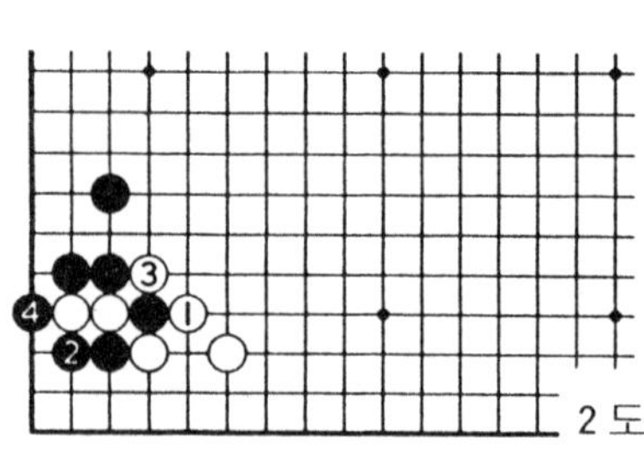
2 도

● 백이 큰 이익 (제40문 해답)

1 도 (정해) 백 1 의 단수에는 흑 2, 다음에 백 3 의 단수가 좋다. 애초에 흑 ▲ 표가 악수이다.

2 도 (참고) 백 1 에 2 로 두는 것은 백 3 으로 잡는다. 백이 유리이다. 흑은 정석을 위반하고 있다.

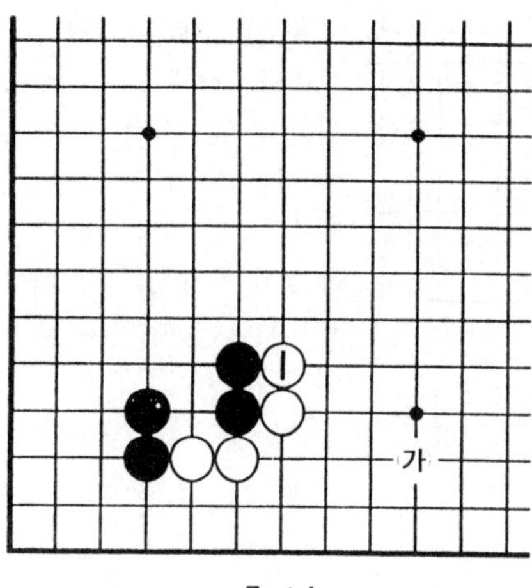

흑선

제41문 누름에 대하여

백 ㉮의 벌림 대신 1의 곳을 눌렀다.

이에 대한 흑의 응수는?

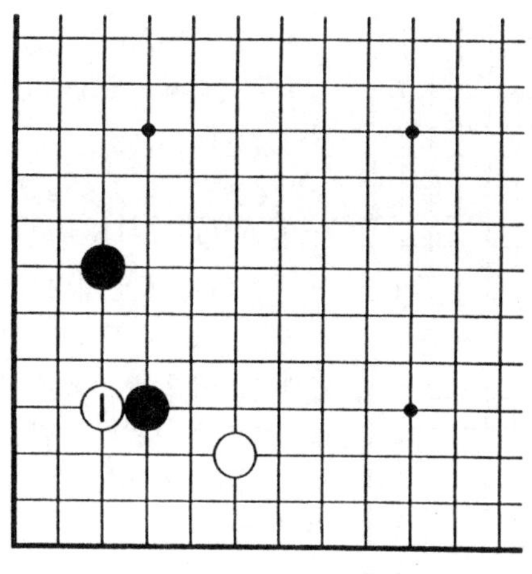

흑선

제42문 붙임

백의 붙이는 수.

자주 나타나는 부분 전술인데 흑의 응수는?

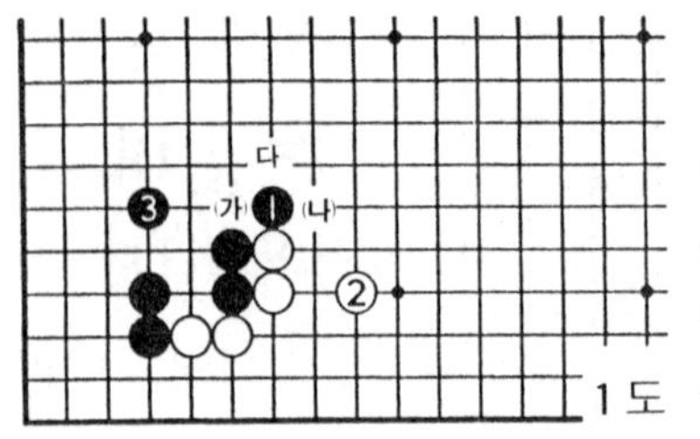

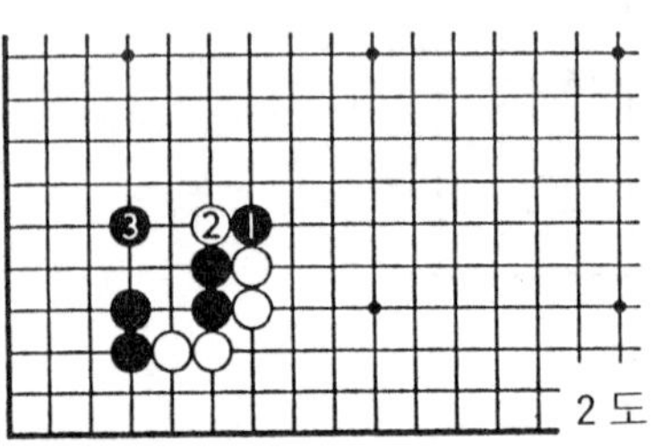

● 젖힘 (제41문 해답)

1 도 (정해) 흑 1 의 젖힘의 한수. 흔히 ㈎로 많이 두는데 이 수로 ㈎의 뻗음은 완착이다. 백 2 에 흑 3 이 입체적이다. 백 2 로 ㈏의 젖힘은 ㈐로 뻗어 흑이 좋다.

2 도 (참고) 흑 1 의 젖힘에 백 2 의 끊음은 흑 3 으로 모양을 갖춘다. 계속하여 다음 문제이다.

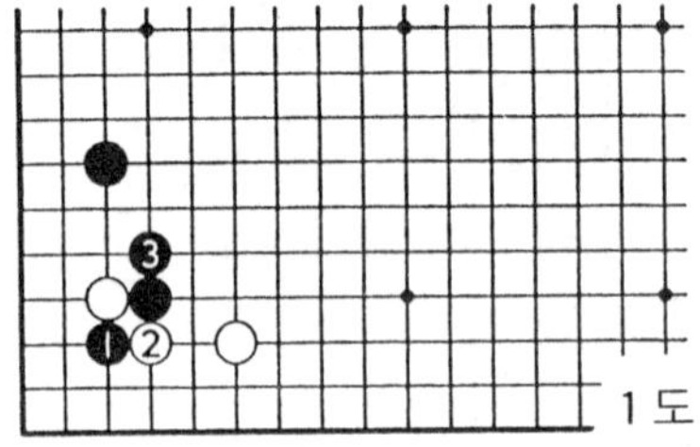

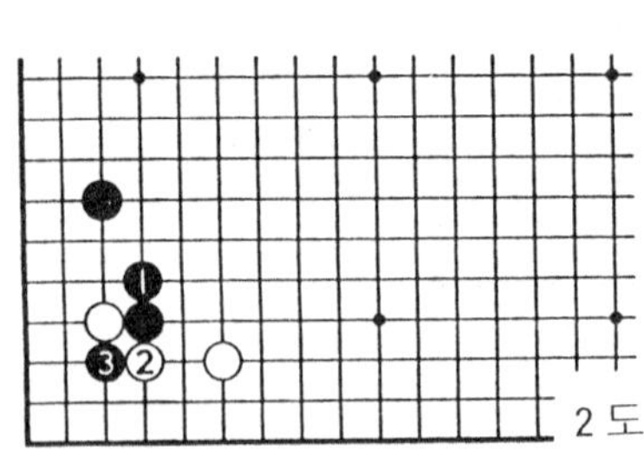

● 환원 (제42문 해답)

1 도 (정해) 흑 1 의 젖힘이 있다.

백 2 에는 3 의 곳을 뻗는다. 일방, 되돌아가는 신축성 있는 모양이다.

2 도 (참고) 흑 1 도 간명하다. 백 2 에 흑 3 의 끊음으로 동형이다. 백 2 로 흑 3 은 흑 2 로 3·3 에 들어간다.

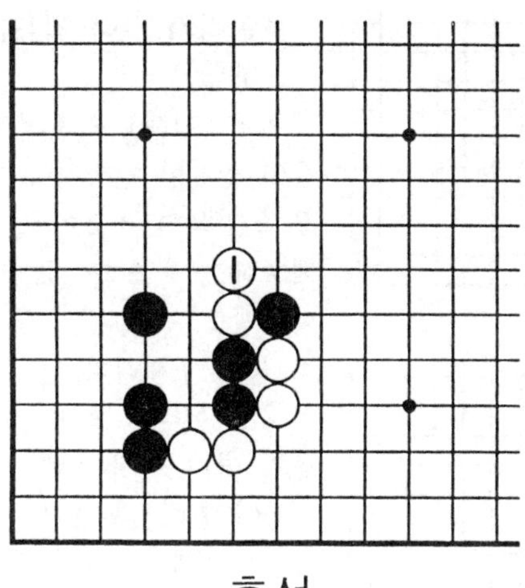

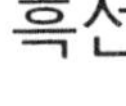

흑선

제43문

중앙을 두는 방법

앞문제에 계속하여 백 1 에 대하여 흑이 두는 방법을 묻고 있다.

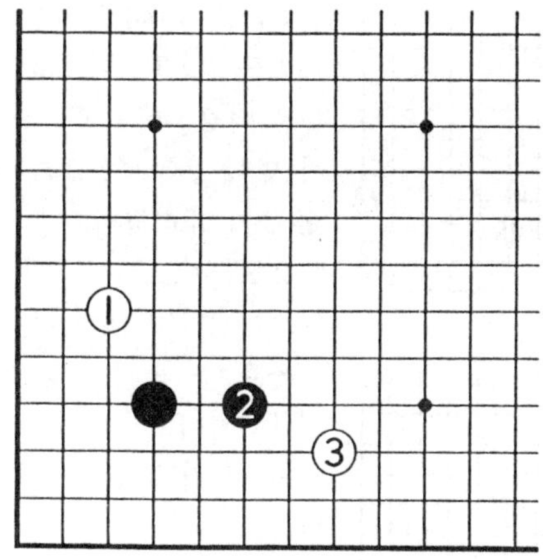

흑선

제44문

한칸 벌림

흑 2 의 한칸 벌림이 지금 많이 두고 있는 수 이다. 직접 백 3 으로 협공을 하면?

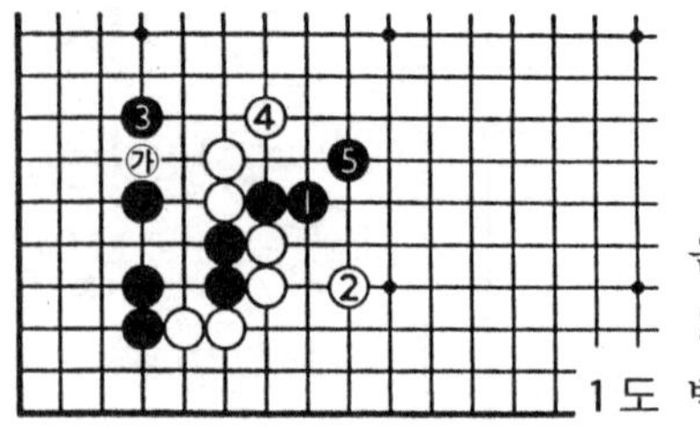

1 도

●실리가 크다(제43문 해답)

1 도 (정해) 흑 1의 뻗음이 당연한 일착이다. 백 2로 받으면 흑 3이 크다. 백 4에는 흑 5가 호착이다. 백 2로 ㉮는, 흑 2로 두어 우세하다.

2 도

2 도 (실패) 흑 1의 뻗음이 있다. 이에는 백 2의 뻗음이 좋다. 흑 3은 백 4, 다음에 백 ㉮나 ㉯가 남는다.

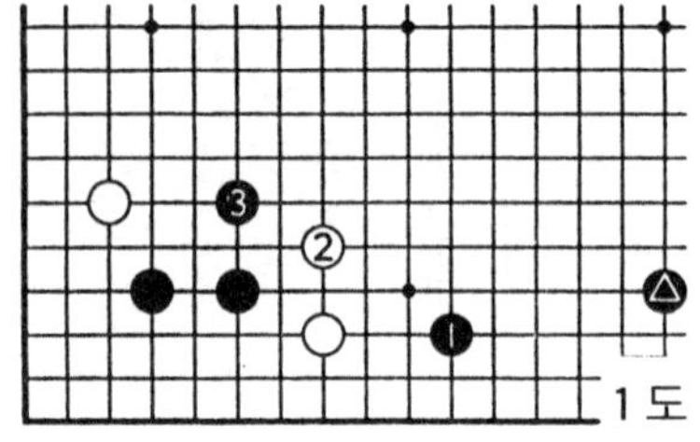

1 도

●협공(제44문 해답)

1 도 (정해) 흑 1의 협공은 백 2, 흑 3의 한칸이 많이 두는 수이다. 흑 ▲표가 유리하다.

2 도 (참고) 흑 1의 마늘모가 견실한 수이다.

흑 1로 ㉮의 방면은 적극책이다.

마늘모가 견실한 수이다.

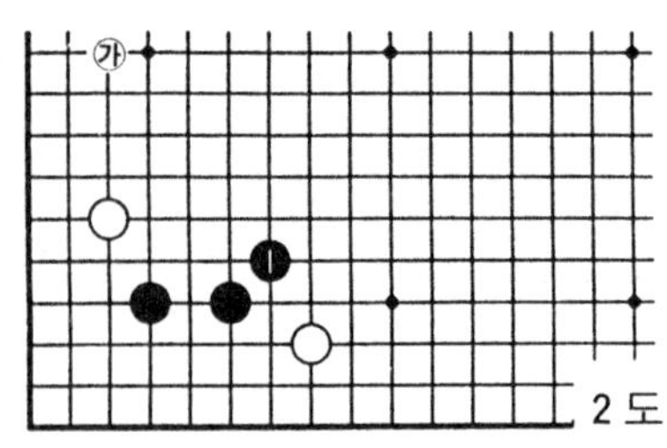

2 도

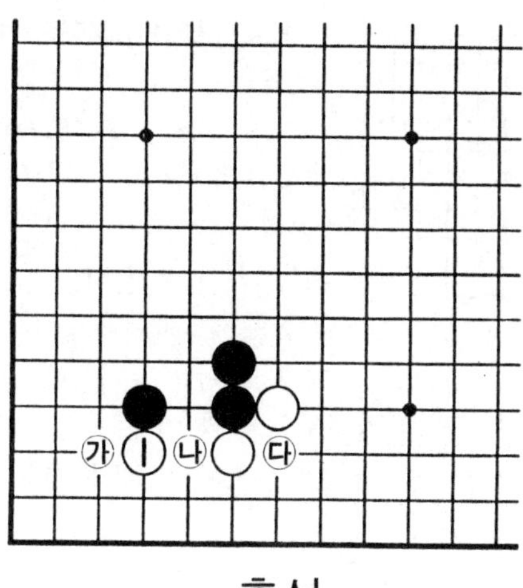

흑선

제45문
씨움

백 1의 붙임에 흑이 두는 수단은 3곳이다.

㉮, ㉯, ㉰의 세곳 중에서 ㉰의 곳은 서로의 쟁점이다.

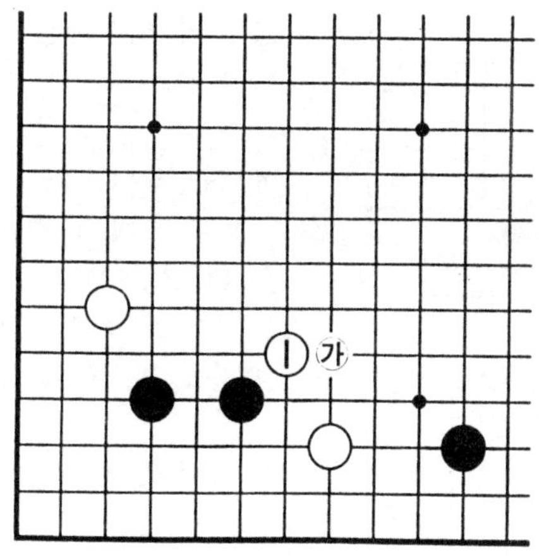

흑선

제46문
3곳

앞문제에 계속하여 백 1의 씨움이 있다.

이에 대한 응수는?

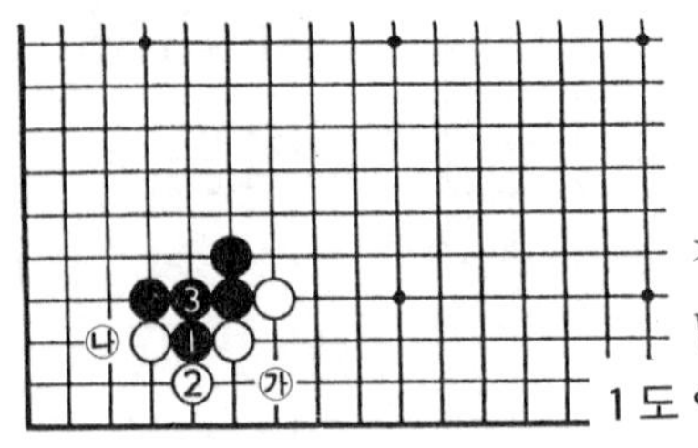

1 도

●알기쉽다(제45문 해답)

1 도 (정해) 흑 1, 3이 견실한 수단이다. 이것이 많이 두는 수이다. 백 ㉮에는 흑 ㉯로 둔다.

2 도 (정해) 흑 1에는 백 2의 이음. 다음에 흑 3으로 꽉 이어둔다. 백 ㉮, 흑 ㉯가 전개된다.

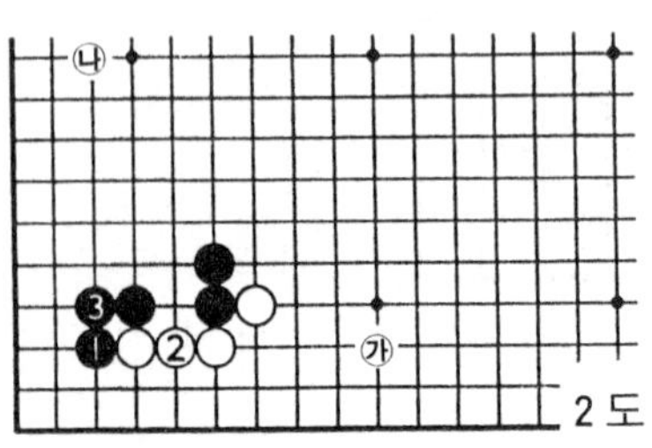

2 도

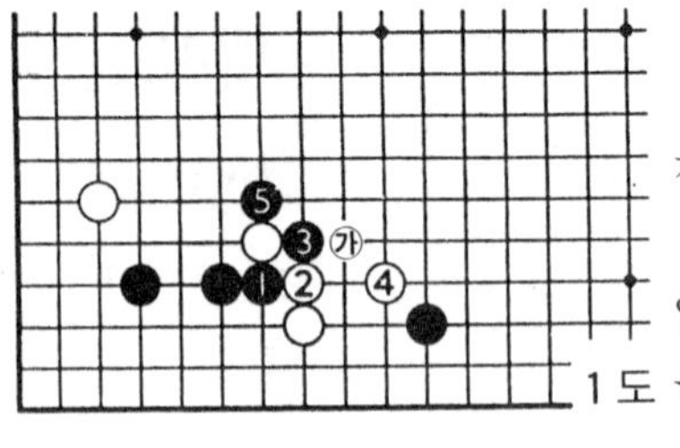

1 도

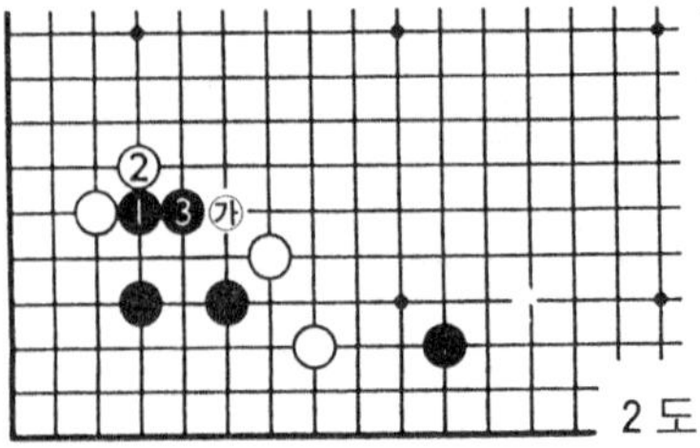

●강수(제46문 해답)

1 도 (정해) 흑 1, 3이 강수다.

백 4에는 5의 뻗음이 있다. 그냥 ㉮의 곳 뻗음은 전투의 양상이다.

2 도 (참고) 흑 1, 3의 붙여 뻗음도 견실한 수이다.

달리 흑 1로 ㉮로 두는 수도 있다.

2 도

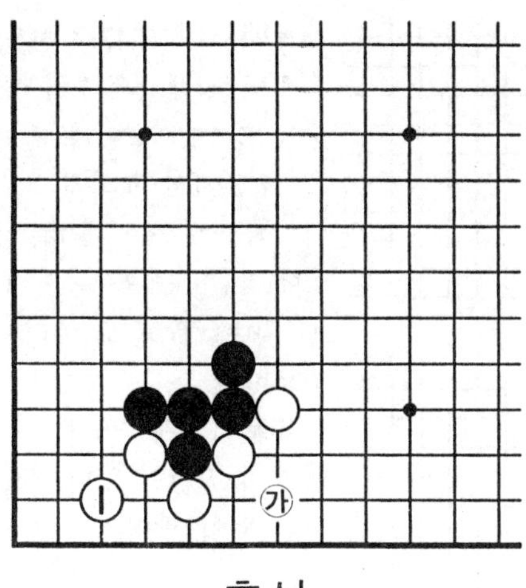

흑선

제47문 변칙

백 1의 지킴은 변칙이다.

백 ㉮가 정석인데 흑이 두는 방법은?

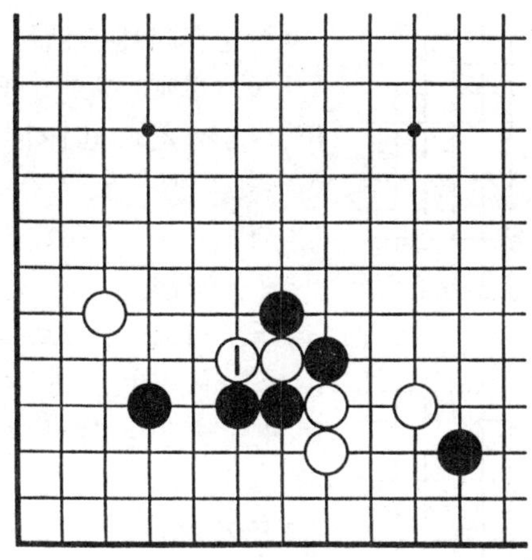

흑선

제48문 맥점

백 1로 두면 흑이 두는 타개의 맥점은 어디일까?

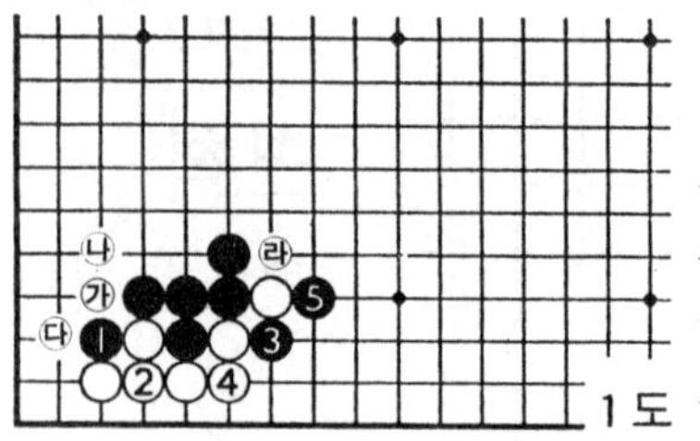

●백저위(제47문 해답)

1도(정해) 흑 1의 단수는 당연한 수이다. 다음 흑 3에서 5까지 된다. 축으로 흑이 좋다. 다음에 백 ㉮는 흑 ㉯, 백 ㉰일 때 흑 ㉱로 때려서 우세하다.

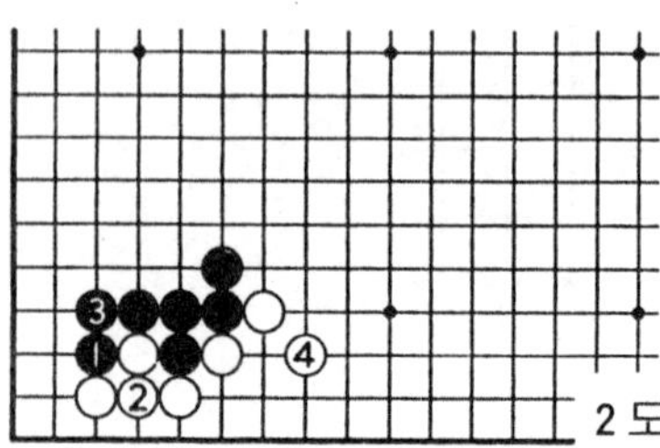

2도 (실패) 흑 1, 3은 백 4의 지킴이 있다. 이것은 백이 좋다.

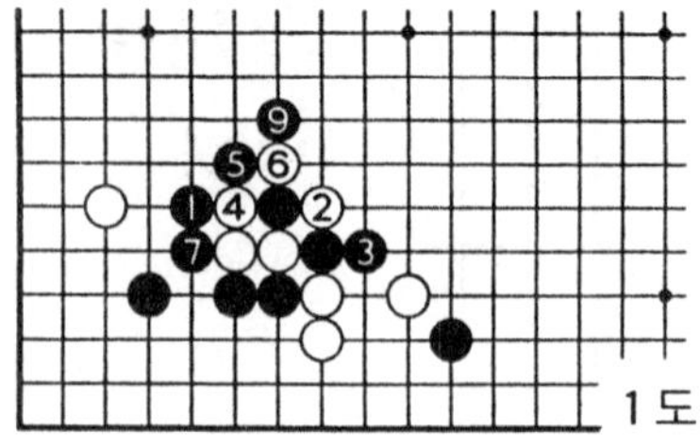

●장문(제48문 해답)

1도 (정해) 흑 1이 맥점이다. 백 2로 단수하고 나가려 하면 흑 5, 7로 조인다.

흑이 우세하다.

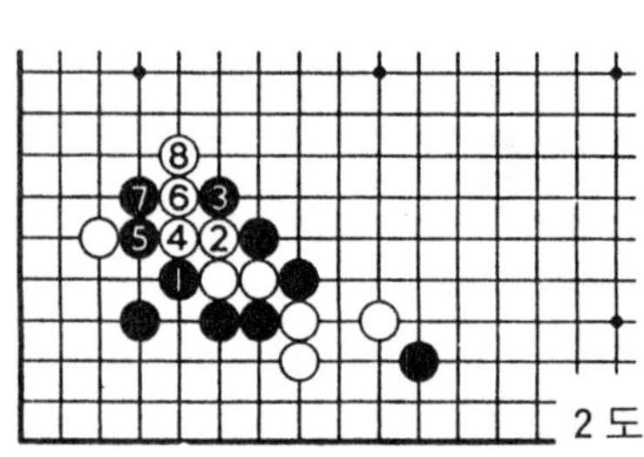

2도 (참고) 흑 1로 직접 단수하는 것은 5, 7로 나가 중앙이 엷어 진다.

1도가 좋다.

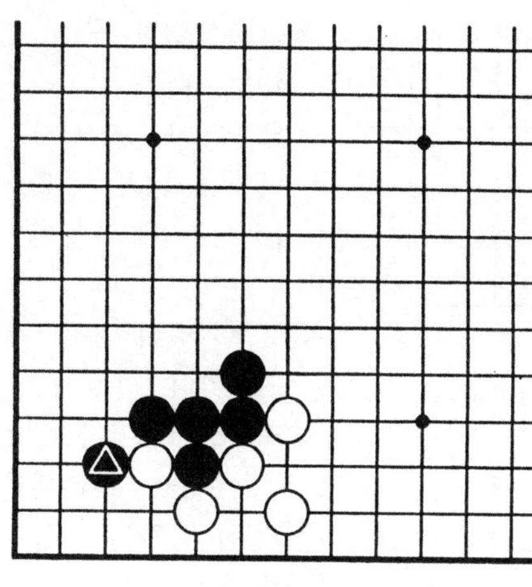

흑선

제49문
손뺌

흑 ▲표의 단수에 백이 손을 뺀 형태이다. 흑이 두는 수순은?

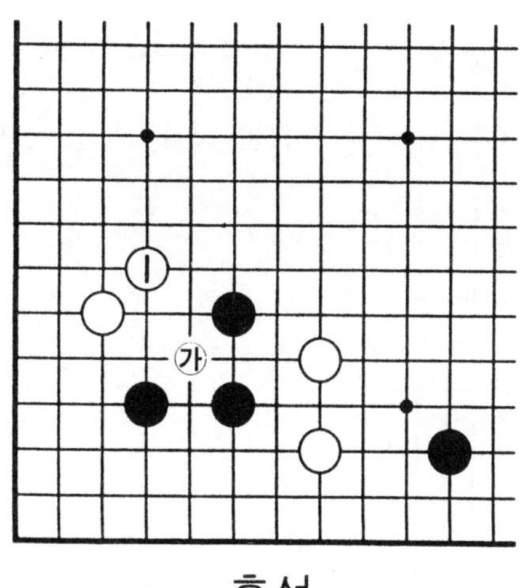

흑선

제50문
받는 방법

백 1의 마늘모는 ㉮의 곳을 엿본다.

어떻게 응해야 정석일까?

●함축성있는 공격 (제 49문 해답)

1 도 (정해) 흑 1 의 들여다봄이 좋다. 백 2 에는 3 의 때려냄이 수순이다.

백 2 로 ㉮의 곳을 두는 수도 있다.

2 도 (실패) 흑 1 로 두고 3 의 곳을 때려냄은 백을 강하게 하여 돌이 거꾸로 흐른듯한 느낌이다.

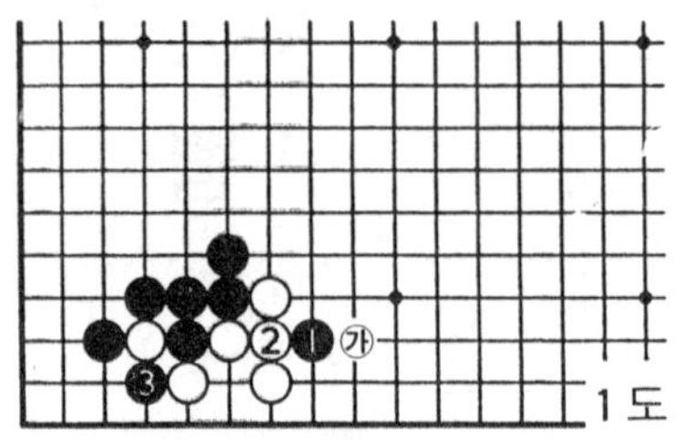

1 도

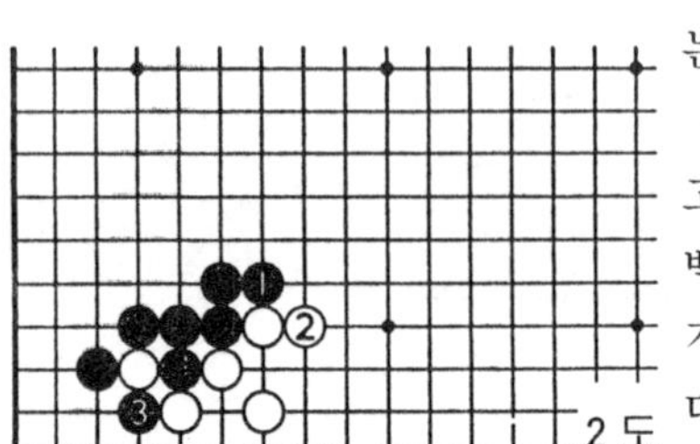
2 도

●마늘모붙임 (제50문 해답)

1 도 (정해) 백 2 의 젖힘에서 흑 7 까지.

이것은 무리형이다.

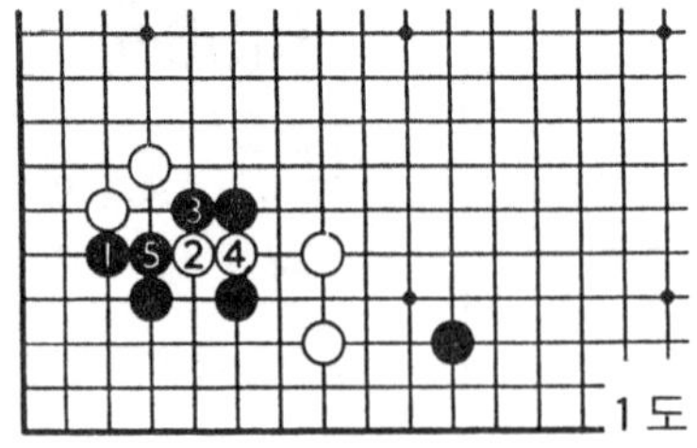
1 도

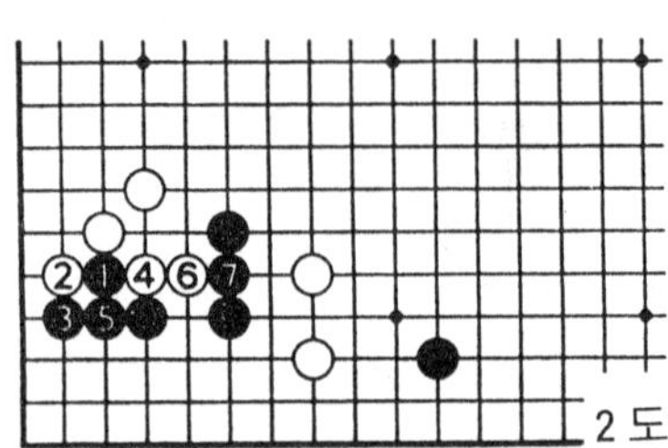
2 도

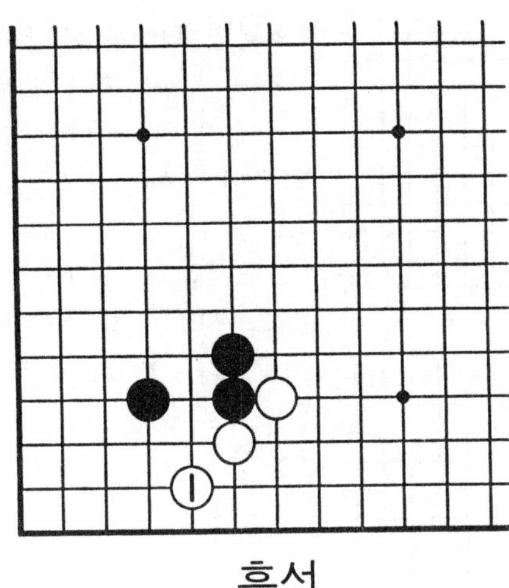

흑선

제51문
3곳 받음

백 1에 대하여 흑은 3곳의 받는 곳이 있다. 응수는?

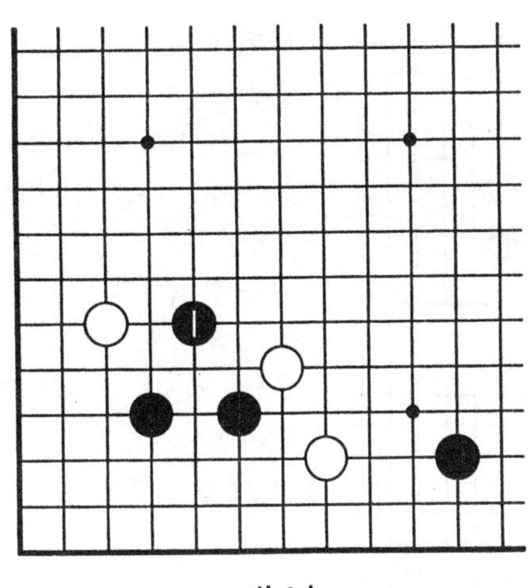

백선

제52문
완착

흑 1은 완착이다.

백이 두는 수는?

●붙임 (제51문 해답)

1 도 (정해) 흑 1의 붙이는 수가 호수이다. 달리는 ㉮의 마늘모가 있다.

2 도 (참고) 흑 1의 마늘모도 생각해 볼 수 있는 곳이다. 백 ㉮, 흑 ㉯, 백 ㉰로 되돌아 가는 모양이다.

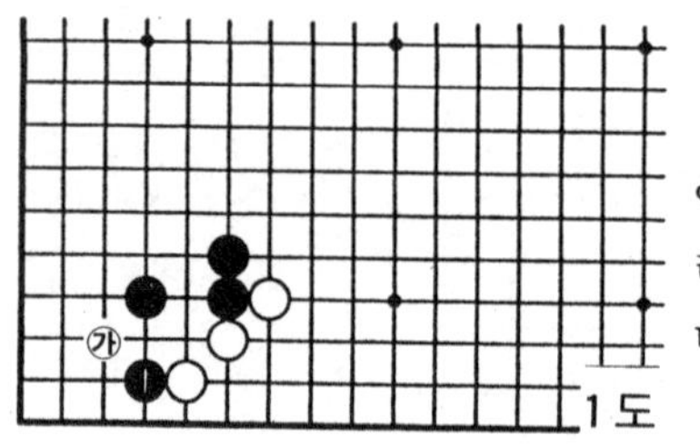

1 도

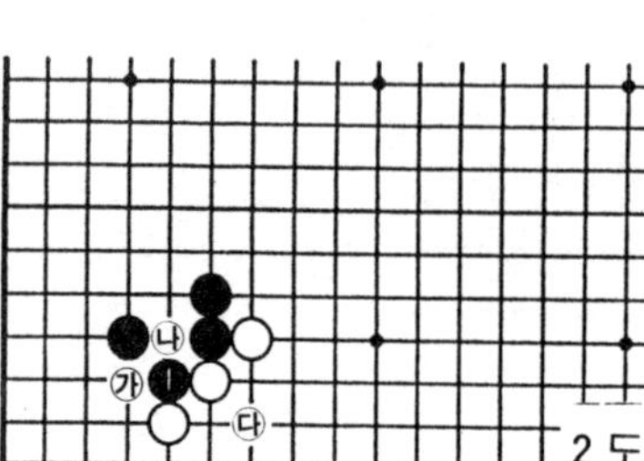

2 도

●돌의 흐름 (제52문 해답)

1 도 (정해) 백 1의 날일자 받음, 흑 2의 마늘모.

다음에 백 5의 마늘모까지 돌의 흐름이다.

2 도 (참고) 흑 2의 붙임에는 백 3의 뻗음. 흑 4, 6에는 백 7까지.

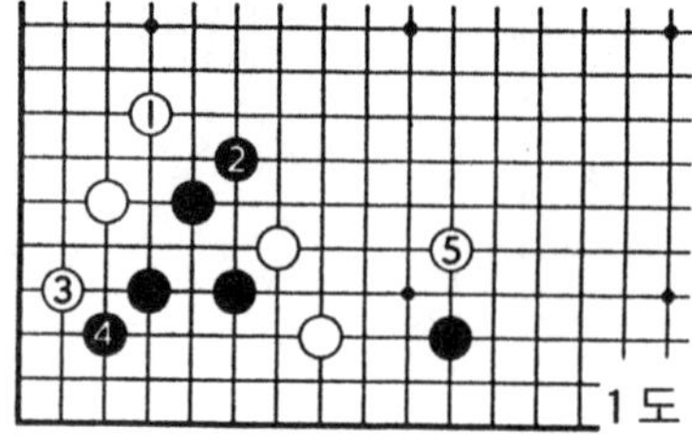

1 도

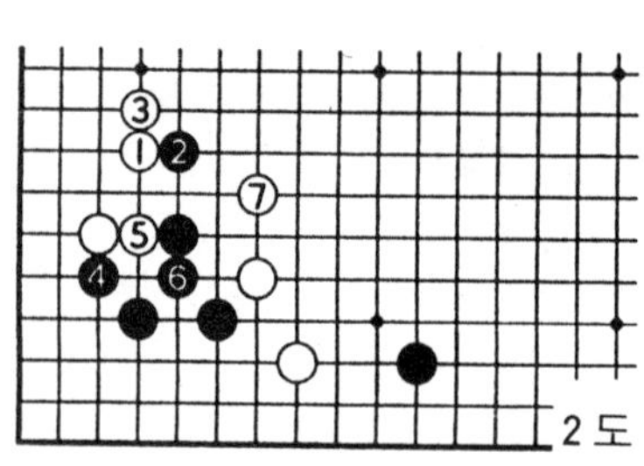

2 도

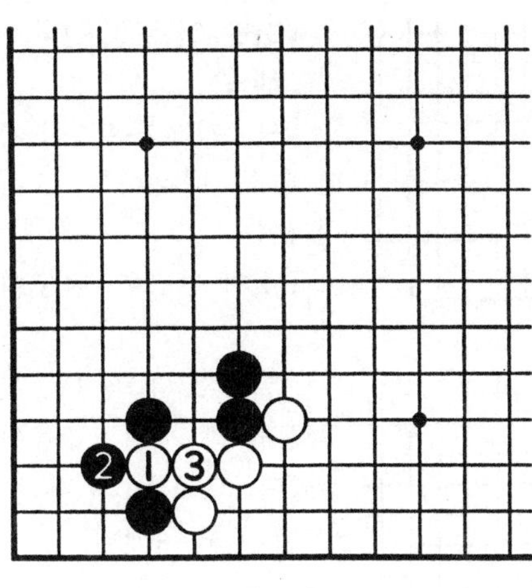

흑선

제53문 잇는 방법

백 1, 3의 젖혀 끼움에 대하여 흑은 어디를 이어야 할까?

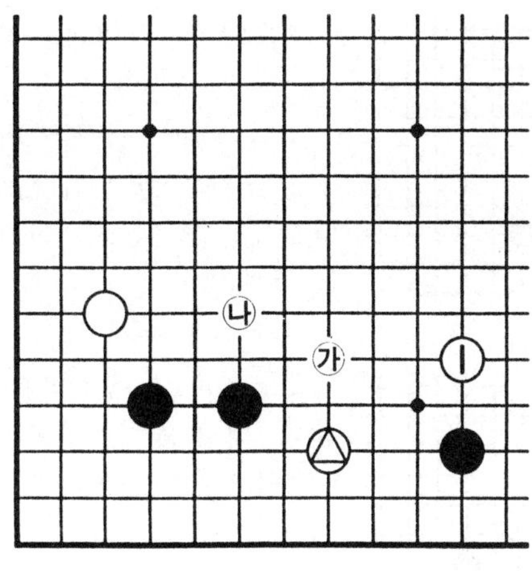

흑선

제54문 생략

백 1은 비약의 수단. 백 1로 ㉮로 두면 흑 ㉯가 보통이다. 흑은 엷다.

백 ◬표의 습격이 있다.

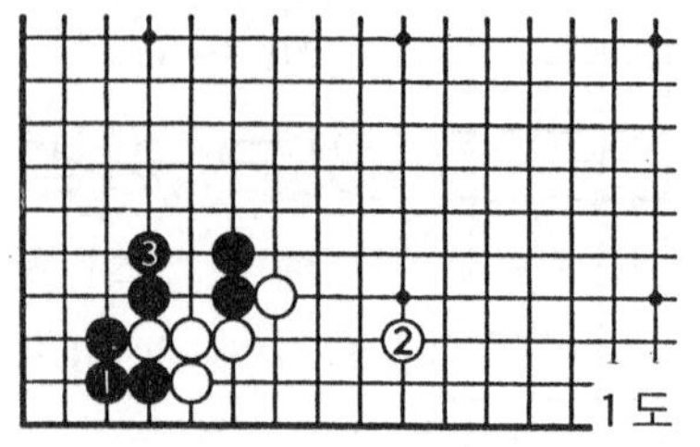

● 아래 이음(제53문 해답)

1도 (정해) 흑 1이 강한 응수. 백 2에는 3이 정착이다.

흑 1이 완만한 응수이다.

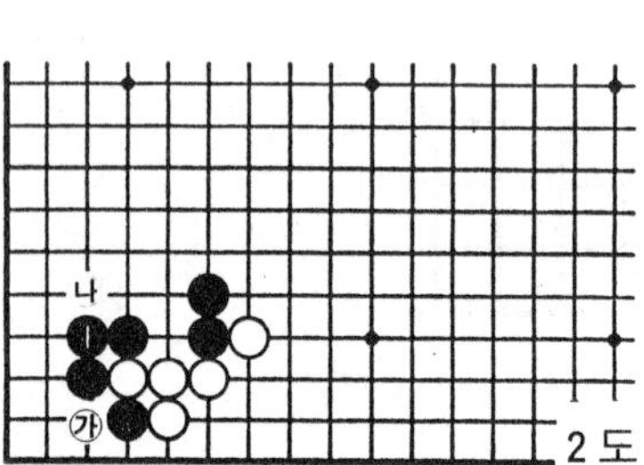

2도 (참고) 흑 1은 완착이다. 백 ㉮의 끊음이 남는다. 흑 1로 ㉯의 곳은 백 ㉮로 나쁘다.

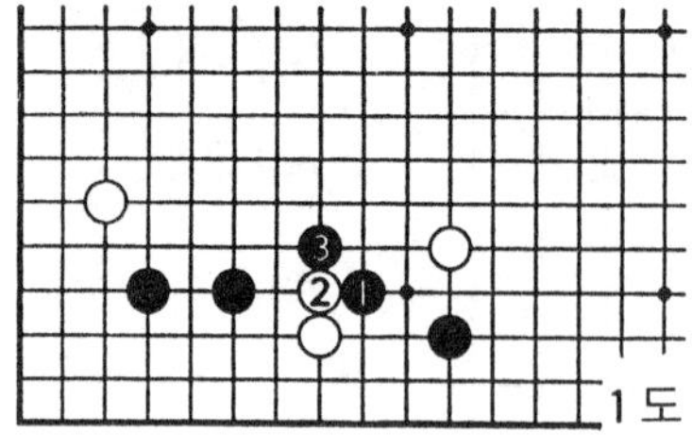

● 엄한 씨움(제54문 해답)

1도 (정해) 흑 1의 씨우는 수가 엄한 수이다. 백 2에는 흑 3으로 머리를 두드린다.

이하 다음 문제이다.

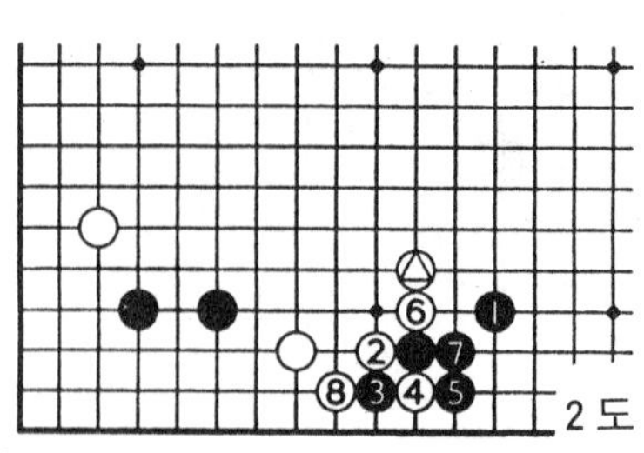

2도 (참고) 흑 1의 날일자. 백 2, 4가 맥점이다. 백 8까지 정형이다.

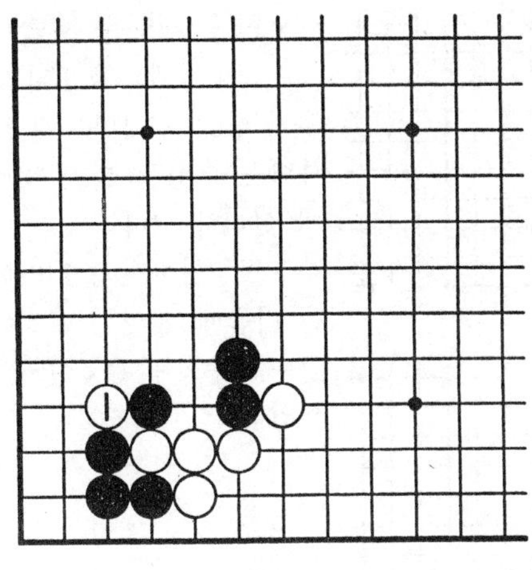

흑선

제55문 끊어서 대응

앞문제에 계속하여 백 1의 끊음. 이에 대응하는 수는?

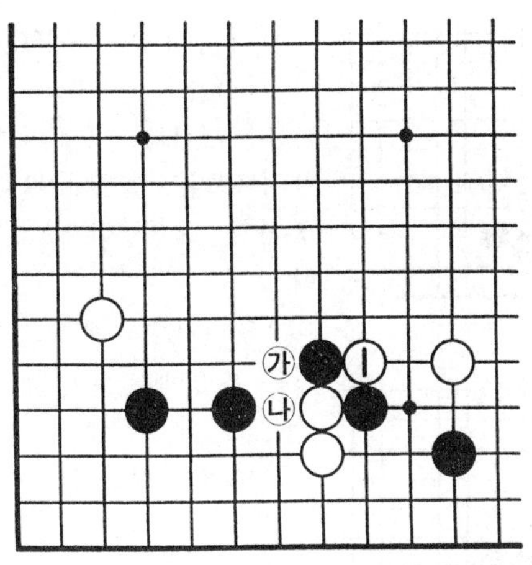

흑선

제56문 이것도!

앞 문제에 계속하여 백㉮는 흑㉯의 끊음이 있다. 그런데 백 1로 직접 끊었다. 이에 대한 응수는?

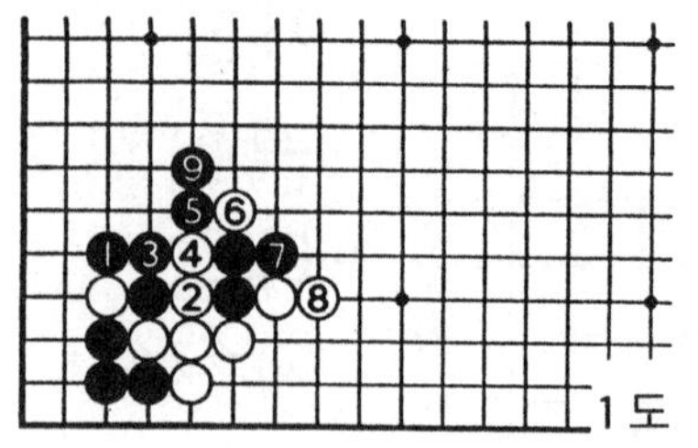

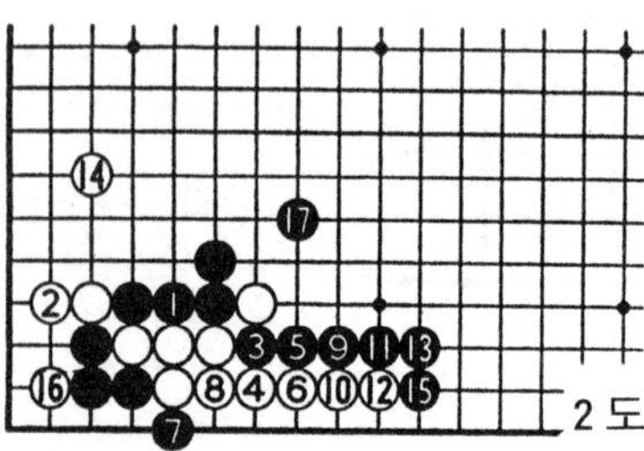

●단수(第55문 해답)

1도 (정해) 흑 1의 단수가 좋은 수이다. 백 2, 4에는 이하 9까지 좌변에 실리가 크다.

2도 (참고) 흑 1의 이음 다음에 3의 끊음이 강수. 흑 3에 백 4 이하의 저위다.

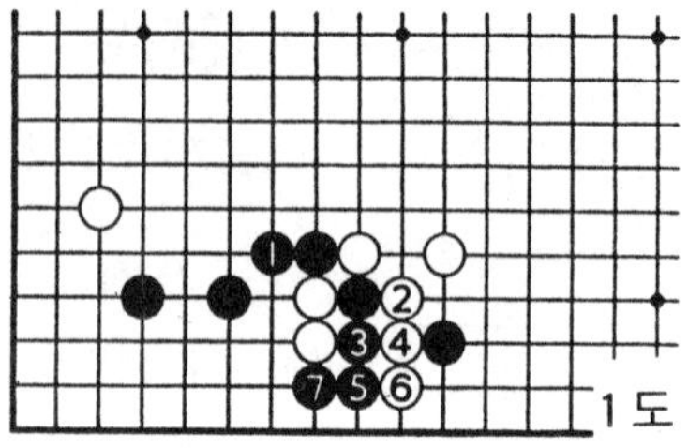

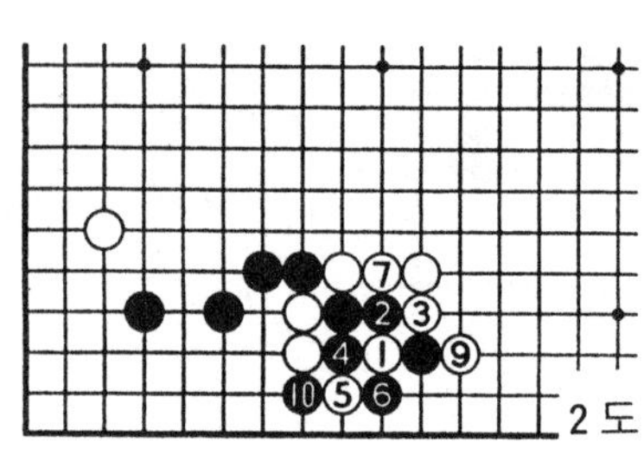

●나눔이 쉽다(第56문 해답)

1도 (정해) 흑 1의 뻗음이 있다. 백 2에서는 7까지. 흑이 나쁘지 않다.

2도 (참고) 백 1의 붙임은 흑 2에서 4까지 둔다.

백10까지 실리가 크다.

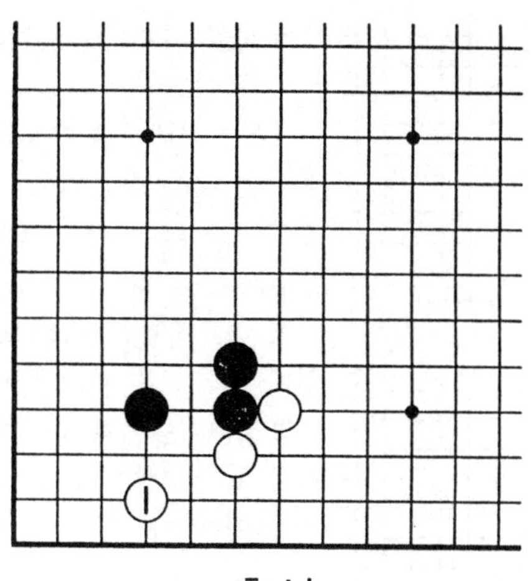

흑선

제57문

정석은 ?

백 1의 날일자는 좋은 수인가?

흑은 어떻게 두어야 할까?

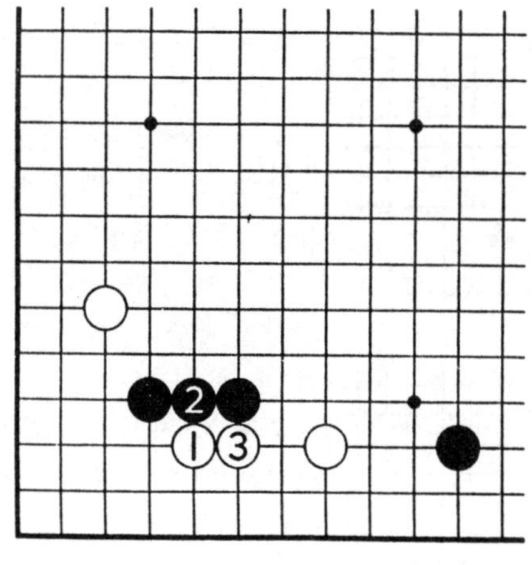

흑선

제58문

급소

백 1은 실전 수이다. 흑 2의 이음은 간명한 수단이다. 백 3에 대하여 흑의 착점은?

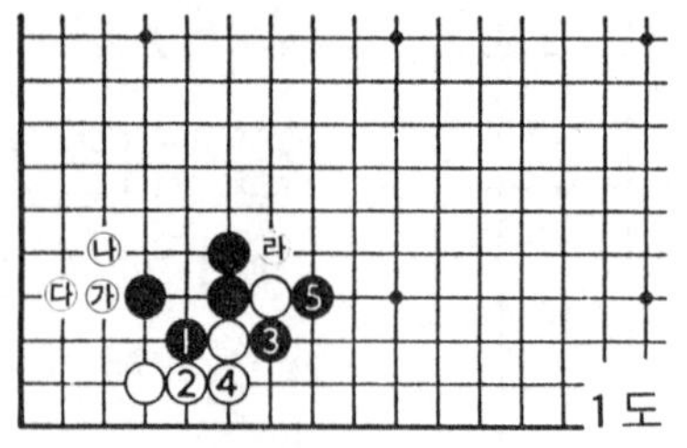

●백을 저위에 (제57문 해답)

1도 (정해) 흑 1에서 3까지 끊는 수. 다음 흑 5의 축이다. 이것은 흑이 좋다.

백㉮, 흑㉯, 백㉰로 된다. 흑㉱로 때려낸다.

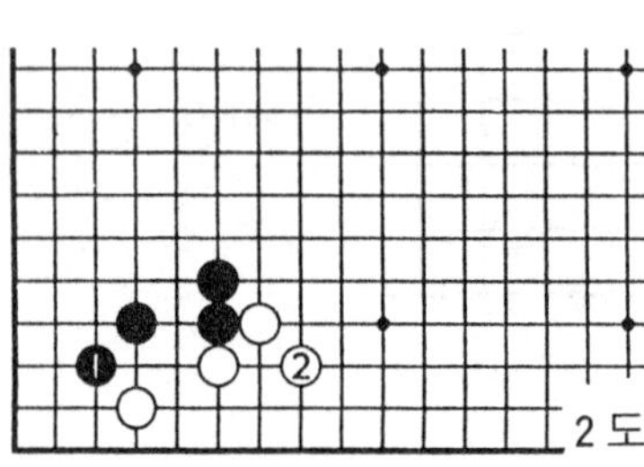

2도 (실패) 흑 1의 받음은 완착. 백이 2로 두어 백이 좋다.

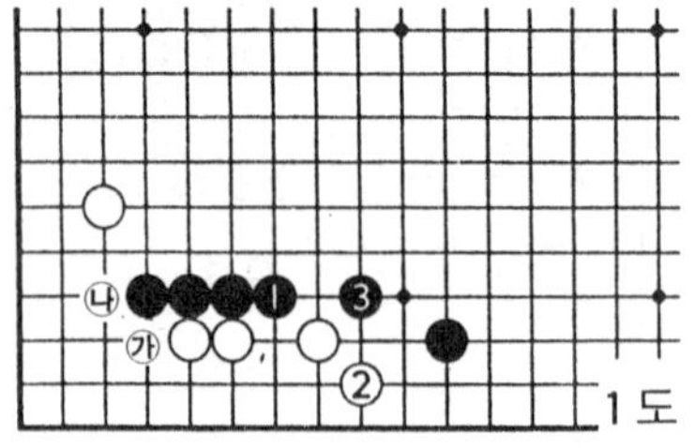

●급소의 뻗음 (제58문 해답)

1도 (정해) 흑 1은 서로간의 급소다. 백 2에는 흑 3으로 봉쇄한다.

다음 백㉮는 흑㉯로 실리를 취한다. 흑의 외세가 좋다.

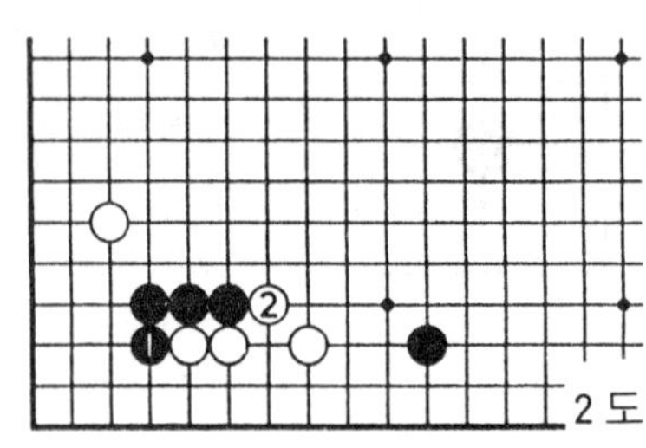

2도 (실패) 흑 1의 내려섬은 백 2가 좋은 모양이다. 이것이 급소다.

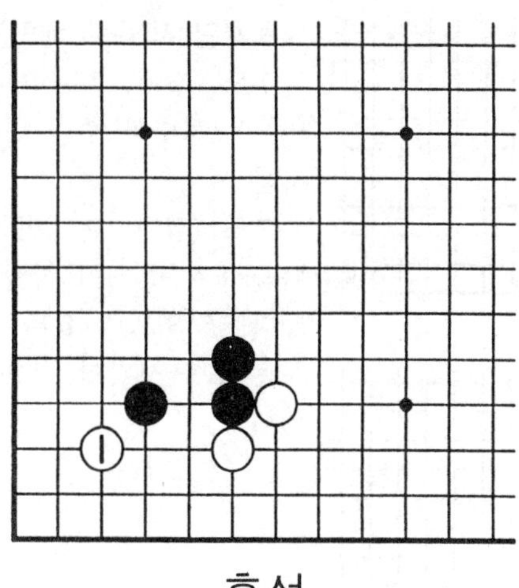

흑선

제59문 당연

백 1 의 3·3 의 침입수는 좌측의 관계로 보아 좋은 수는 아니다. 흑은 당연히……

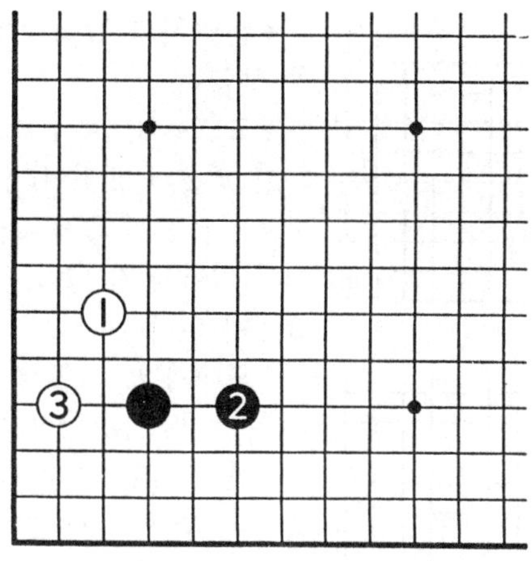

흑선

제60문 복습

백 3 의 날일자는 많이 두는 방법이다. 흑은 어떻게 두어야 할까?

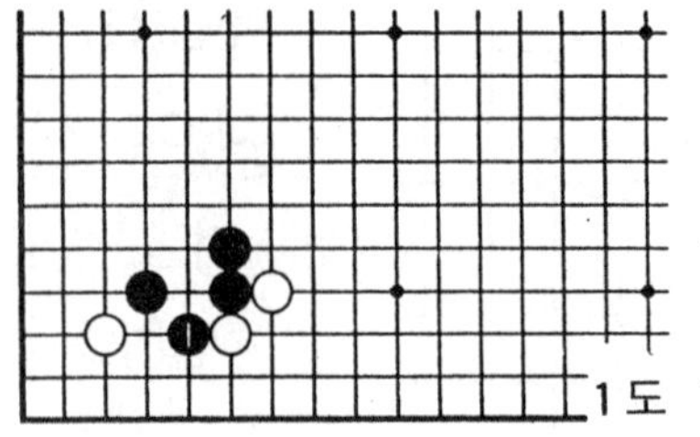

1 도

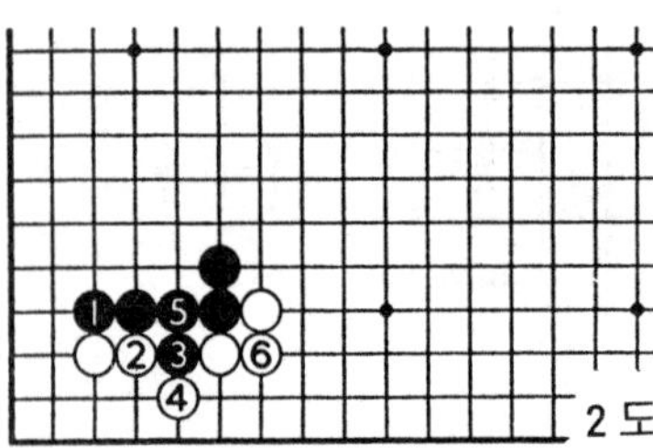

2 도

●차단(제59문 해답)

1 도 (정해) 흑 1의 내려서는 차단의 수는 당연하다.

2 도 (실패) 흑 1은 그 다음 6까지 백이 상당히 좋다. 흑 3으로 6의 곳 두는 수를 생각할 수도 있다.

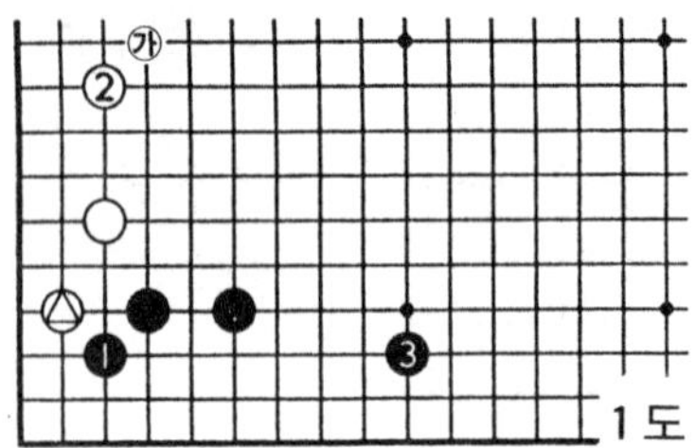

1 도

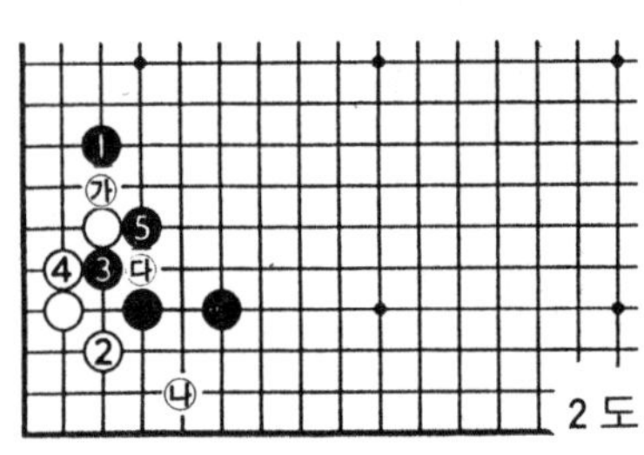

2 도

●날일자와 같다(제60문 해답)

1 도 (정해) 흑 1로 받으면 백 2의 2칸이다. 백 2로 ㉮는 백△표의 달림이 있어 좋지 않다. 흑 3까지 일단락이다.

2 도 (참고) 1 도의 다른 수는 흑 1로 압박하는 수. ㉮에 두는 수도 있다. 백 4는 ㉯의 달림도 있다. ㉰의 변화도 있다.

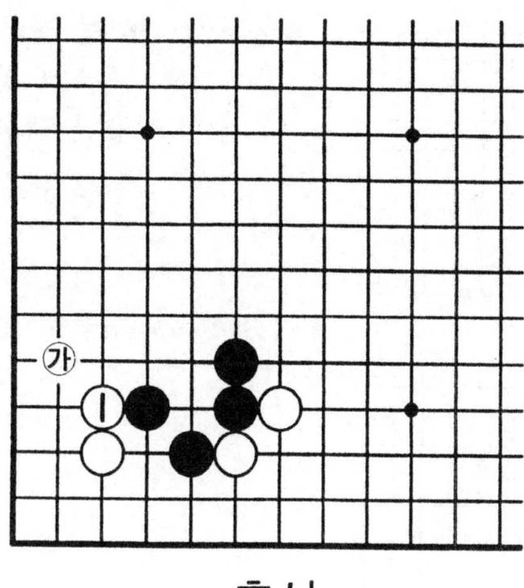

흑선

제61문 상용의 맥점

백 1로는 ㉮의 날일자도 있다.

흑의 다음 수는?

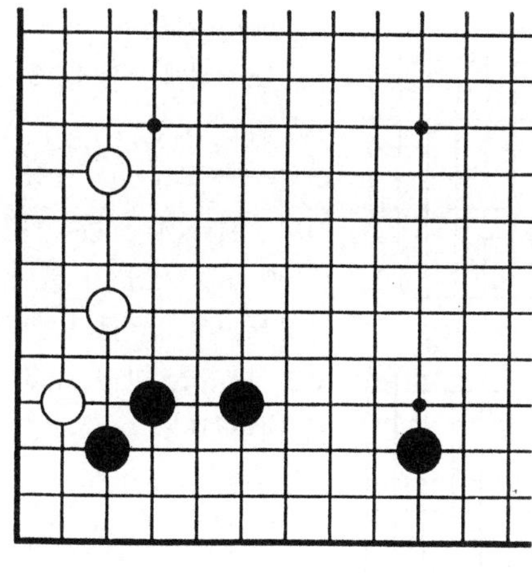

흑선

제62문 모양이 크다

이 정석에서는 흑이 좋은 중앙작전의 수가 있다.

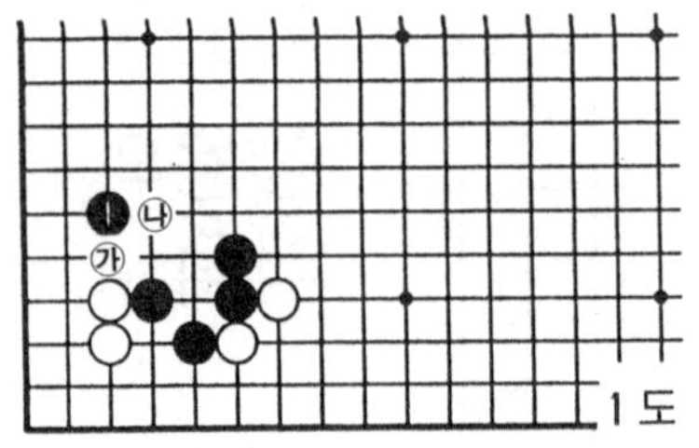

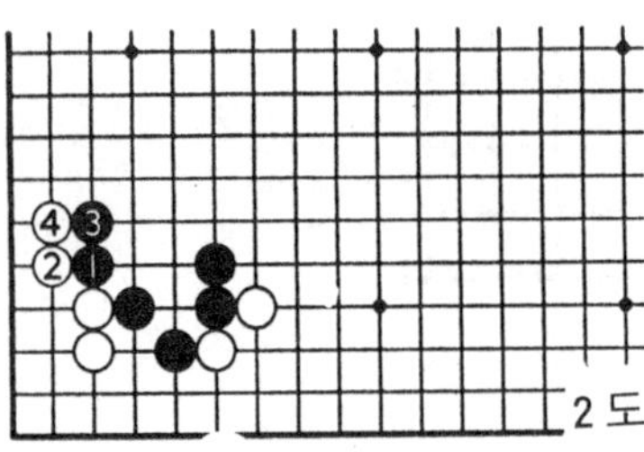

1 도

● 물러섬 (제61문 해답)

1 도 (정해) 흑 1로 물러서는 것이 상용의 맥점이다. 이것이 엄한 수이다. 다음에 ㉮는 흑㉯.

2 도 (실패) 흑 1, 3은 4의 젖힘으로 유유히 살아간다.

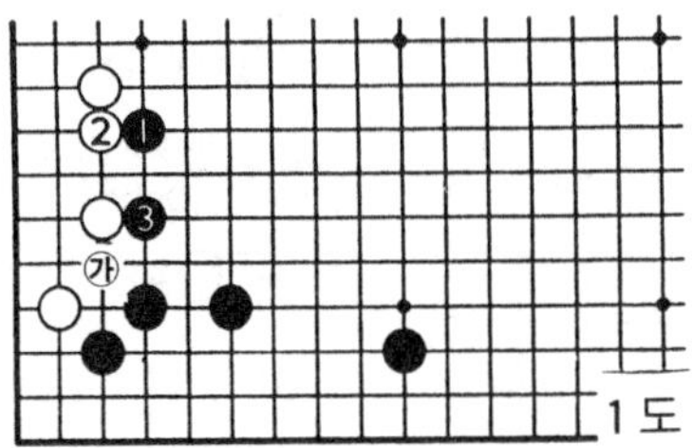

2 도

1 도

● 맥점 (제62문 해답)

1 도 (정해) 흑 1, 3은 중앙의 흑모양이 크다. 관련된 수맥으로 좋은 공격이다. 다음에 흑㉮ 이거나 백㉮의 받음이 있다.

2 도 (참고) 흑 1에 백 2로 반발을 하면 흑 3으로 내려선다.

2 도

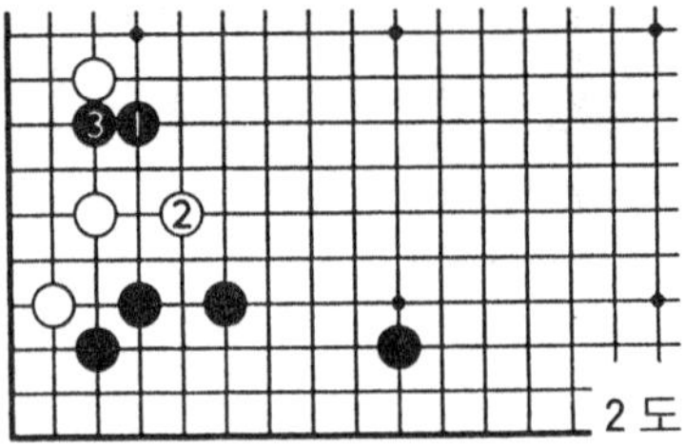

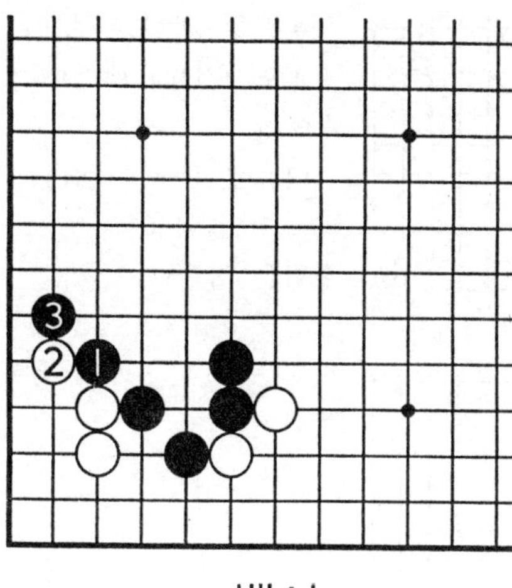

백선

제63문 용의

흑 1, 3의 2 단젖혀 막음은 엄한 수이다.

백의 호수의 용의는?

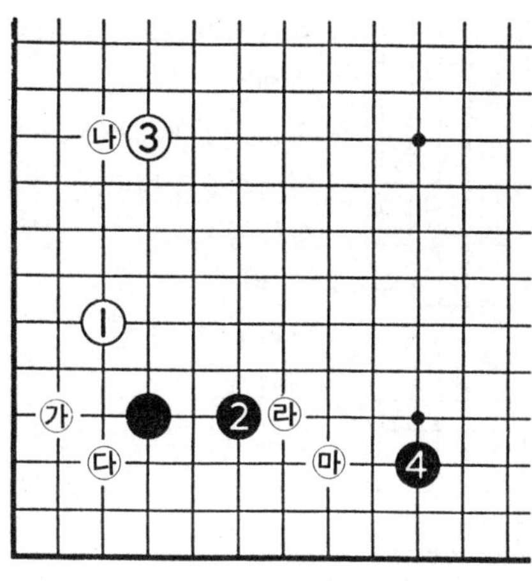

흑선

제64문 시기를 보다

백㉮를 두지 않고 단지 3까지 전개하고 있다. 흑 4까지 일단락. 백은 ㉰, ㉱, ㉲의 노림이 있는데 흑은 시기를 보아 어디를 지켜야 할까?

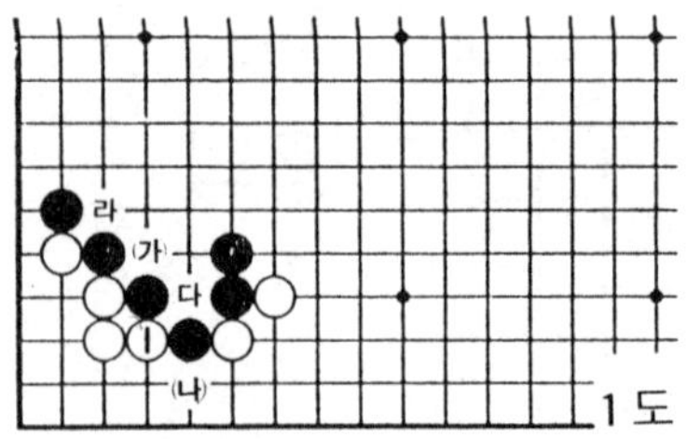

●묘수(제63문 해답)

1도 (정해) 백 1이 묘수이다.

다음에 흑㈎는 백㈏. 또 다의 이음은 ㈑로 한점을 잡는다.

2도 (참고) 백 1, 3의 한점은 흑 4, 6으로 흑이 좋다.

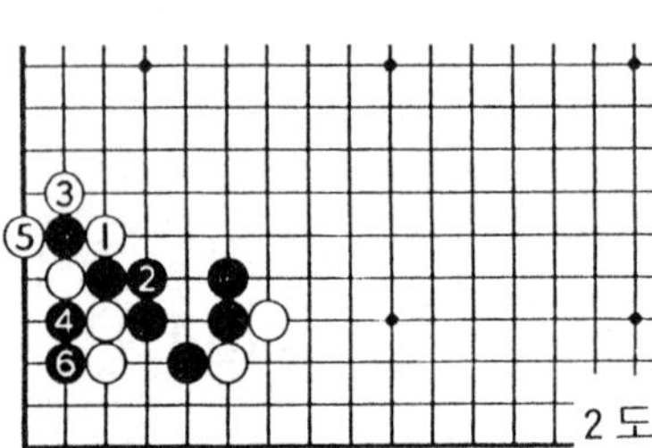

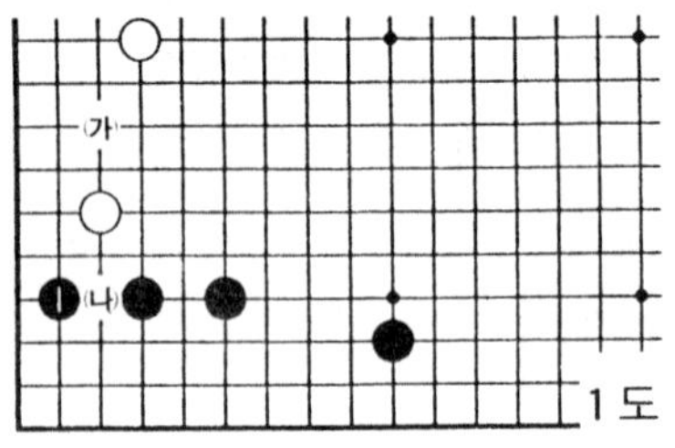

●지키는 방법(제64문 해답)

1도 (정해) 흑 1의 지킴이 좋은 수비다.

다음에 ㈎의 곳 침입을 노린다.

달리두면 ㈏의 곳 내려섬이 있다.

2도 (참고) 흑 1, 3은 견고하긴 하나 1도보다는 못하다.

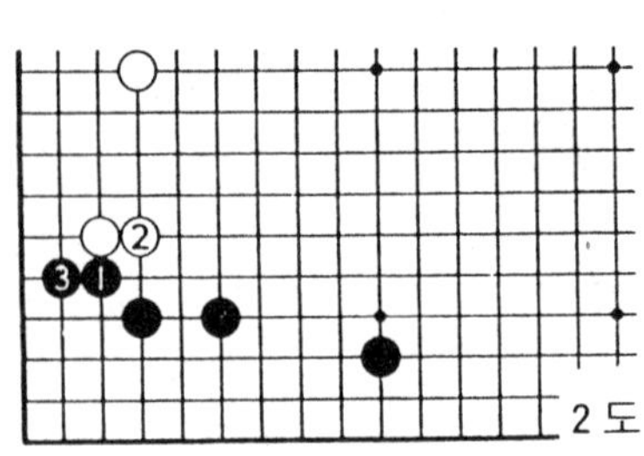

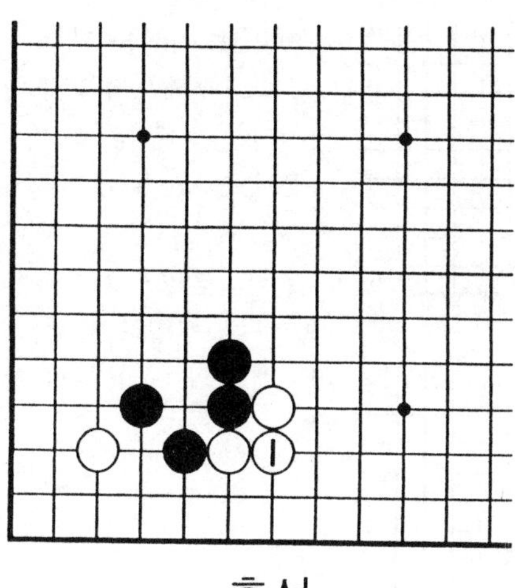

흑선

第65문 이음에 대하여

백 1의 이음에 대하여 흑의 간명한 응수는?

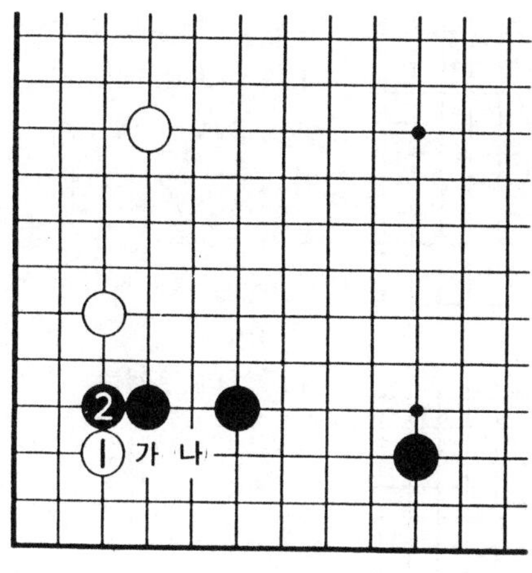

백선

第66문 3·3 침입

백 1의 3·3은 큰곳이다.

다음에 백㉮는 흑㉯인데—.

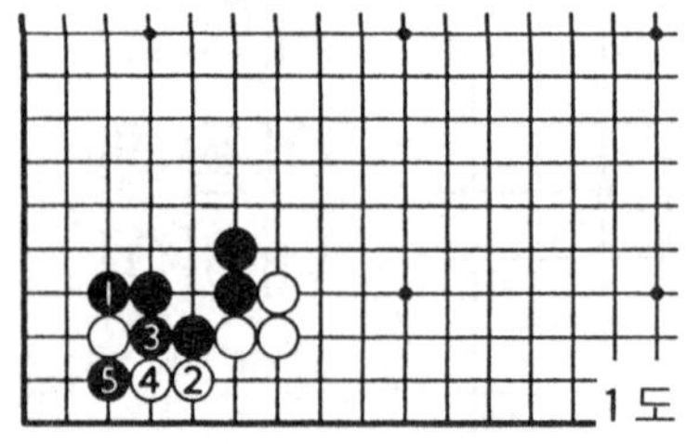

1 도

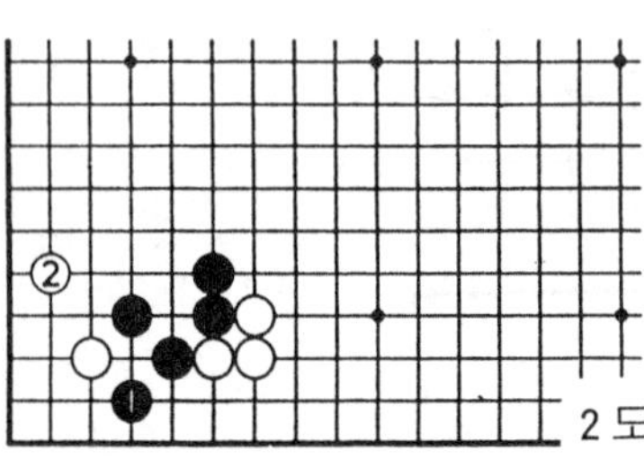

2 도

●간명(제65문 해답)

1 도 (정해) 흑 1의 내려섬이 간명한 수단이다. 백 2에는 3, 5로 실리가 좋다.

2 도 (참고) 흑 1의 마늘모는 성립하지 않는다. 백 2의 날일자가 있다.

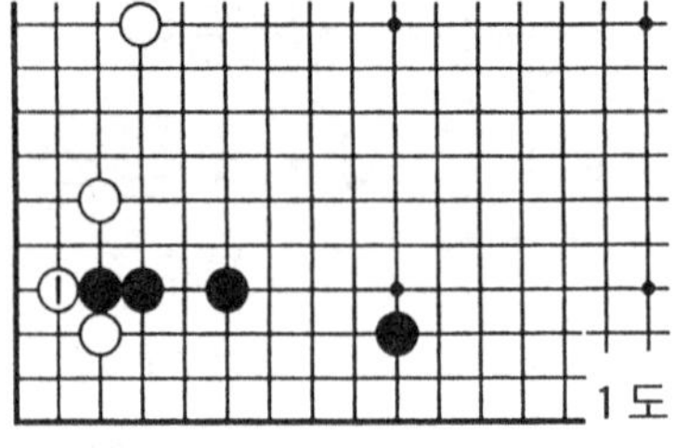

1 도

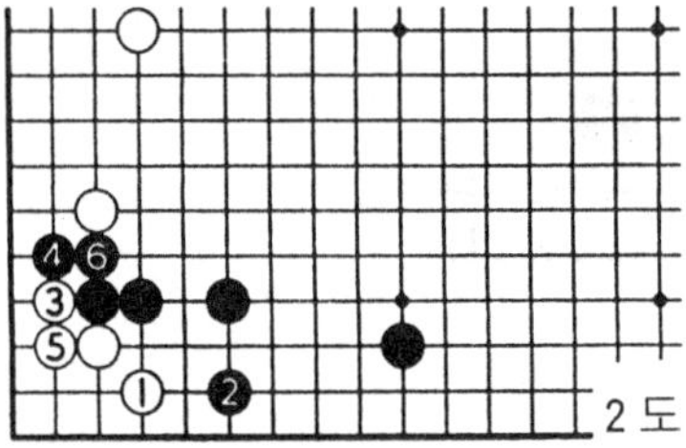

2 도

●젖힘(제66문 해답)

1 도 (정해) 특수한 경우를 제하고는 백 1의 젖힘이 있다. 상식이다.

2 도 (참고) 백 1의 마늘모는 이하 6까지 사는 모양인데 궁핍하다.

1 도보다 못하다.

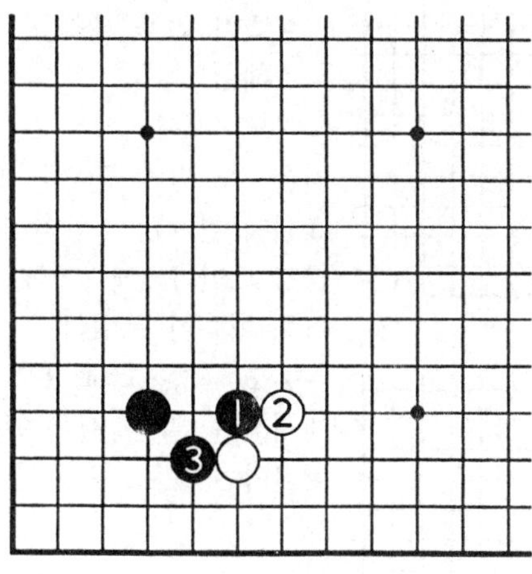
백선

제67문 붙여 막음

흑 1에 붙여서 3의 막음까지 정석의 갈래.

백이 응수하는 3곳의 수는?

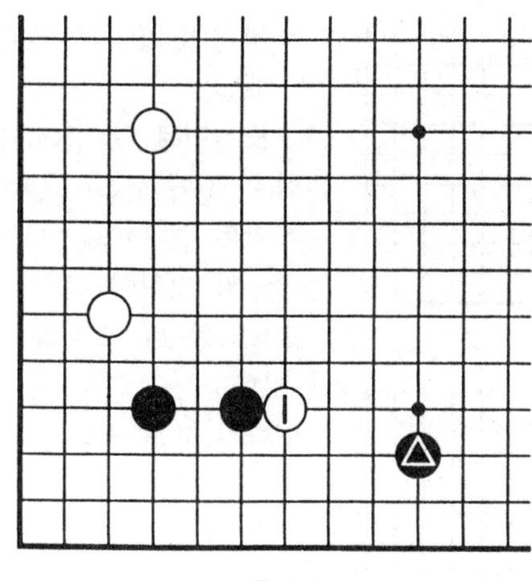
흑선

제68문 붙임의 의미

백 1의 붙임도 하나의 수단이다.

흑 ▲ 표와의 간격이 있어 상용으로 쓰는 곳인데 흑의 응수는?

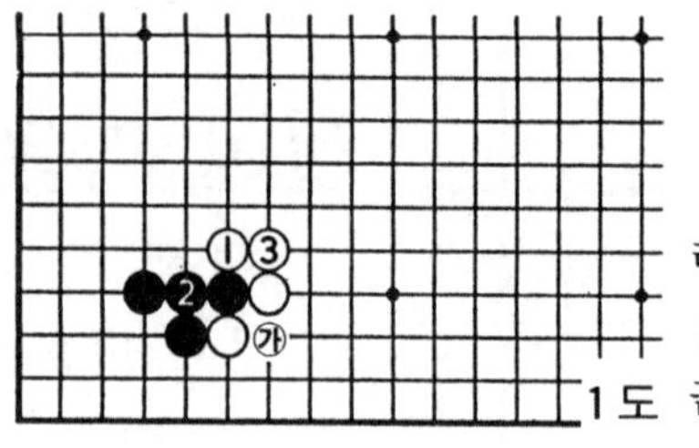

●붙여 이음(제67문 해답)

1 도 (정해) 백 1로 머리를 두드림이 좋은수. 백 3까지 된 다음 ㉮의 곳 끊김이 있다. 백 3으로 위를 이음이 두텁다.

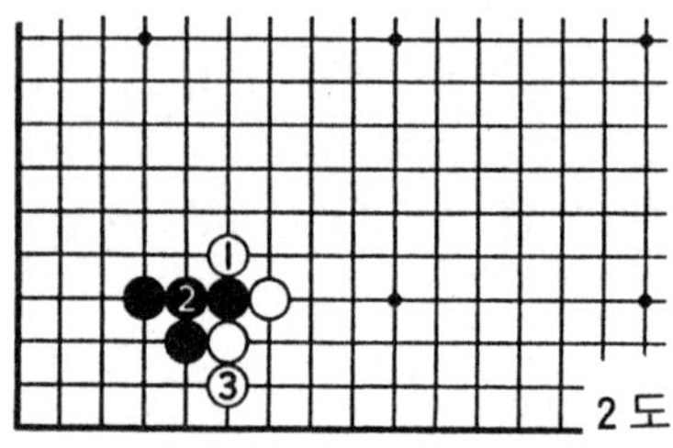

2 도 (정해) 백 3의 내려섬이 실전에서 자주 나타나는 수.

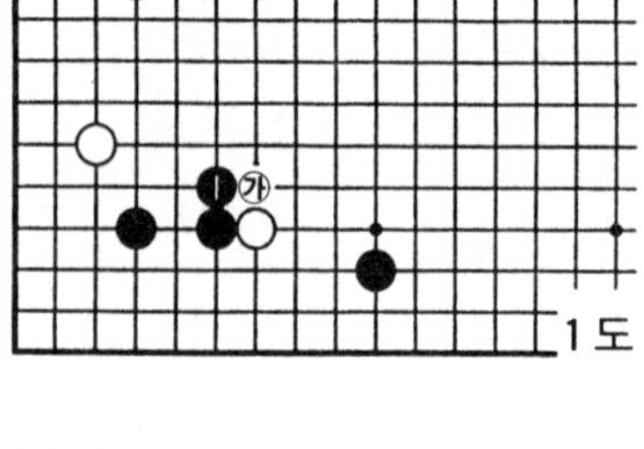

●뻗음이 많다(제68문 해답)

1 도 (정해) 붙임에 대하여 흑 1의 뻗음이 많이 사용되는 수단이다. 달리는 ㉮의 젖힘이 있다.

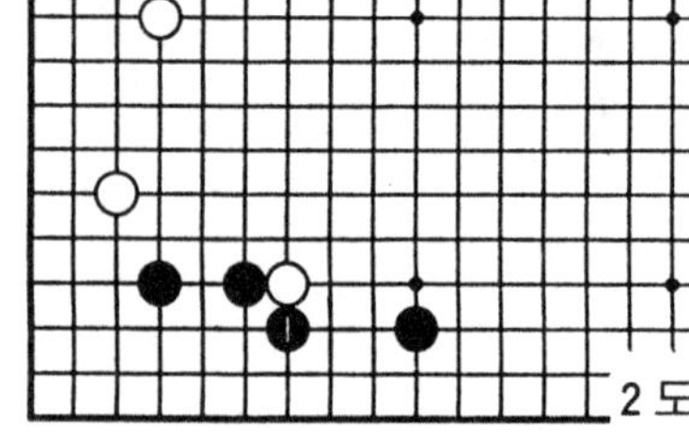

2 도 (참고) 흑 1의 아래 젖힘.

변화가 작은 모양이다.

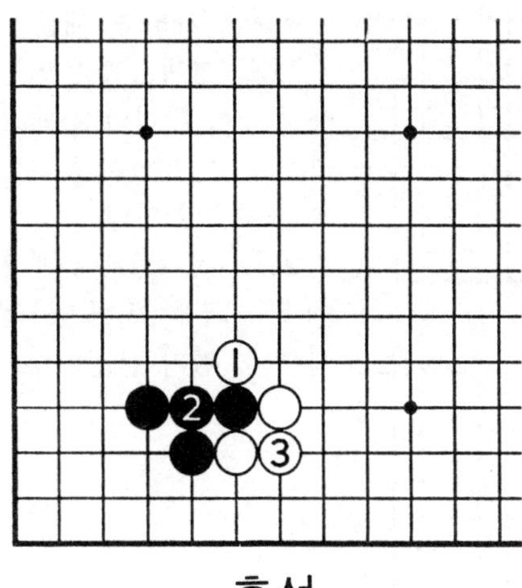

흑선

제69문 다음에 두는 방법

백 3으로 아래를 이으면 흑의 강수가 준비되어 있다. 두는 방법은?

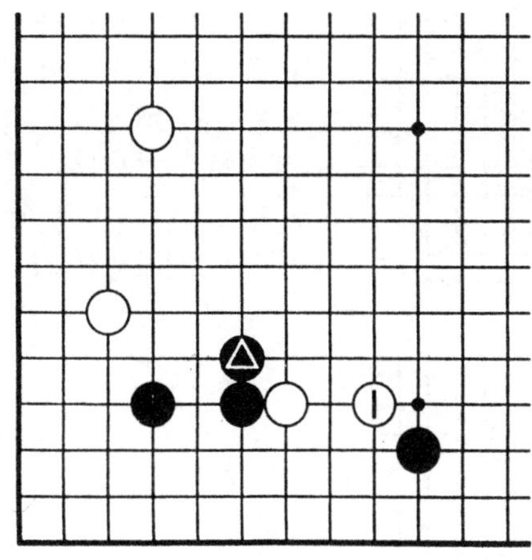

흑선

제70문 한칸 뜀

흑 ▲ 표에는 백 1이 모양이다.

흑의 응수는?

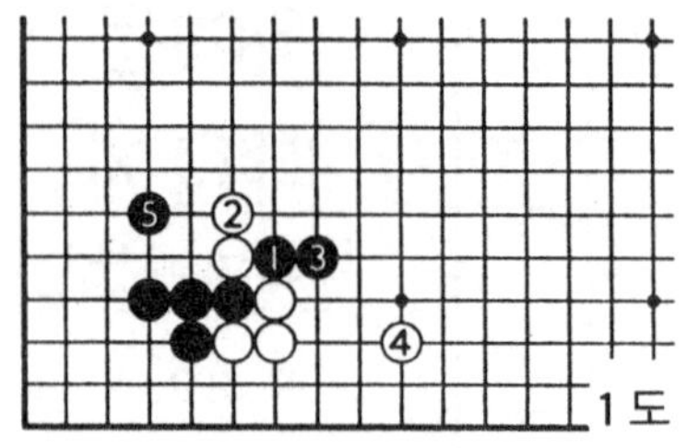
1 도

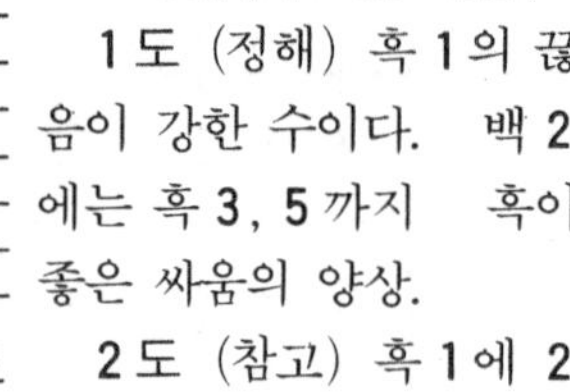
●끊음(제69문 해답)

1 도 (정해) 흑 1의 끊음이 강한 수이다. 백 2에는 흑 3, 5까지 흑이 좋은 싸움의 양상.

2 도 (참고) 흑 1에 2 4의 지킴은 5까지 전개한다. 백의 불만이다.

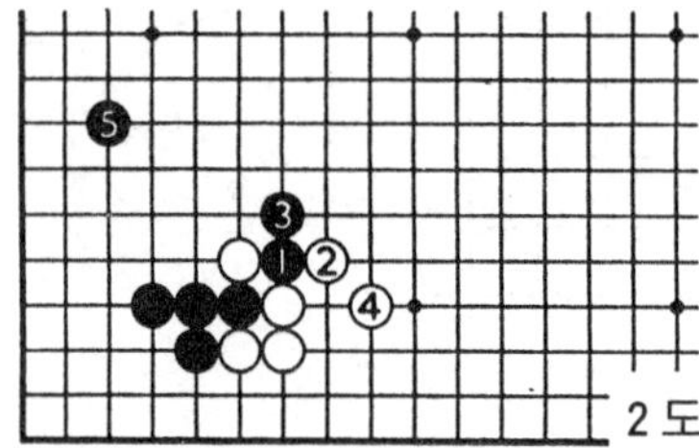
2 도

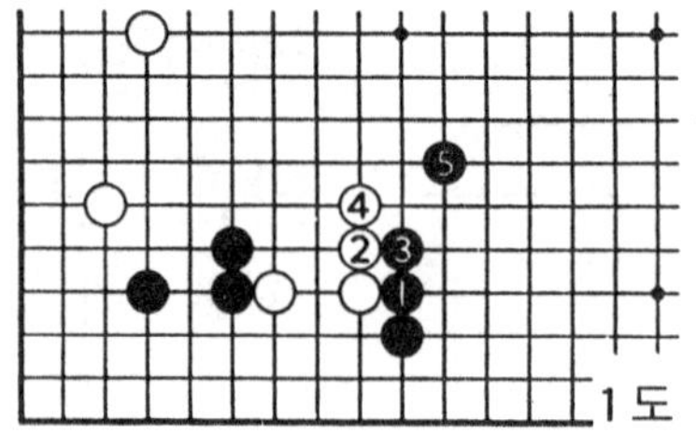
1 도

●올라섬(제70문 해답)

1 도 (정해) 흑 1이 보통 두는 수. 백 2에 흑 3, 5까지. 모양이다.

2 도 (실패)흑 1엔 백 2가 좋아 이적행위이다.

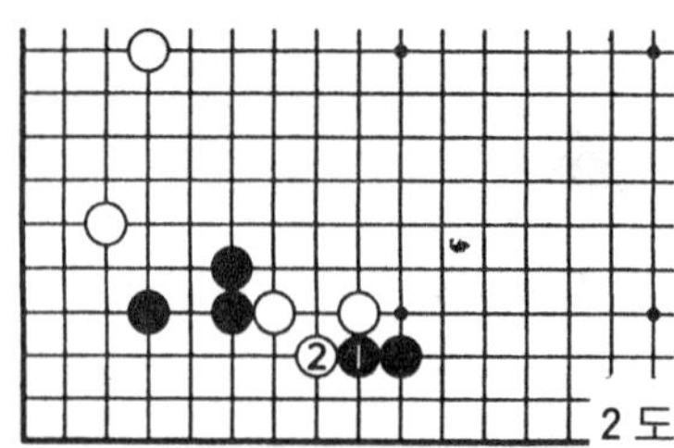
2 도

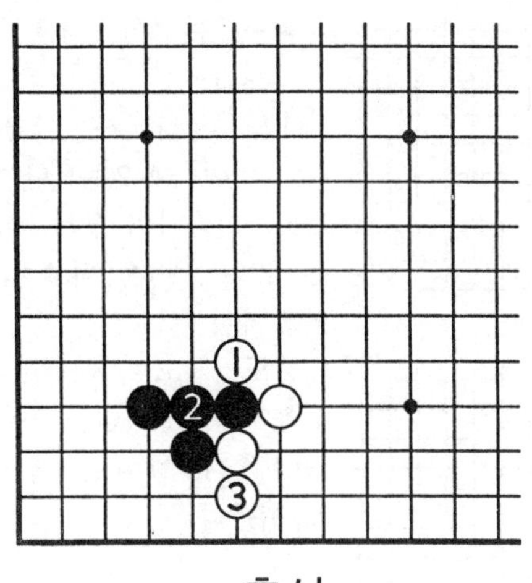

흑선

제71문

내려섬에는

백 3의 내려섬에 흑의 응수는?

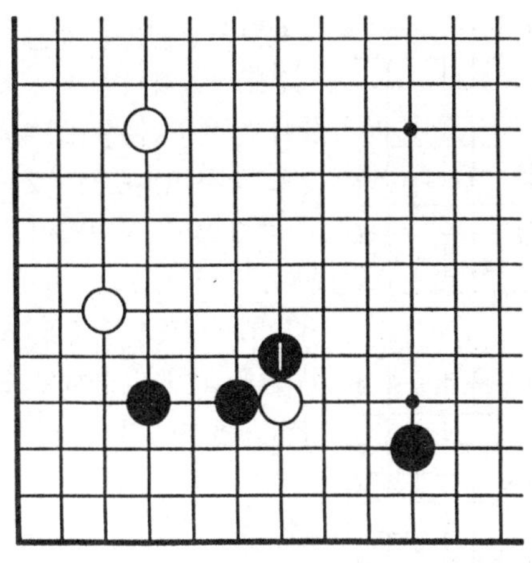

백선

제72문

젖힘에는

흑 1의 젖힘이 있다.

백의 응수는?

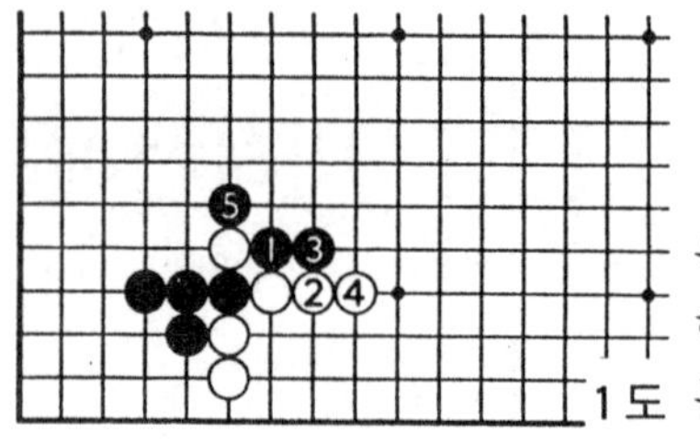

1 도

2 도

●누르는 수(제71문 해답)

1 도 (정해) 흑 1 의 끊음이 절대. 백 2 는 당연하다. 계속하여 3 의 미는 수가 강수다. 백 4 에 흑 5 까지.

2 도 (참고) 흑 1 에 백 2 는 3 으로 머리를 두드림이 좋다. 백 4 는 흑 5 로 싸운다.

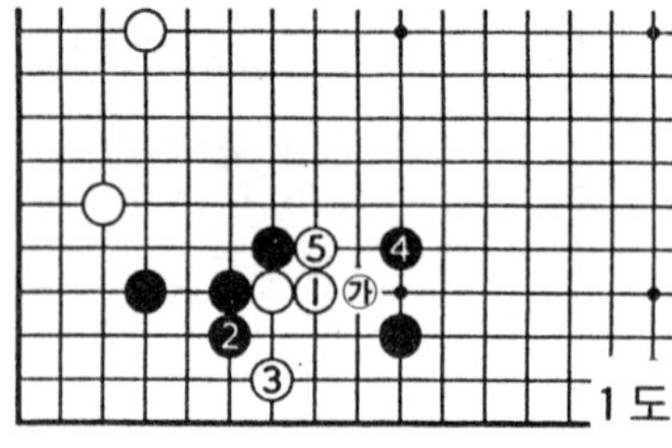

1 도

2 도

●분단(제72문 해답)

1 도 (정해) 백 1 의 뻗음이 정해. 이 수로 ㉮의 곳도 좋지 않다. 흑 2 에는 백 3 으로 분단하여 싸운다.

2 도 (실패) 백 2 의 젖힘은 흑 3 의 단수에서 5 까지가 있다.

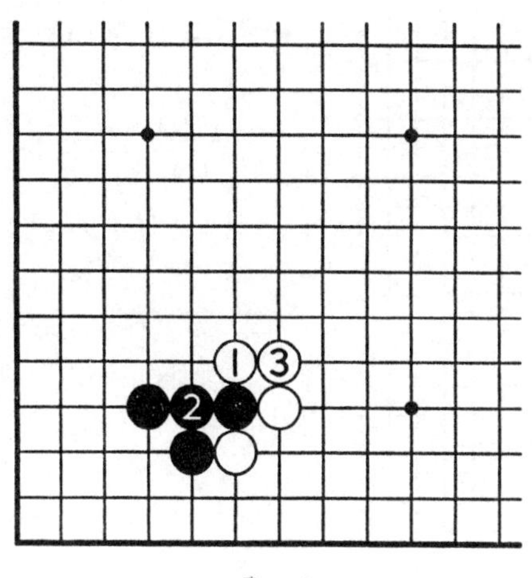

흑선

제73문

위쪽 이음

백 1, 3으로 위쪽을 이으면 흑의 응수는?

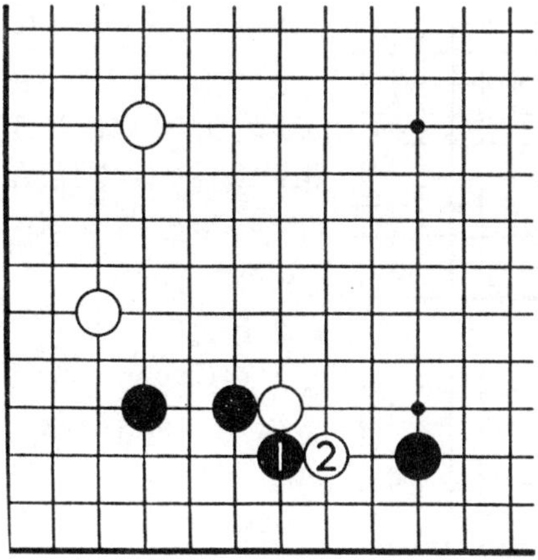

흑선

제74문

막는 모양

흑 1의 젖힘은 실리가 좋은 수다.

다음의 응수를 생각해보자.

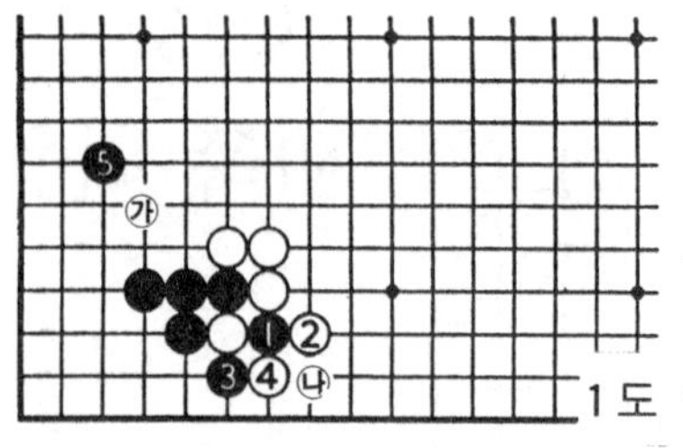

1 도

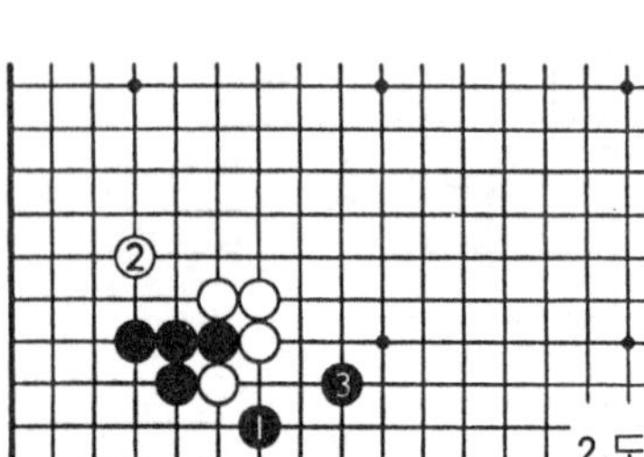

2 도

●끊어잡음 (제73문 해답)

1 도 (정해) 흑 1, 3이 보통의 타개. 백 4에 흑 5의 전개. 백 4로 ㉮는 흑㉯의 젖힘이 있다.

2 도 (참고) 흑 1로 두는 수. 이것은 하변의 백집이 크다.

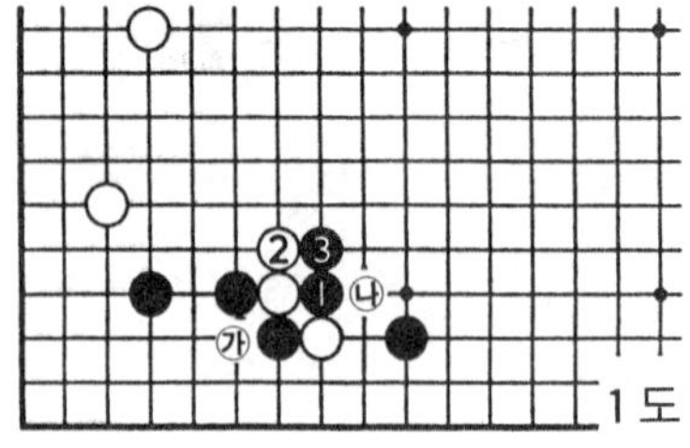

1 도

2 도

●끊고 올라섬 (제74문 해답)

1 도 (정해) 흑 1, 3의 끊고 올라서는 수가 급소다. 이 수로 ㉮는 ㉯로 축이다.

2 도 (실패) 흑 1의 이음은 백도 2의 곳을 잇는다. 분단하여 백이 강하다.

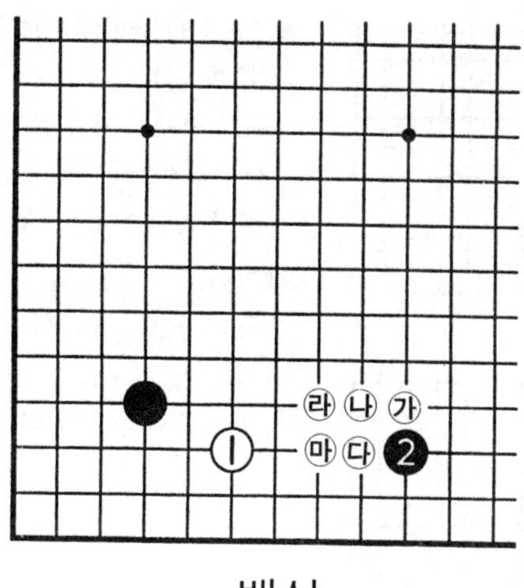

백선

제75문 협공

백 1의 걸침에 흑 2는 3칸 협공이다.

다른 방법으로는 ㉮,㉯,㉰,㉱,㉲가 있다.

협공에 대해 백의 기본생각은?

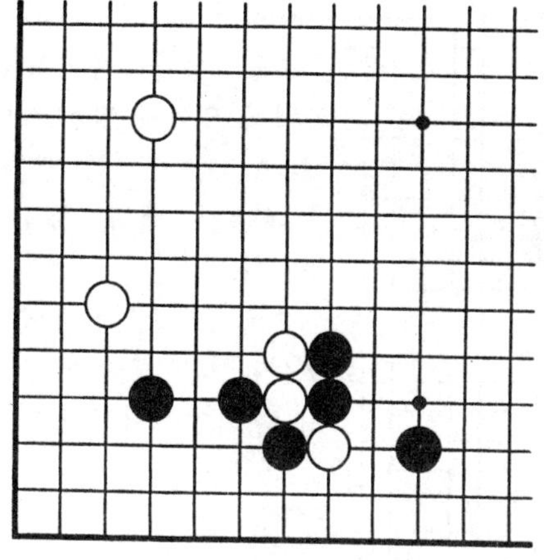

백선

제76문 기력

다음의 3수는?

기력이 요구되는 곳이다.

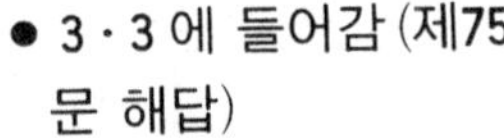

● 3·3에 들어감(제75 문 해답)

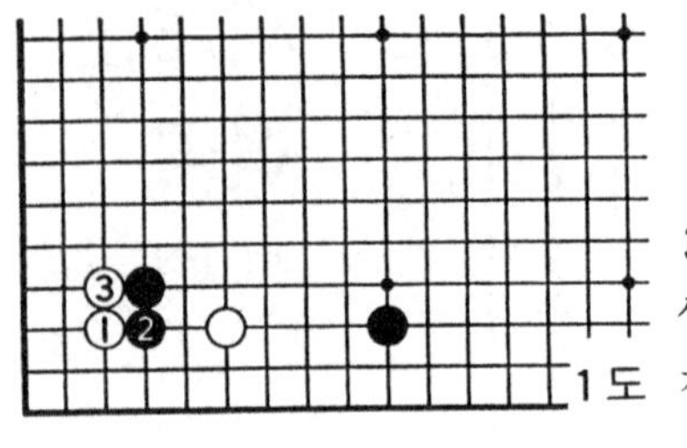

1 도

1 도 (정해) 백 1로 3·3에 들어가는 수를 생각한다. 흑 2에는 3이 정착이다.

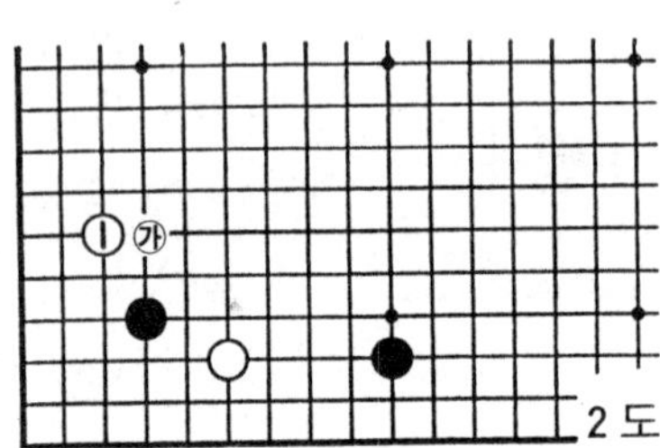

2 도

2 도 (참고) 3·3에 들어가지 않고 백 1로 양걸침을 하는 것이 좋다.

●귀갑(제76문 해답)

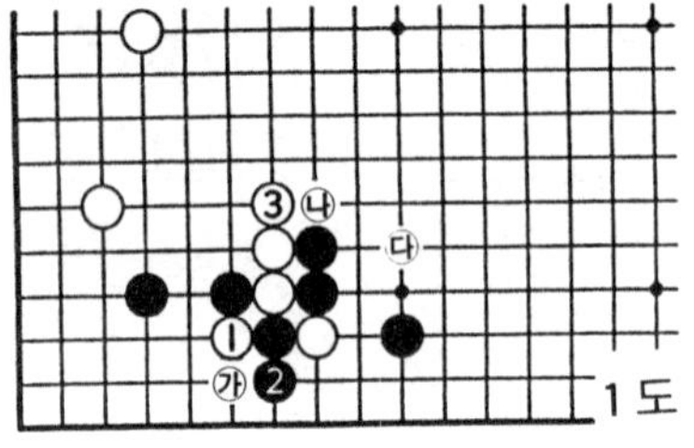

1 도

1 도 (정해) 백 1의 끊음에서 3까지 뻗는 형이다. 이다음 흑㉮, 백㉯, 흑㉰까지. 백의 중앙이 두텁다.

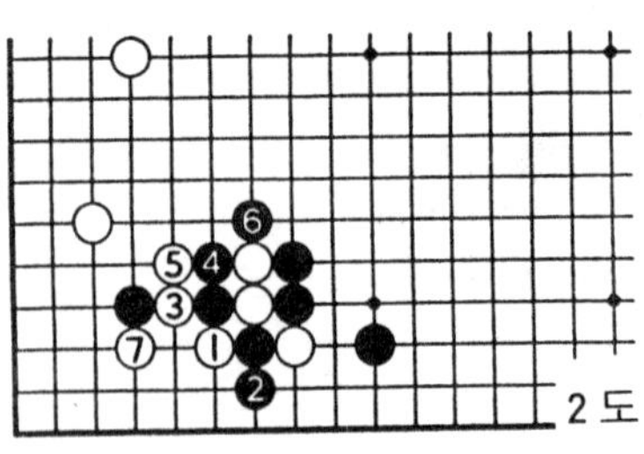

2 도

2 도 (참고) 백 1에서 7까지 두면 흑에게 거북이 껍질을 허락한다.

제77문 뻗음이 정착

흑 **1**의 뻗음은 정착. 백이 두어야 할 곳은 어디일까?

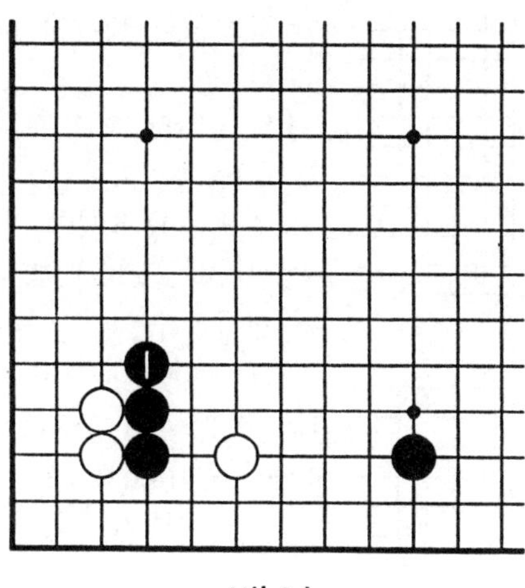

백선

제78문 침입

흑 ▲표와 백 △표의 교환이 있다.

백 **1** 외에 ㉮의 엿봄이 있다.

다음의 강수는?

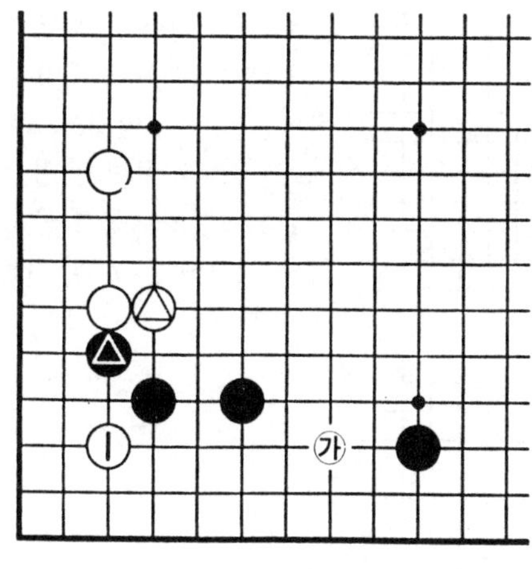

흑선

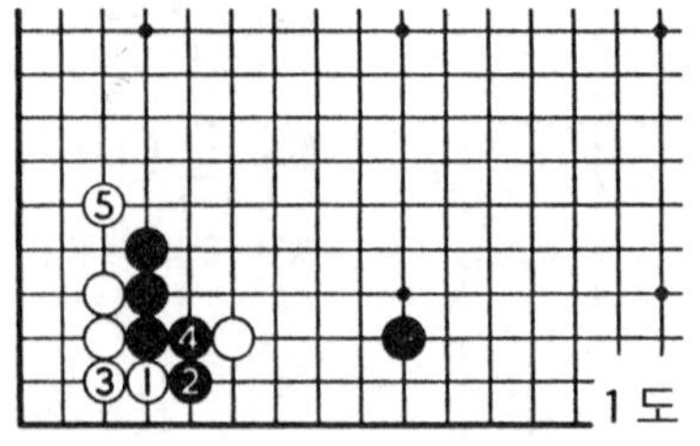

1 도

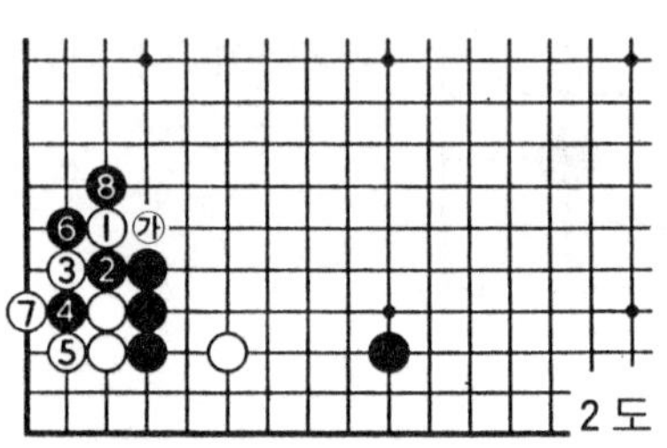

2 도

●기본정석(제77문 해답)

1 도 (정해) 백 1, 3 의 젖혀 이음.

흑 4 에는 백 5 까지 기본정석이다. 실전에 많이 나타난다.

2 도 (실패) 단순히 백 1은 흑 2, 4 의 끊음에서 8 까지 축이다. 백 1로 2는 흑 ㉮로 좋지않다.

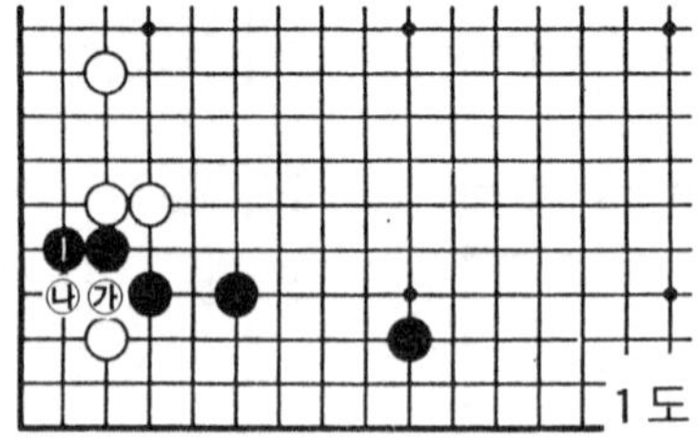

1 도

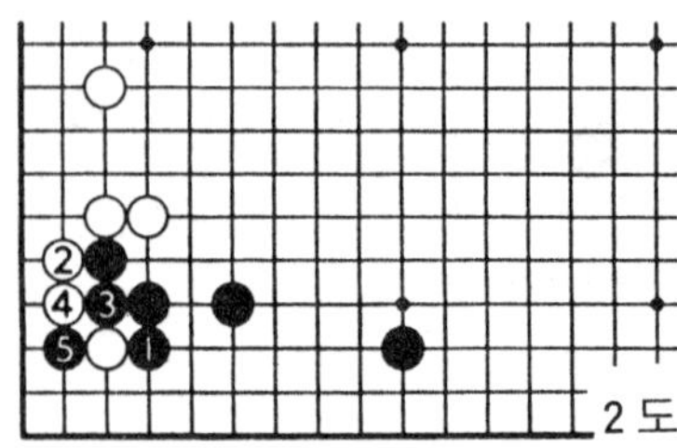

2 도

●차단(제78문 해답)

1 도 (정해) 흑 1의 내려섬. 다른 방법으로는 ㉮와 ㉯의 차단이 있다.

2 도 (참고) 흑 1의 내려섬에는 백 2, 4 로 된다.

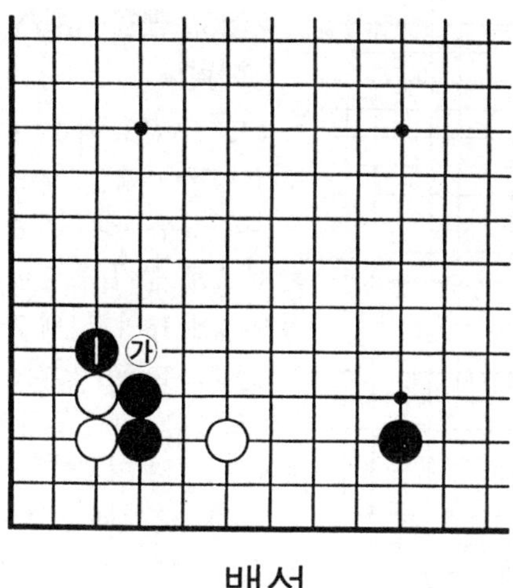

백선

제79문 두지않는 곳

흑 1의 젖힘은 무리다.

㉮의 뻗음이 좋아보이는 곳인데 백의 응수는?

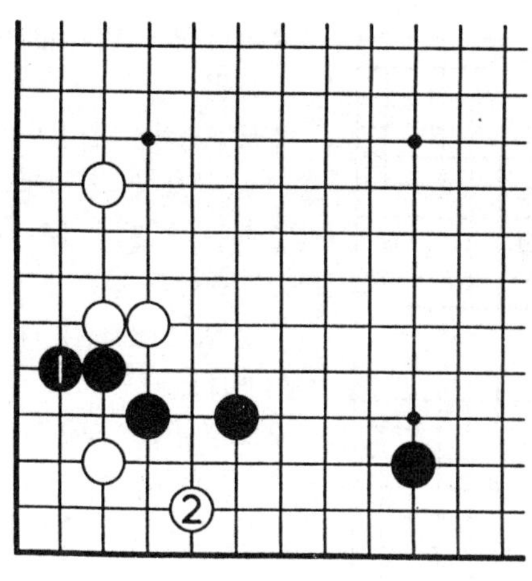

흑선

제80문 이맥

흑 1에 백 2는 이맥.

다음의 한수는?

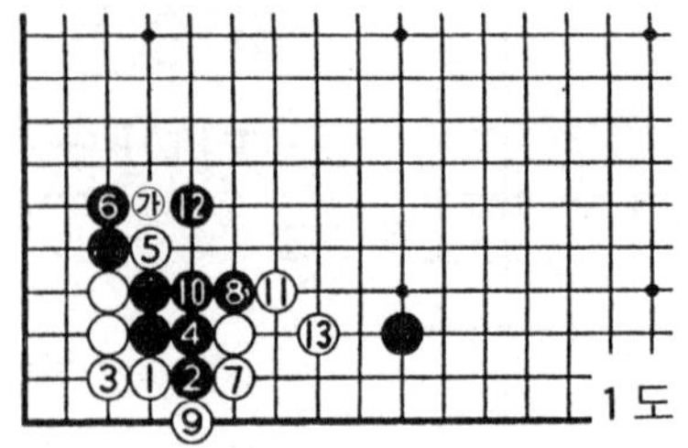

1 도

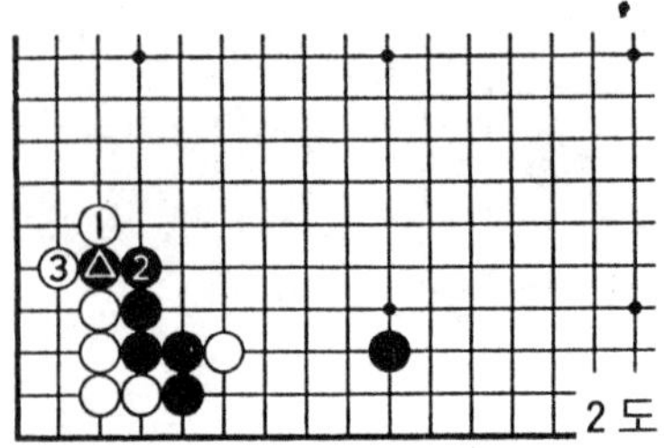
2 도

● 끊고 뻗음 (제79문 해답)

1 도 (정해) 백 1, 3 의 젖혀 이음 다음, 백 5 의 끊음이 강수이다. 흑 6 에는 백 7 로 둔다. 흑 8 에는 백 9 에서 13까지. 백 7 로는 ㉮의 뻗음이 있다.

2 도 (참고) 1도의 백 5 로 백 1 의 껴붙이는 수가 있다. 흑 2 에는 백 3 으로, 흑 ▲표가 악수이다.

1 도

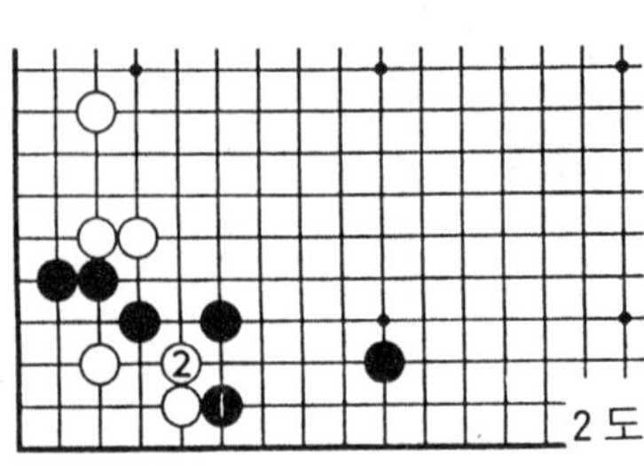
2 도

● 마늘모 붙임 (제80문 해답)

1 도 (정해) 흑 1 로 위쪽의 마늘모가 정해이다. 백 2 에는 흑 3. 다음 백 ㉮로 안형을 갖춘다.

백 2 로 3 은 흑 2 의 젖힘이 있다.

2 도 (실패) 흑 1 의 붙임은 이맥이다. 백 2 가 급소여서 흑이 곤란하다.

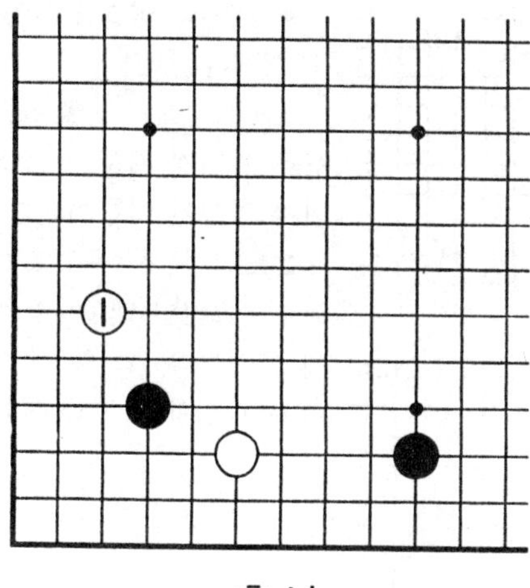

흑선

제81문 양걸침

백이 3·3에 들어 가지 않고 양걸침을 하였다.

흑의 상식적인 수단은?

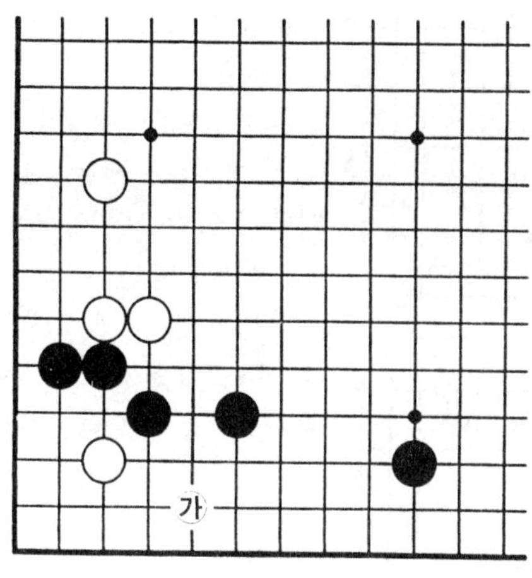

백선

제82문 맥은?

백㉮는 이맥이다.

어디다 두어야 할까?

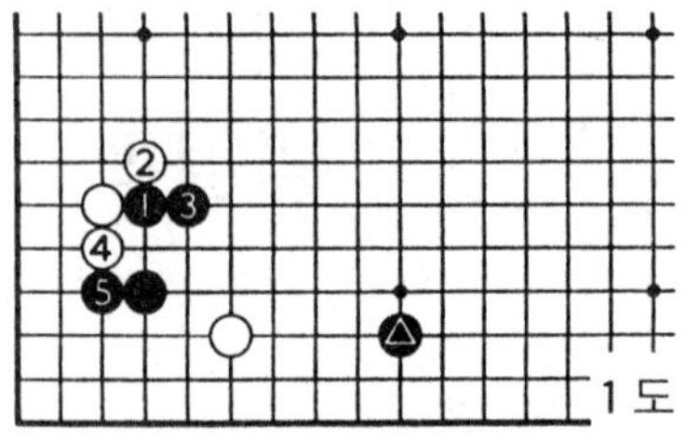
1 도

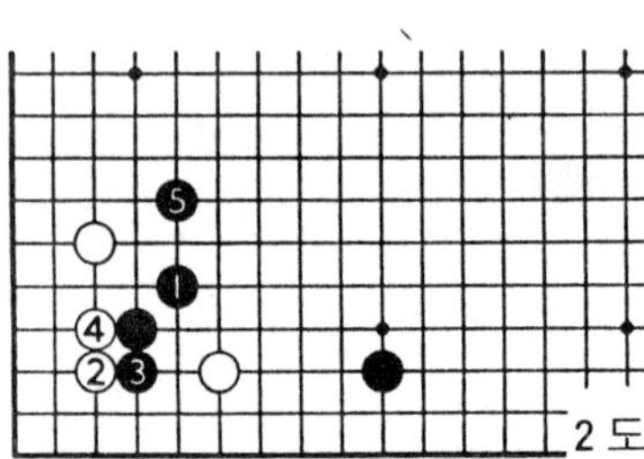
2 도

●붙임과 마늘모(제81문 해답)

1도 (정해) 흑 ▲표의 협공이 있기 때문에 흑 5까지 정형이 이루어진다.

2도 (정해) 흑 1의 마늘모. 그러면 백은 3·3에 들어간다. 흑 5까지 이후의 변화가 복잡하다.

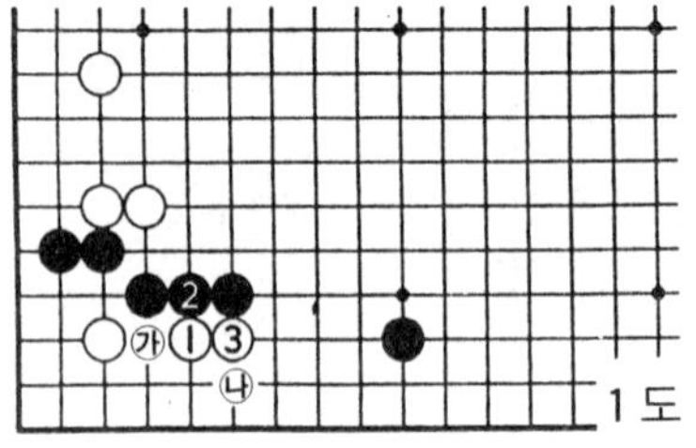
1 도

2 도

●엿보는 맥(제82문 해답)

1도 (정해) 백 1의 엿보는 맥. 흑 2에는 3의 뻗음이 있다. ㉮와 ㉯는 상황에 따른 수.

2도 (참고) 백 1에 흑 2, 4는 백 5까지 되어 좋다. 흑 6, 8 다음 9까지.

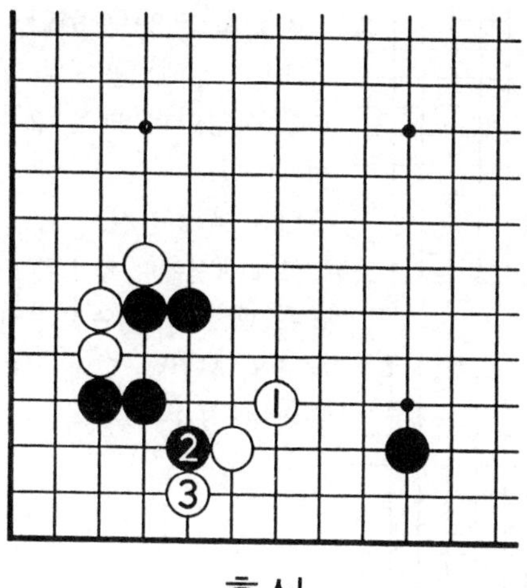

흑선

第83문

젖힘의 받는 방법

백 1의 마늘모. 흑 2의 마늘모에 백 3의 젖힘으로 두었다. 흑의 응수는?

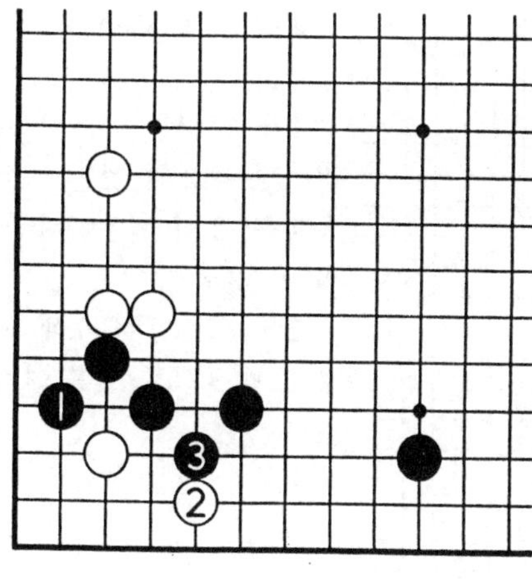

백선

第84문

마늘모에 대하여

흑 1의 마늘모에는 백 2가 모양.

다음 흑 3의 마늘모에 대한 대책은?

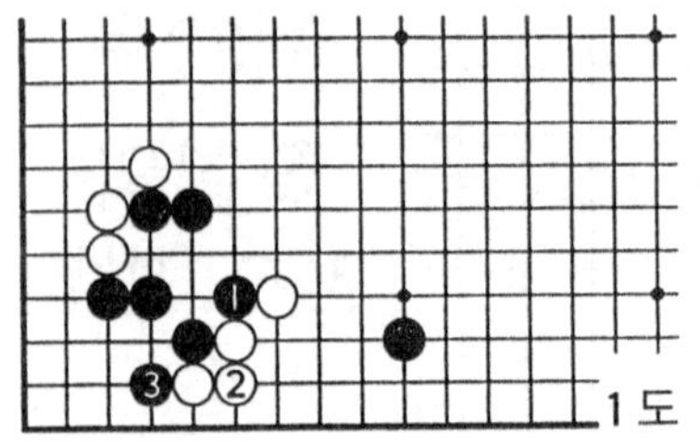

●젖힘(제83문 해답)

1 도 (정해) 흑 1로 젖히는 모양이다. 백은 2 가 정해이다.

다음 흑 3 까지.

2 도 (실패) 흑 1의 받음은 백 2의 단수 다음에 백 4의 한칸이 있다. 다음에 백 ㉮는 흑 ㉯.

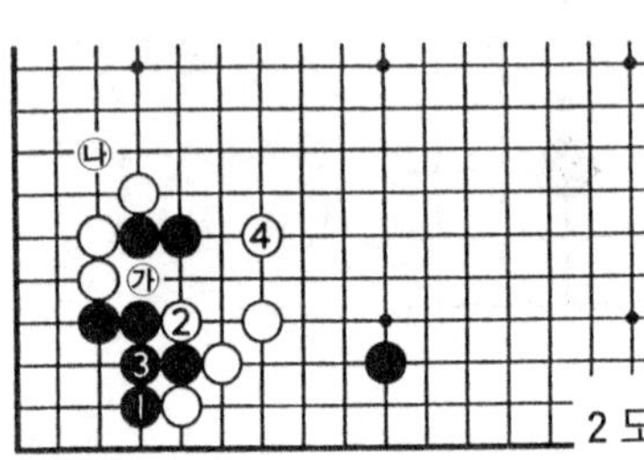

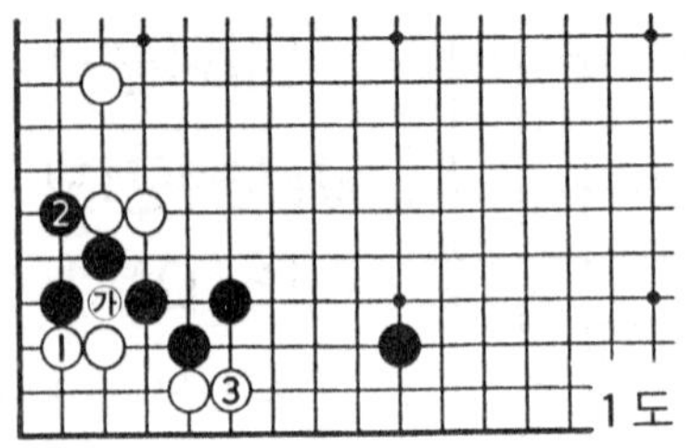

●끊는 맥(제84문 해답)

1 도 (정해) 백 1에 내려서면 흑 2 의 젖힘. 다음에 백 3 의 뻗음이나 ㉮의 곳 맞보기.

2 도 (참고) 백 1에 흑 2는 백 3 으로 위를 연락한다.

1 도가 정석이다.

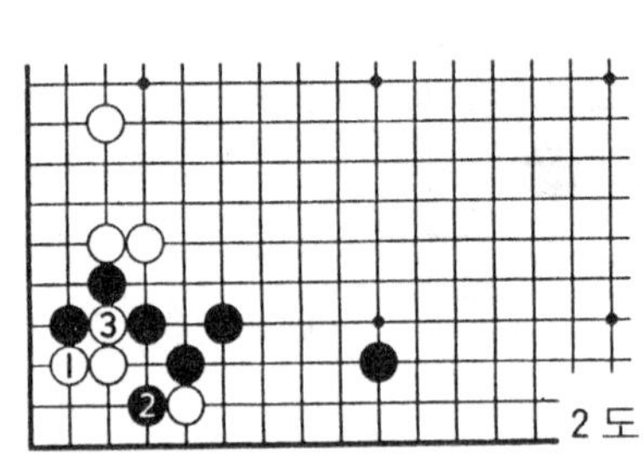

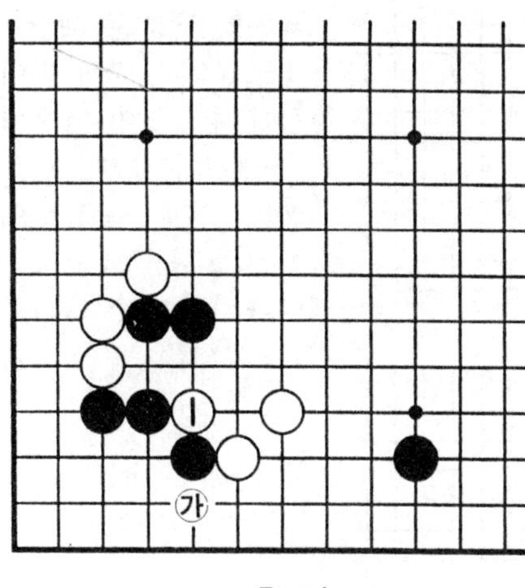

흑선

第85문 반대

백㉮의 젖힘이 정석입니까?

백 1에 대한 흑의 응수는?

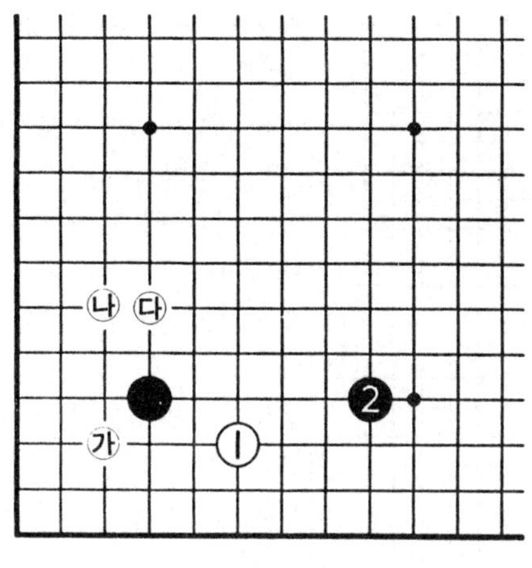

백선

第86문 2칸높은 협공

백 1에 대한 2칸 높은 협공이다.

백은 ㉮㉯㉰가 있는데 이외의 다른 2곳의 수단은?

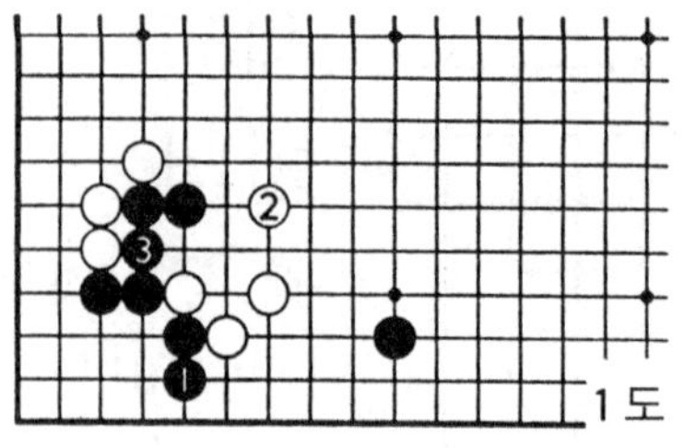
1 도

● 이맥 (第85문 해답)

1 도 (정해) 흑 1의 내려섬이 좋은수다. 백 2 에는 흑 3 이다.

2 도 (실패) 흑 1의 이음은 백 2 다음 4 까지 실패이다.

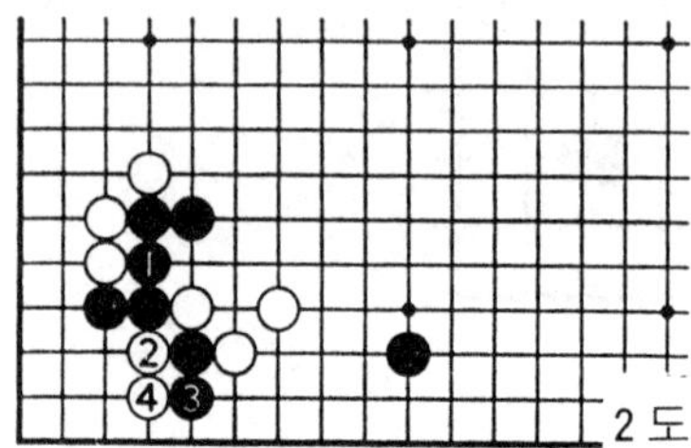
2 도

1 도

● 한칸 뜀 (第86문 해답)

1 도 (정해) 백 1 로 한칸 뛰는 수가 많다.

흑 2 에는 백 3, 5 까지 일단락이다.

백 3 으로는 ㉮의 곳도 있다.

2 도 (정해) 2 칸 높은 협공. 상방의 흑모양을 염두에 둔 수이다. 백 1 이 유력한 수단이다.

2 도

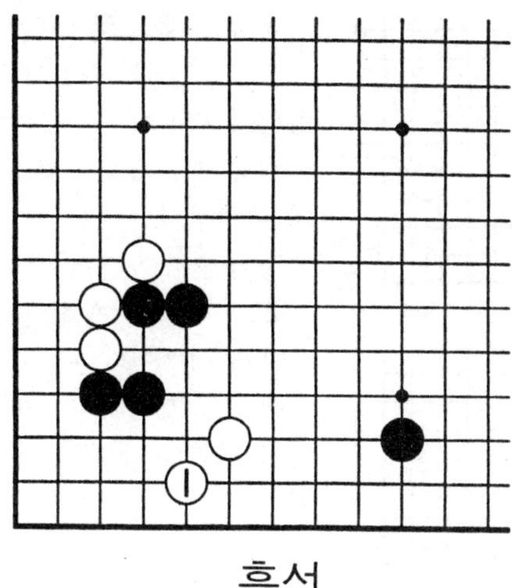

흑선

제87문
끊음을 노림

백 1의 마늘모의 수. 다음 수가 곤란하다.

흑은 냉정하게 대처해야 한다.

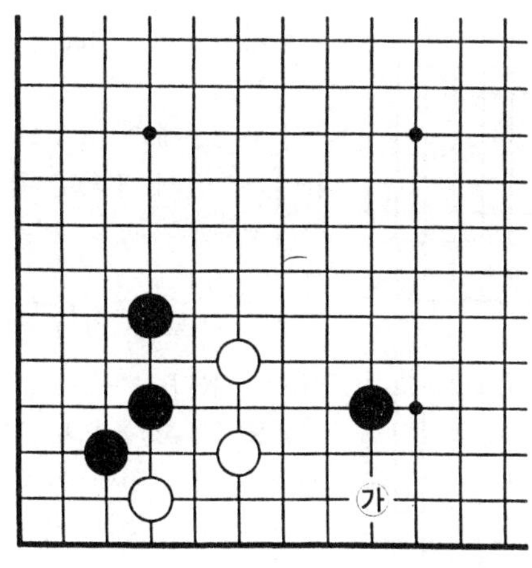

흑선

제88문
손뺌

앞문제의 1도에서 백이 ㉮에 두지 않으면 엄한 수가 있다. 3수 정도를 나타내보자.

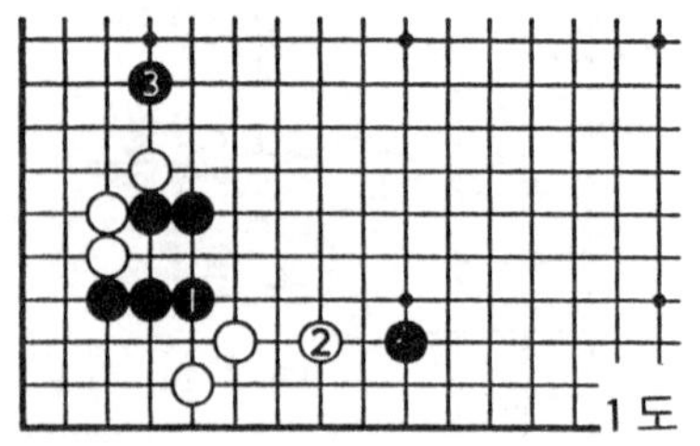
1 도

●쌍립 (제87문 해답)

1 도 (정해) 흑 1 의 쌍립이 냉정한 수이다.

백 2 에는 3 의 급소에 다가선다.

정석이다.

2 도 (실패) 흑 1 의 붙임은 이맥이다.

백 2 의 젖힘에서 10 까지 변화를 생각할 수 있다.

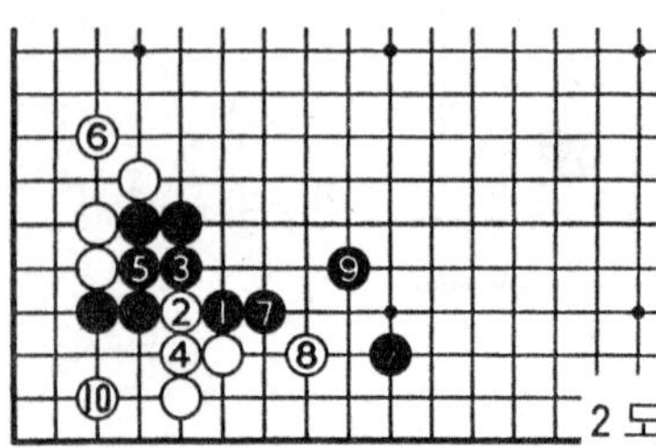
2 도

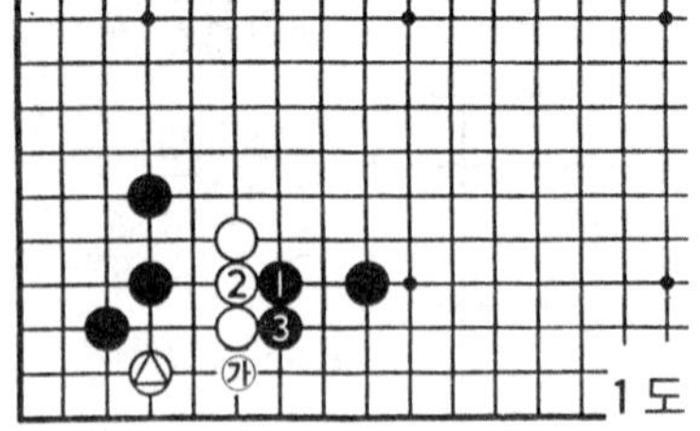
1 도

●엄한 공격 (제88문 해답)

1 도 (정해) 흑 1 의 들여다봄에서 3 의곳 내림까지. 백은 집을 만들지 못한다.

흑은 다음 ㉮의 젖힘이 날카롭다.

2 도 (참고) 흑 1, 3 은 백 4 의 달림이 있다.

이 모양에서는 작은 완착이다.

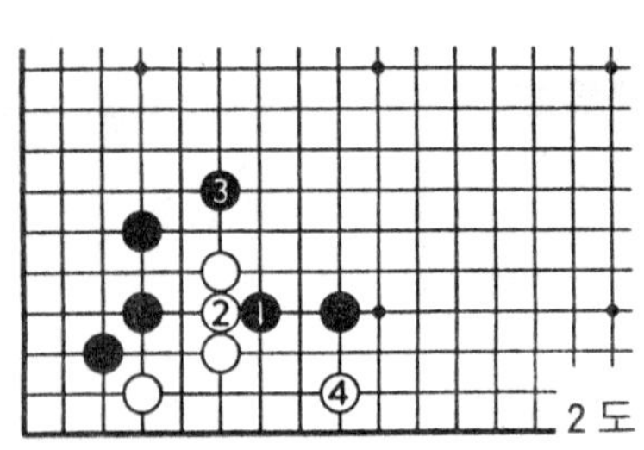
2 도

제89문 뚫음에 대하여

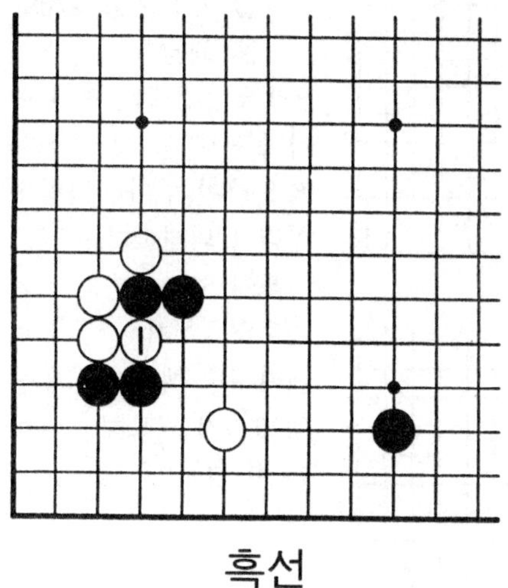

흑선

백 1로 나오는 수를 실전에 많이 둔다.

흑의 응수는?

제90문 절대의 한수

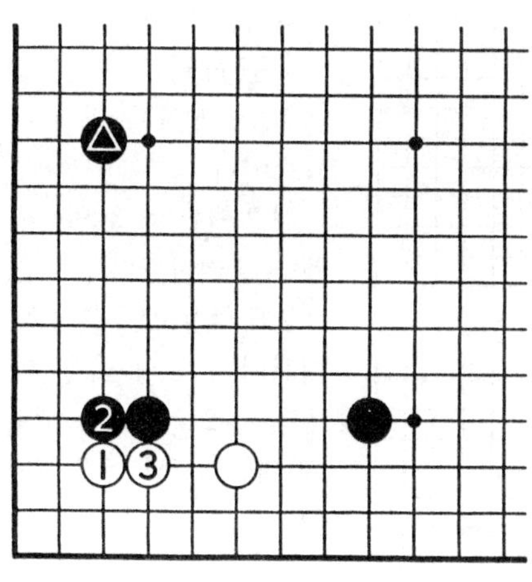

흑선

백의3·3침입에 흑 2의 내려섬은 흑 ▲표가 있을 때 많이 둔다. 백 3에는 계속하여 다음의 한 수가 급소의 일착이다.

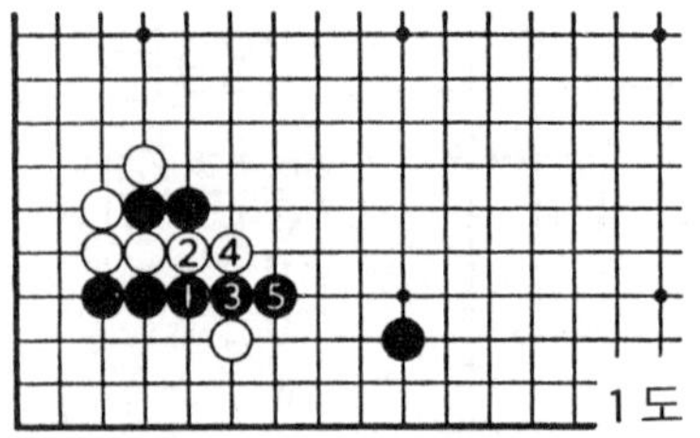
1 도

●실리가 우월 (제89 문 해답)

1 도 (정해) 흑 1 로 나가는 수. 백 2, 4 에는 흑 5 까지 두어 하변에 실리가 막대하다.

흑이 좋다.

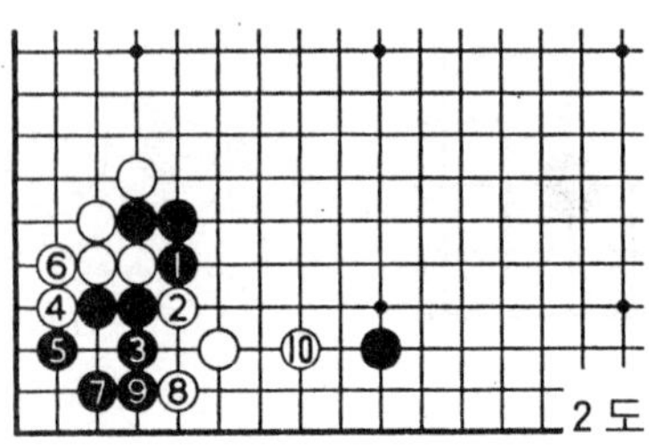
2 도

2 도 (실패) 흑 1 로 내려서면 백 2 의 끊음. 백10까지 교묘히 타개를 한 형이다.

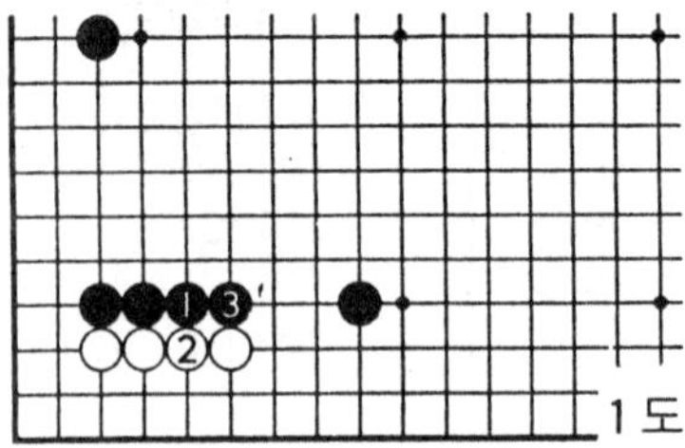
1 도

●급소의 뻗음 (제90 문 해답)

1 도 (정해) 흑 1 이 급소이다.

백 2 에는 흑 3 으로 계속 눌러나간다.

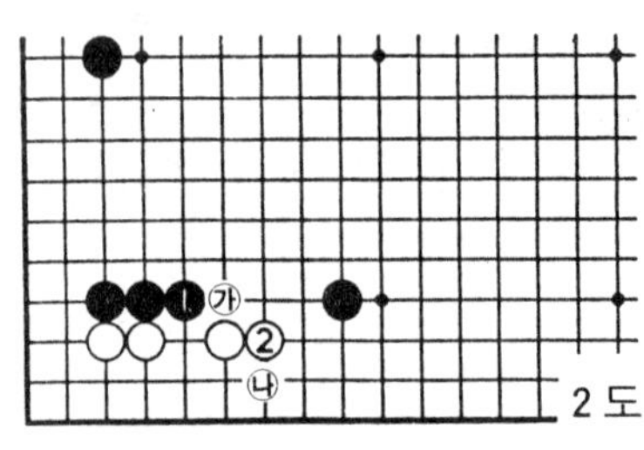

2 도

2 도 (참고) 흑 1 에 대하여 1 도의 다른 방법은 흑 2 의 뻗음이다. ㉮ 에는 ㉯ 의 응수도 있다.

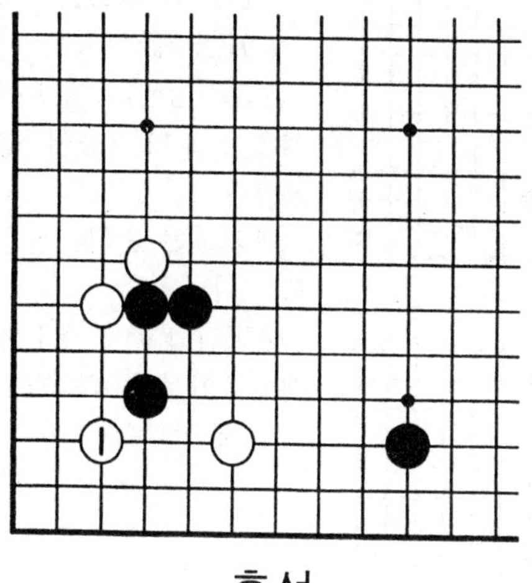

흑선

제91문 내리는 방향

백의 3·3에 들어옴에 대하여 흑의 내림에는 어떤 것이 있을까?

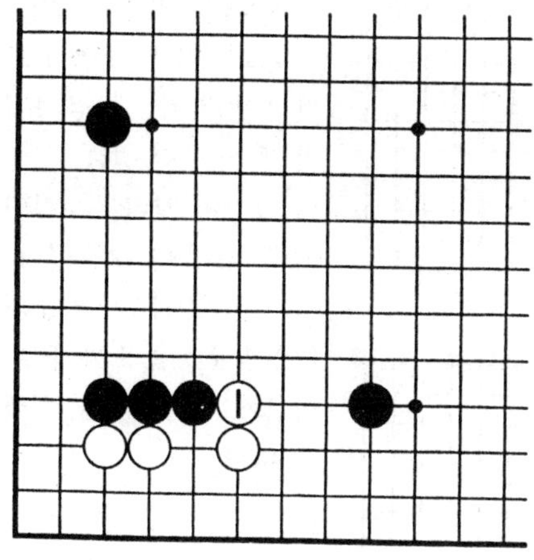

흑선

제92문 좋은 수순

백 1에 대하여 흑이 사석작전으로 봉쇄하는 수단이 있다. 수순이 좋다.

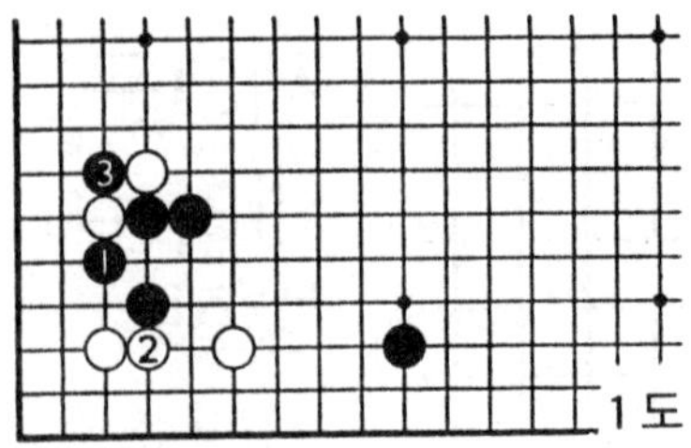

●왼쪽의 내려섬 (제 91문 해답)

1도 (정해) 흑1에 백2는 3의 끊음이 정석이다.

백2로는 3의 이음도 있다.

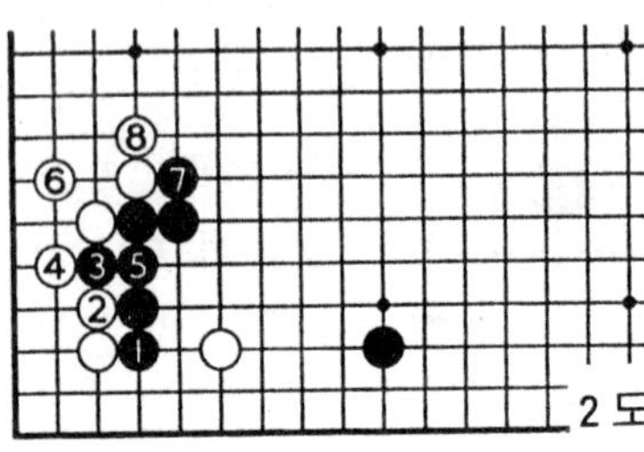

2도 (참고) 흑1은 백2, 이것은 부분적으로 손해가 나는 형이다.

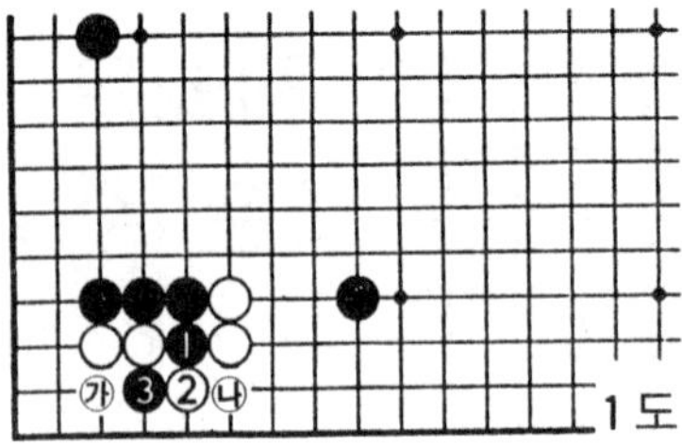

●끊음(제92문 해답)

1도 (정해) 흑1로 나가서 3의 끊음까지가 좋은 수다. 백은 ㉮의 잡음이 있다. 그러면 ㉯의 끊음이 수순이다.

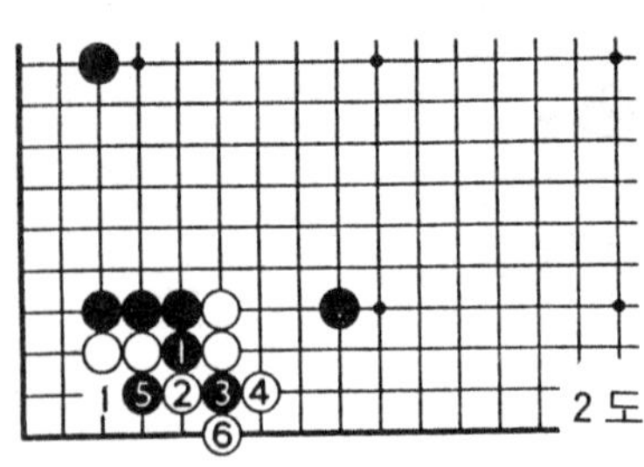

2도 (실패) 흑3의 방향착오. 흑5까지 된 다음에 ㉮의 곳을 손뺄 수 없다.

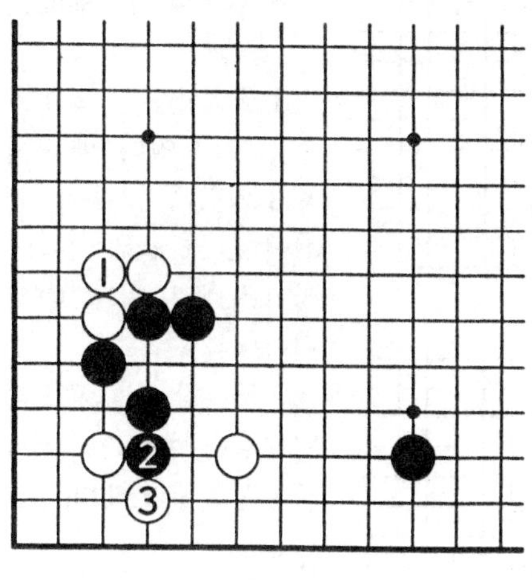

흑선

제93문 이음의 변화

백 1로 잇는 수가 있다. 흑 2는 당연하다.

3의 젖힘에 대하여 흑의 응수는?

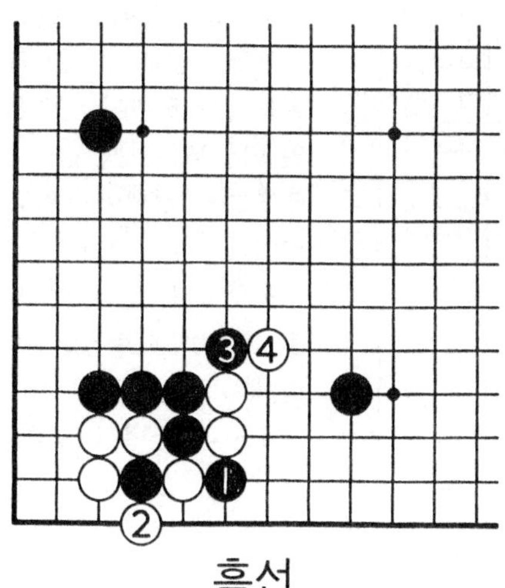

흑선

제94문 수습

앞문제의 계속으로 흑 1, 3에 대하여 4의 젖힘이다. 흑의 수습은?

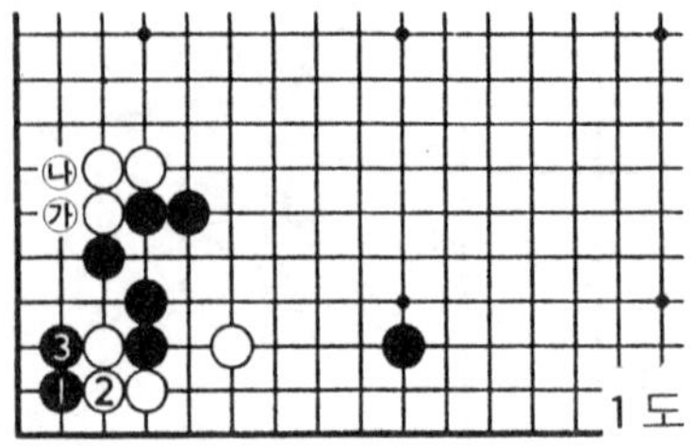

●백이 좋다(제93문 해답)

1도 (정해) 흑 1로 두는 것이 있다. 백 2에 흑 3으로 두는 수가 정석이다. 흑 1로 ㉮의 젖힘은 백 1에 흑㉯로 된다.

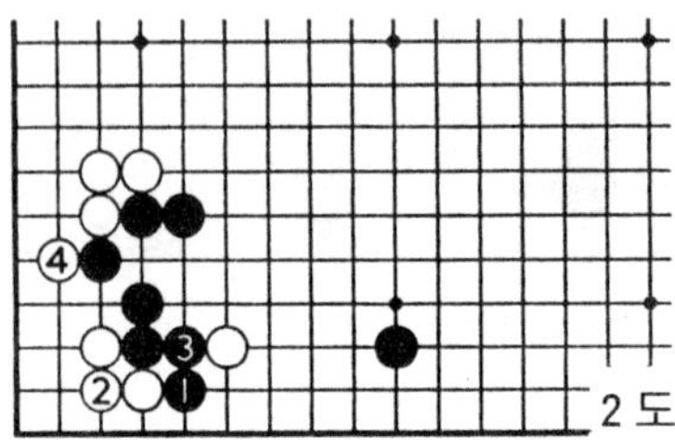

2도 (참고) 흑 1의 내려섬은 백 4까지 되어 부분적으로 손해다.

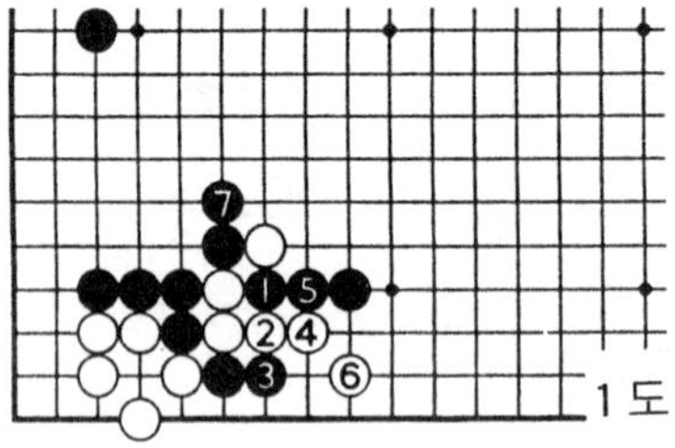

●종결(제94문 해답)

1도 (정해) 흑 1의 끊음에서 5까지. 백 6의 마늘모는 맥점이다. 흑 7까지 정석이 완료되었다.

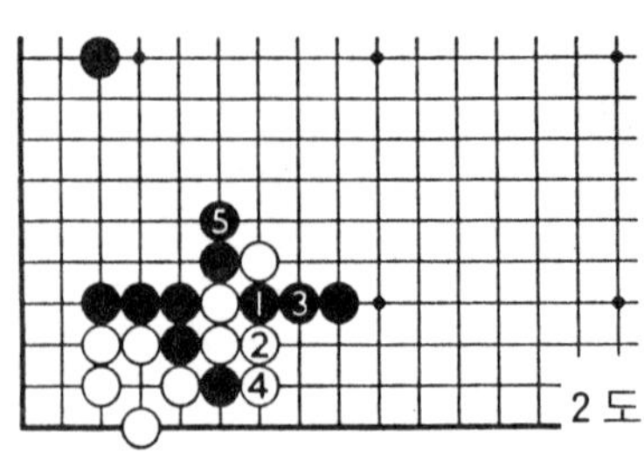

2도 (참고) 단지 흑 1, 3은 백 4로 잡아버린다.

1도의 방법이 좋다.

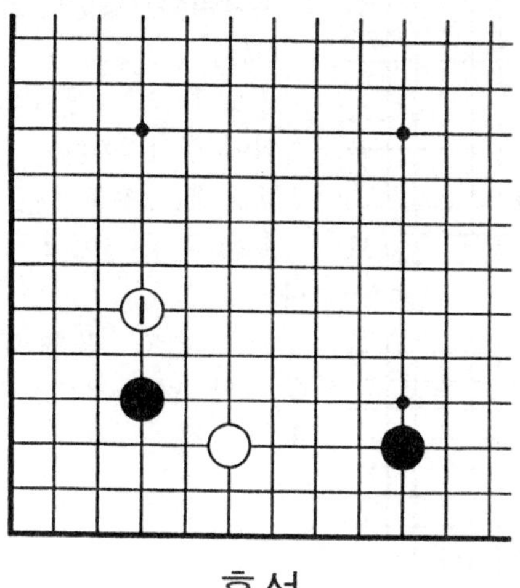

흑선

제95문
높은 걸침

백 1의 높은 걸침을 많이 본다.

흑의 응수는?

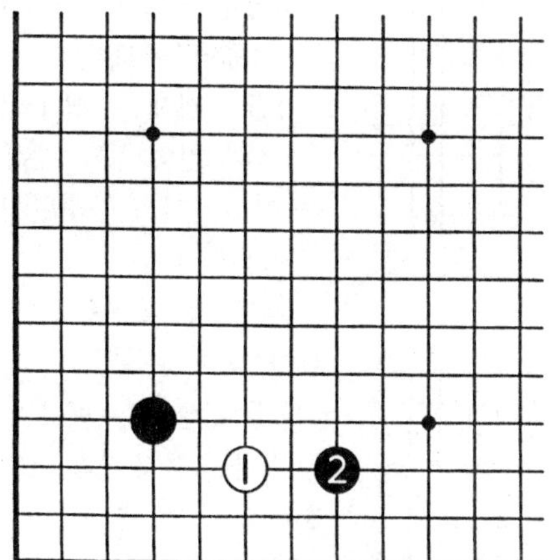

백선

제96문
한칸 협공

흑 2의 한칸 협공이 엄한 수이다.

약 3 점의 두는 방법이 있다.

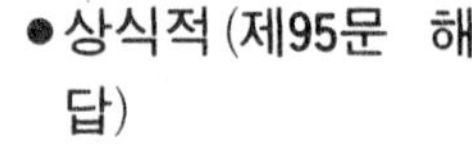

● 상식적 (제95문 해답)

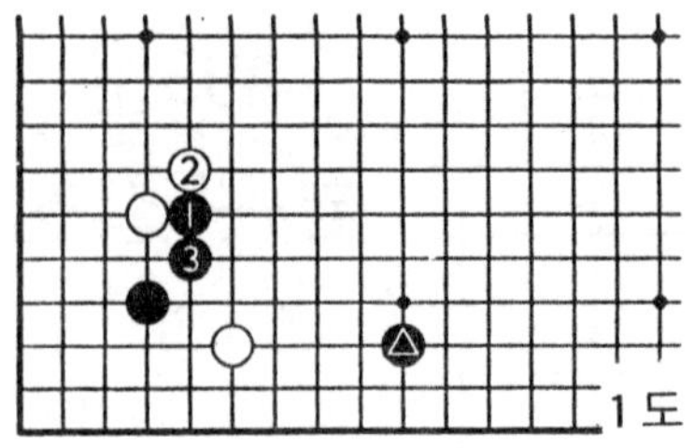

1 도

1 도 (정해) 흑 1 의 붙임이 상식적이다.

백 2 에는 흑 3 까지.

흑 ▲ 표가 있어서 좋다.

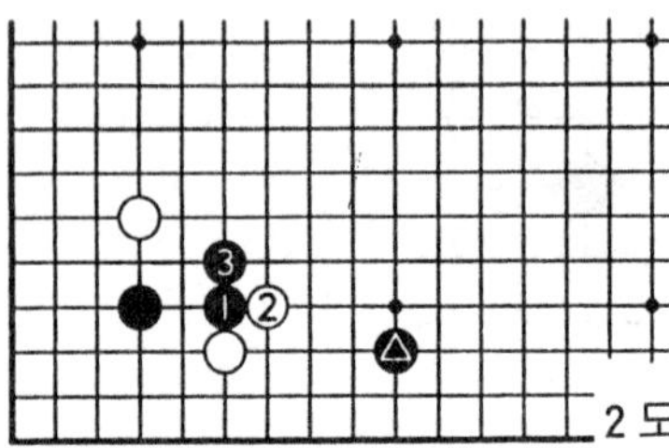

2 도

2 도 (참고) 흑 ▲ 표를 도외시하는 것은 흑 1, 3 이다.

● 붙임 · 뻗음 · 3 · 3 (제96문 해답)

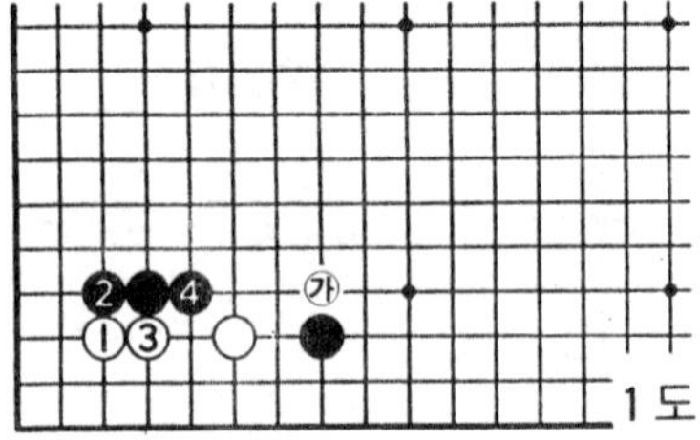

1 도

1 도 (정해) 백 1 의 3·3의 침입. 이 수에는 여러가지의 수단이 있다.

㉮ 의 곳 붙이는 수도 있다.

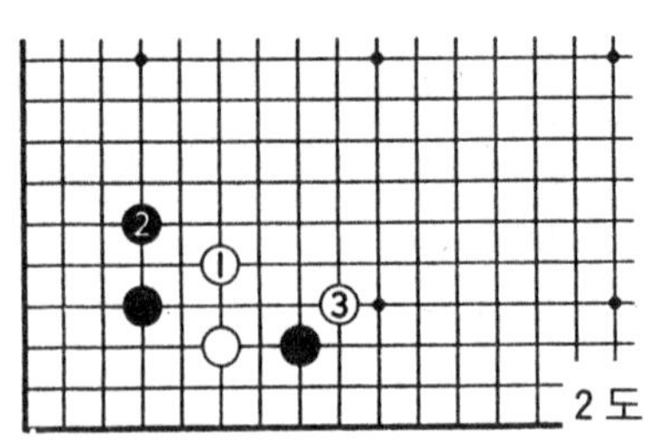

2 도

2 도 (정해) 백 1 의 한칸 뜀. 흑 2 다음 백 3 의 싸움이 좋다.

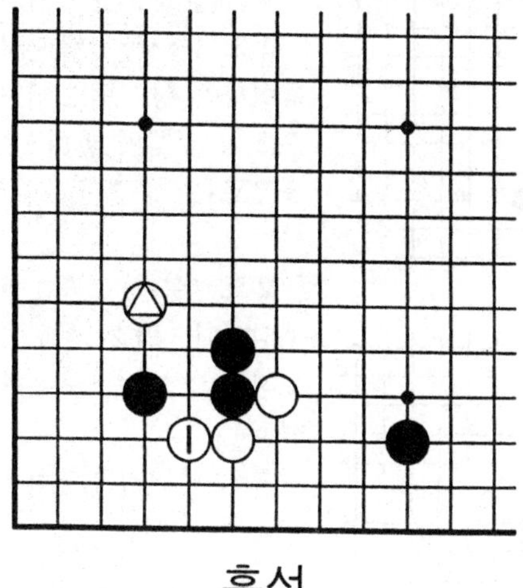

흑선

제97문 사정

백 1에 대하여 흑이 두는 수. 백 ◬ 표가 있어 사정이 위태롭다.

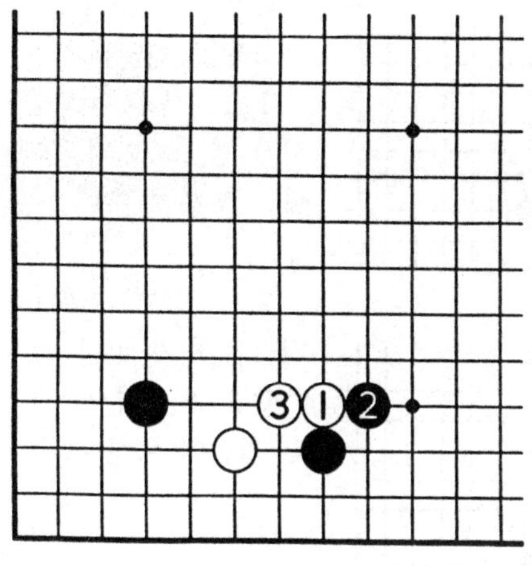

흑선

제98문 나뉨이 쉽다

백 1, 3에 대하여 흑이 두는 타개의 방법은?

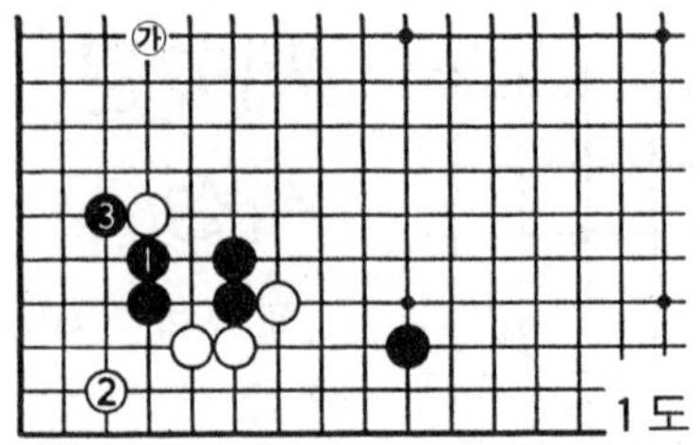

1 도

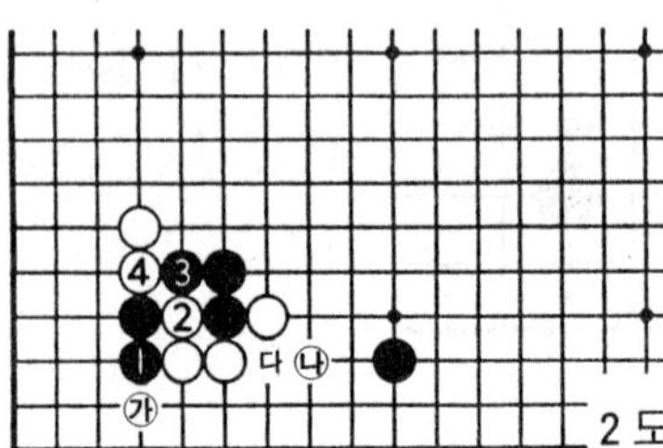

2 도

●쌍립 (제97문 해답)

1 도 (정해) 백 1 로 쌍립하는 형. 백 2 에는 흑 3 의 젖힘이 좋다. 흑 3 으로는 ㉮의 곳도 크다.

2 도 (실패) 흑 1 은 무리이다. 백 2, 4 로 고전의 양상. 흑㉮는 백㉯.

흑㉰의 끊음은 다음 문제.

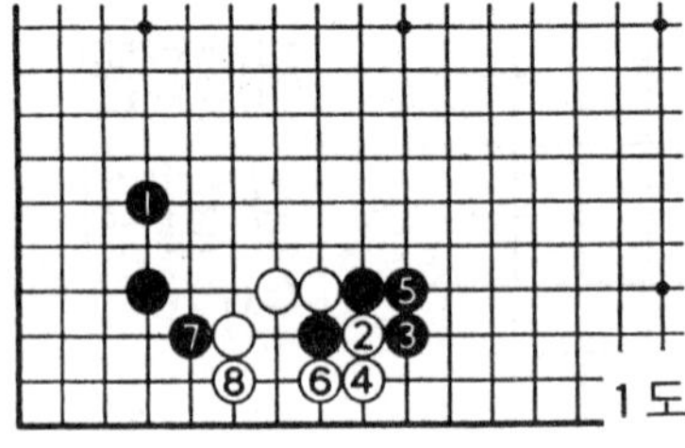

1 도

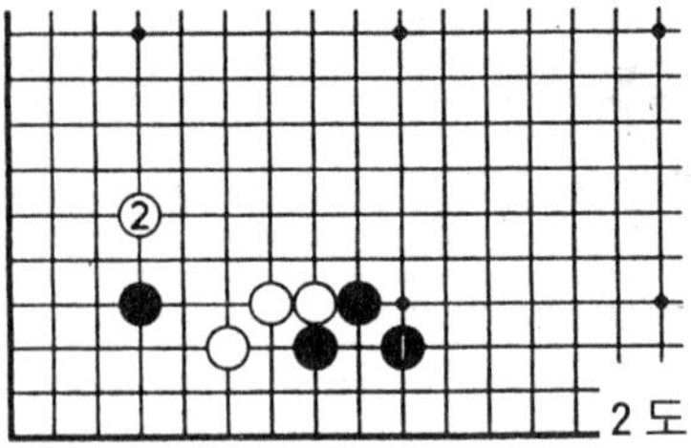

2 도

●흑이 아주 좋다 (제98문 해답)

1 도 (정해) 흑 1 의 한칸 뜀. 백 2 의 끊음에는 7 까지 흑이 아주 좋다.

2 도 (참고) 흑 1 의 지키는 수가 있다.

백 2 로 걸쳐서 복잡한 싸움이 예상된다.

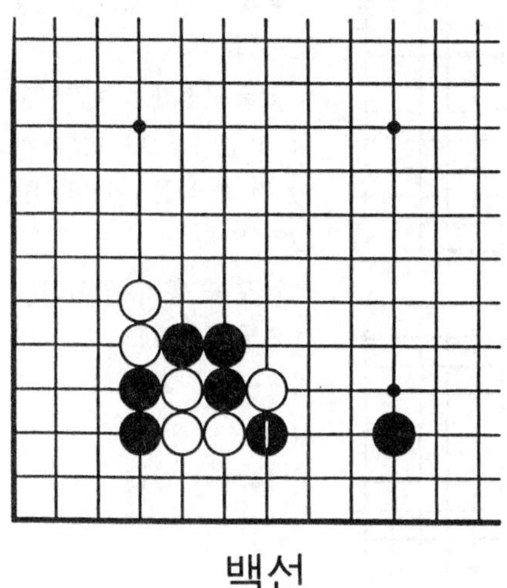

백선

제99문
끊음

흑 1의 끊음이 있다.

백의 3수 정도를 표시하여 보자.

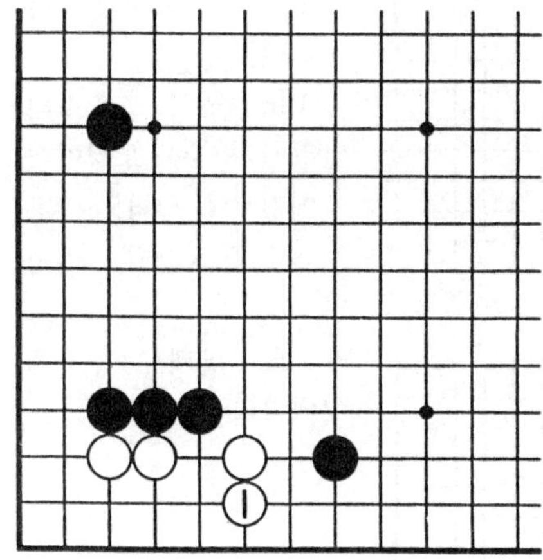

흑선

제100문
좋은 모양

백 1의 내려섬에 대하여 흑은 호형을 구축할 수 있다.

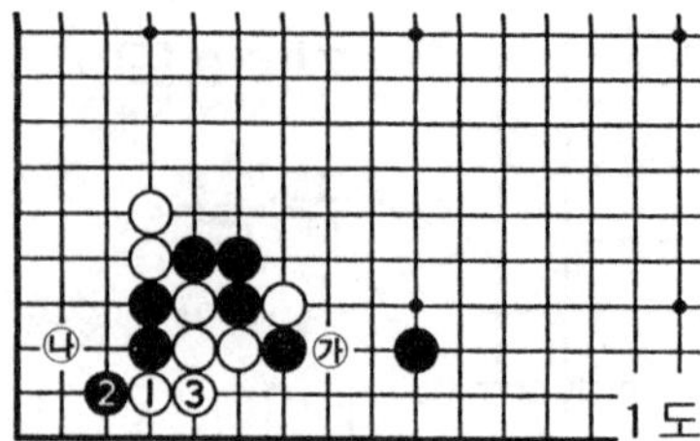

●맞보기 (제99문 해답)

1 도 (정해) 백 1, 3 의 젖힘이 있다. 다음에 ㉮의 뻗음은 ㉯의 일격이 있다.

이것은 흑이 궁하다.

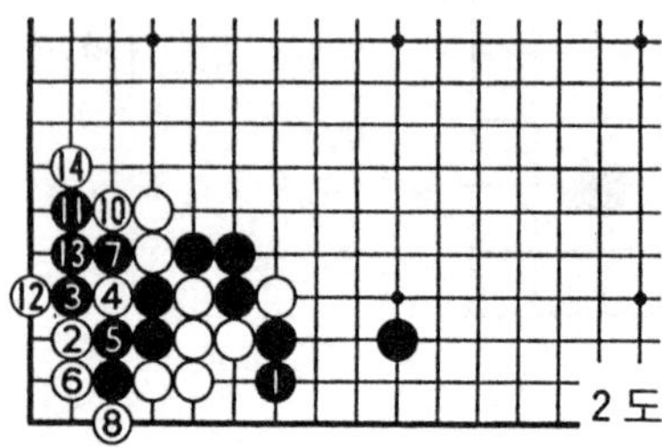

2 도 (참고) 1 도의 계속이다. 흑 1 의 내려섬에는 백 2 가 호수. 이하 14까지 된다.

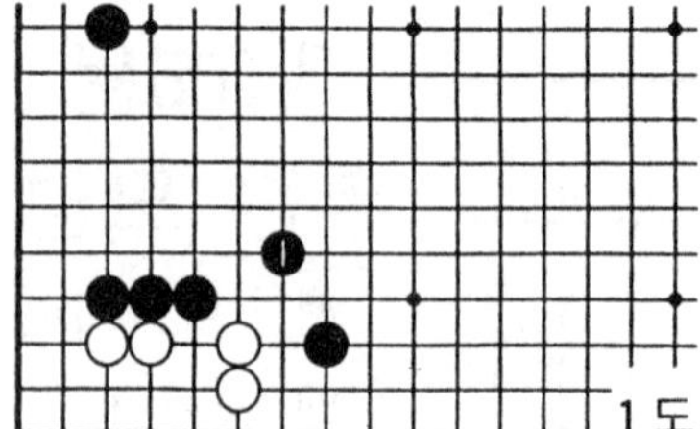

●날일자 (제100문 해답)

1 도 (정해) 흑 1 의 날일자가 좋은 모양이다.

이것으로 일단락이다.

흑 1 로 모양을 키운다.

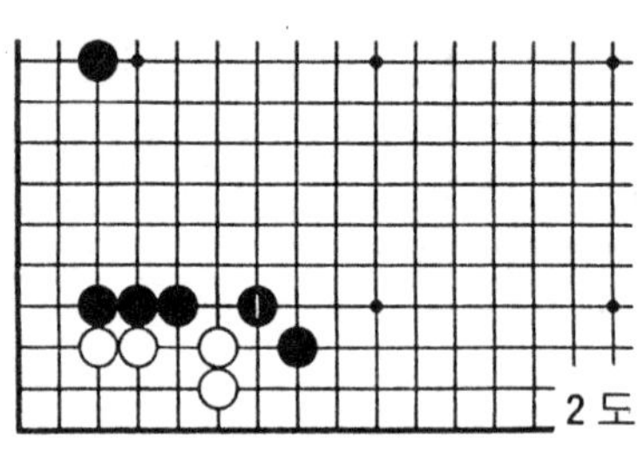

2 도 (실패) 흑 1 은 이맥이다.

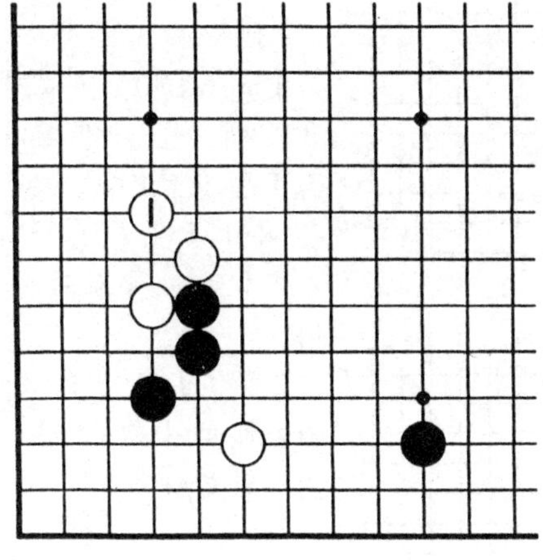

흑선

제101문
호점

백 1로는 3·3의 침입등 여러수가 있는 곳이다.

다음의 흑의 수는?

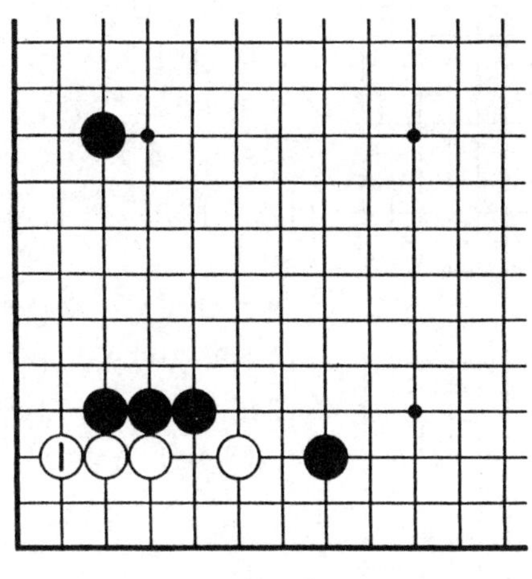

흑선

제102문
내려섬

최근에는 백 1의 내려섬으로 많이 둔다.

흑의 3수는?

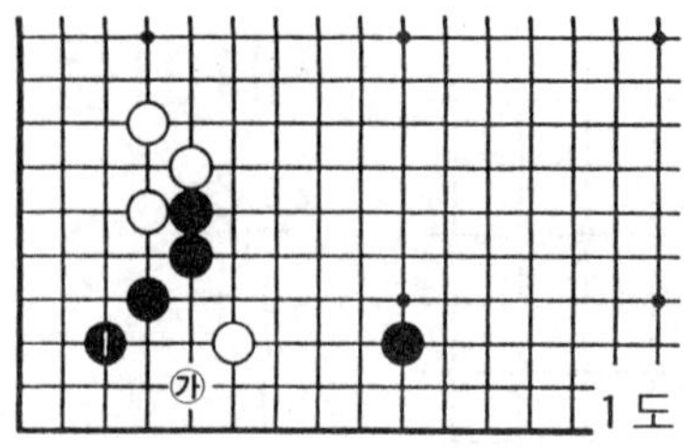

● 3・3 (제101문 해답)

1 도 (정해) 서로가 3・3 에 두는 수가 좋다. 흑 1 은 요점이다. 이것은 흑이 좋다.

흑 1 로는 ㉮ 로도 둔다.

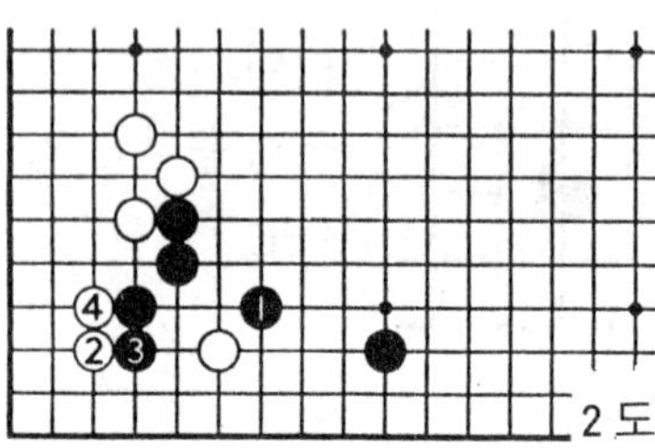

2 도 (실패) 흑 1 의 씌움엔 백이 3・3 에 침입을 한다.

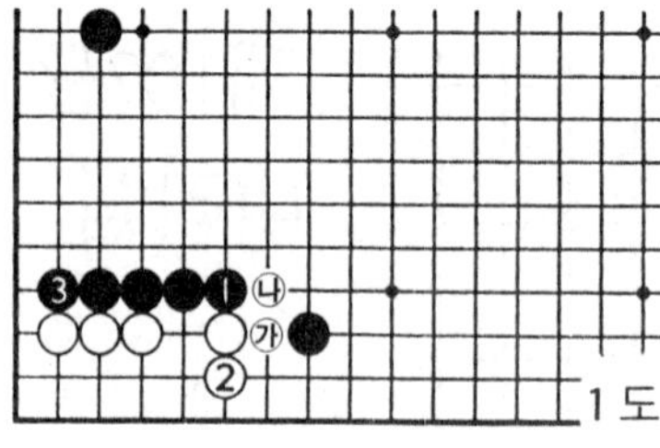

●누르고 내림 (제102문 해답)

1 도 (정해) 흑 1 은 당연하다. 백 2 도 모양이다. 이 수로 ㉮ 는 ㉯ 이다.

흑 3 까지 된 모양에서 ㉯ 의 젖힘으로 전투

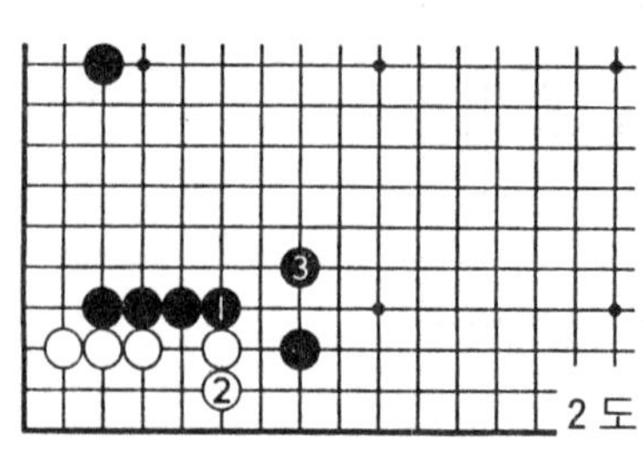

2 도 (참고) 흑 3 까지 입체적인 구상이다.

제 2 편

소목 정석

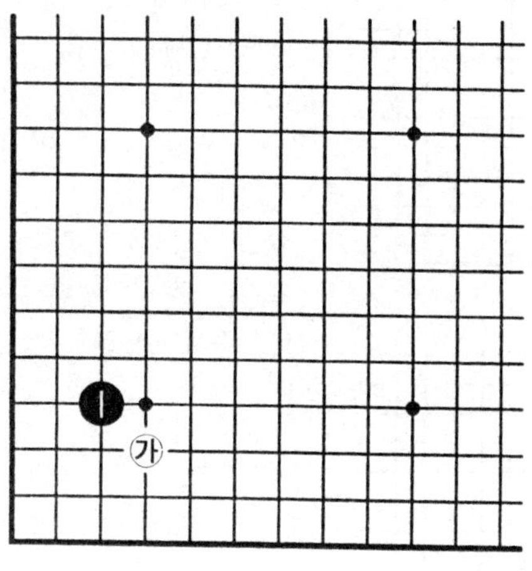

백선

제 1 문
소목

소목에 들어 간다. 흑 1 (㉮ 도 동일)을 화점과 같이 실전에서 많이 사용한다.

백의 걸침은 ?

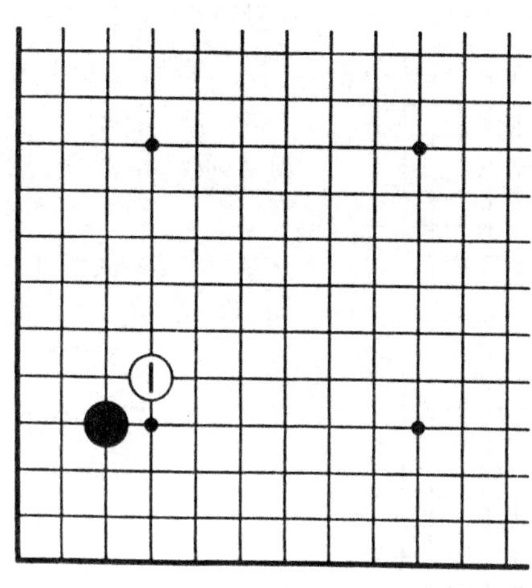

흑선

제 2 문
기발함

백 1은 기발한 수이다.

흑의 착수는?

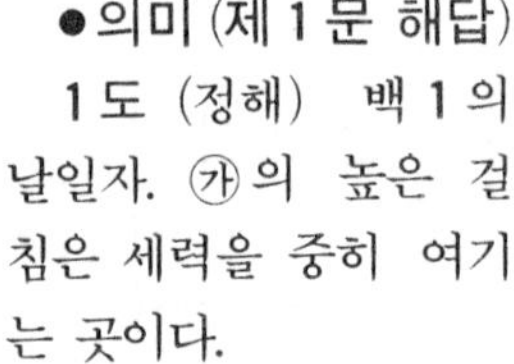

●의미 (제 1 문 해답)

1 도 (정해) 백 1 의 날일자. ㉮의 높은 걸침은 세력을 중히 여기는 곳이다.

2 도 (정해) 백 1 의 눈목자. ㉮의 곳은 세력을 중히 여기는 곳이다.

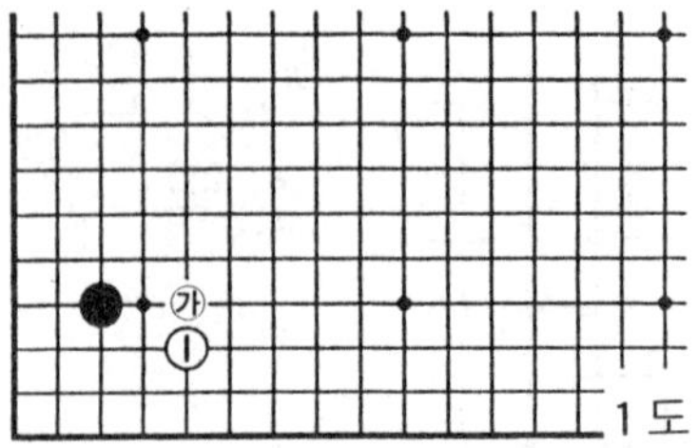

1 도

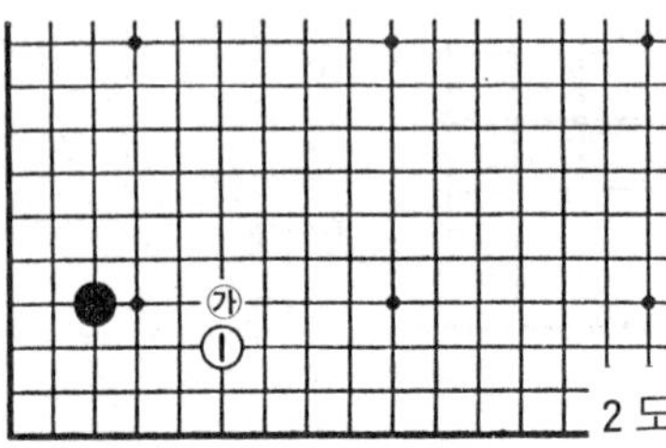

2 도

●당연 (제 2 문 해답)

1 도 (정해) 흑 1 의 누름은 당연하다.

백 2 에는 흑 3 이 있다.

2 도 (참고) 백 2 에는 3 의 끊음이 있어서 좋다.

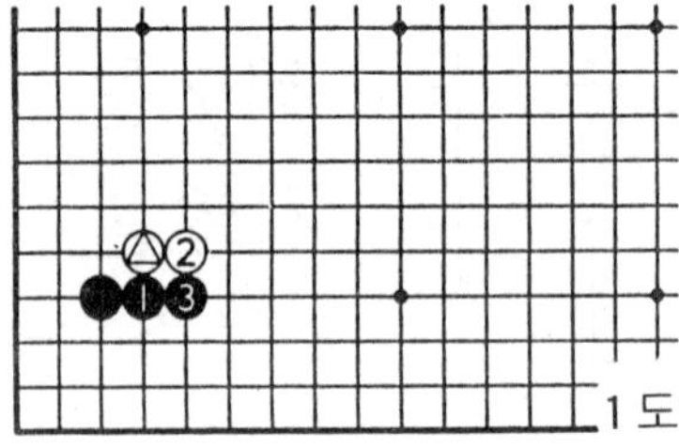

1 도

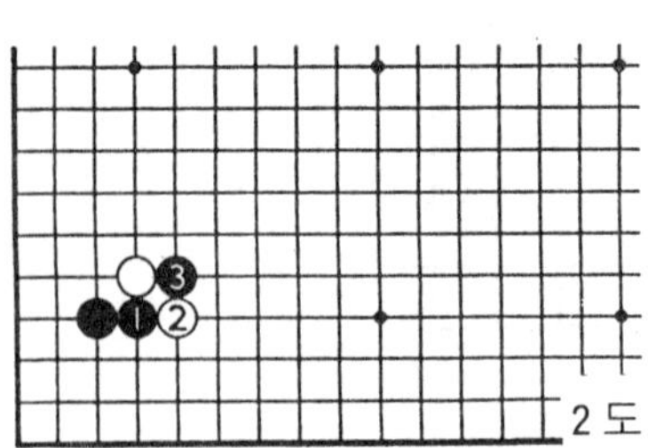

2 도

제 3 문

협공방법

백 1의 날일자. 다음 흑이 받는 방법은 ㉮, ㉯, ㉰ 세 곳이다.

어느곳일까?

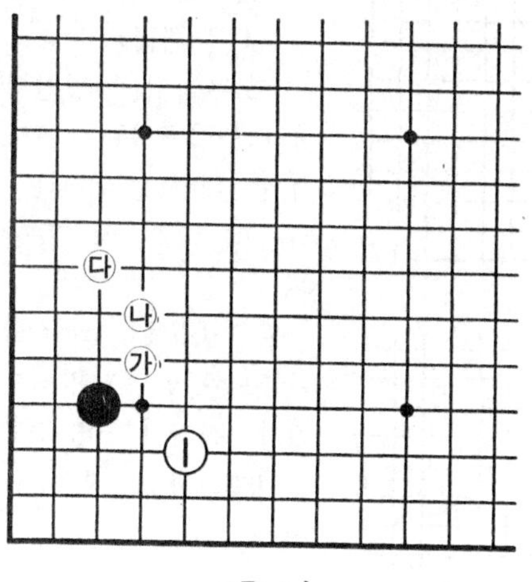

흑선

제 4 문

종류

백 1의 높은 걸침.

직접 받는 수는 여러곳이다.

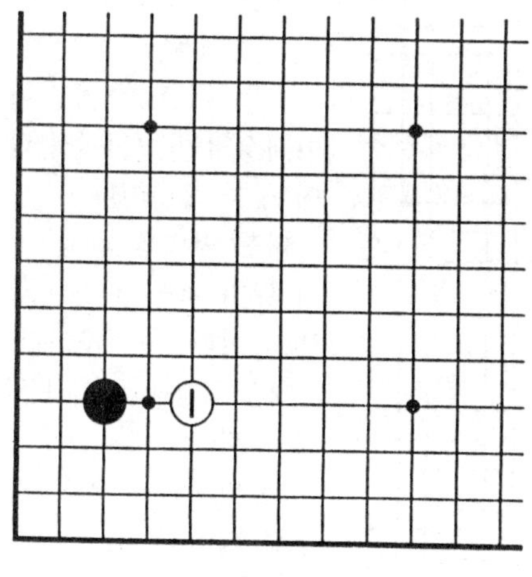

흑선

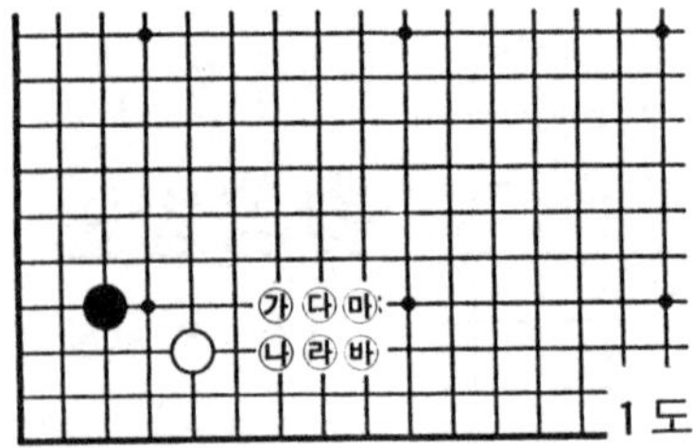

●협공은 여섯곳 (제 3 문 해답)

1 도 (정해) 걸침에 대하여 협공하는 곳도 여섯군데이다. ㉮, ㉯, ㉰, ㉱, ㉲, ㉳ 등이다.

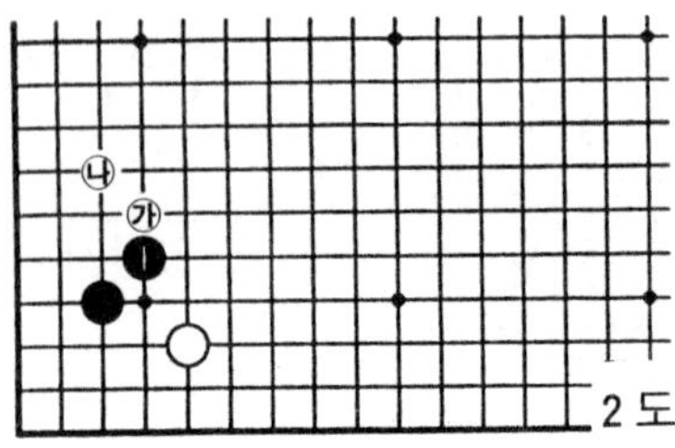

2 도 (정해) 흑 1 의 마늘모로 받는 방법이 있다. 견실한 수법이다.

㉮와 ㉯를 보통 둔다.

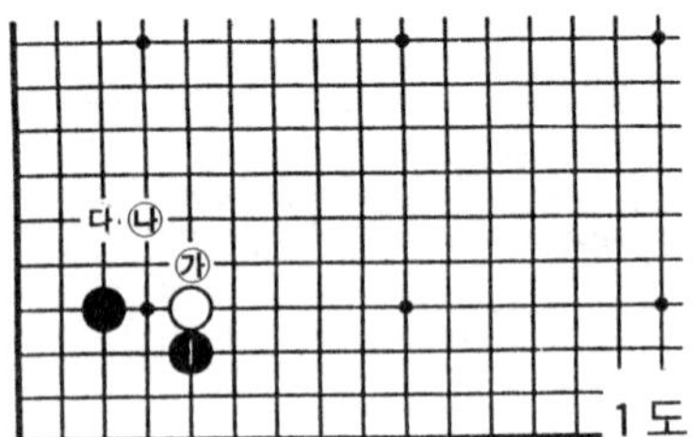

●붙임이 많다 (제 4 문 해답)

1 도 (정해) 흑 1 의 아래젖힘이 실전에서 많이 두는 수단이다.

다른 방법으로는 ㉮가 많다. ㉯, ㉰도 국면에 따라 두는 수이다.

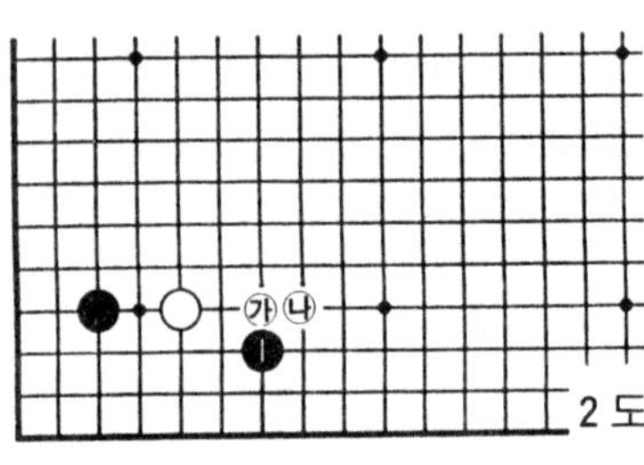

2 도 (정해) 흑 1 의 낮은 협공.

㉮와 ㉯의 높은 협공도 많이 둔다.

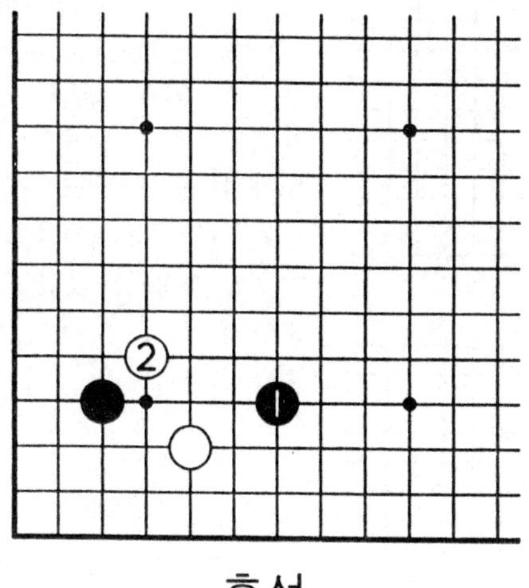

흑선

제 5 문

씨움에는

흑 1은 한칸 높은 협공이다.

백 2의 씨움은 이맥이다. 흑의 타개방법은?

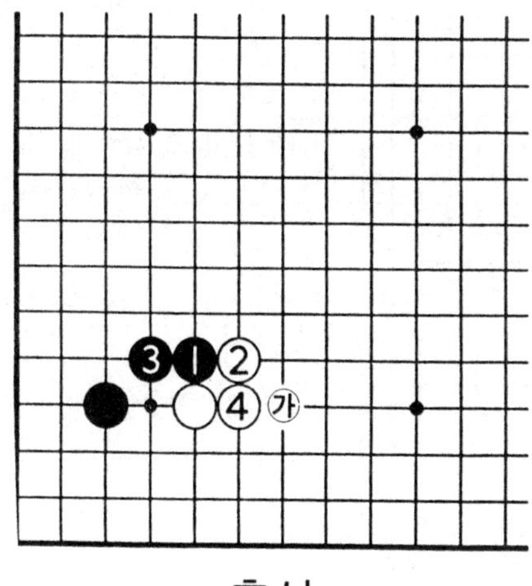

흑선

제 6 문

붙여늘다

흑 1, 3으로 붙여 느는 것은 4의 이음이 보통이다. ㉮의 곳에 두기도 한다.

흑의 착수는?

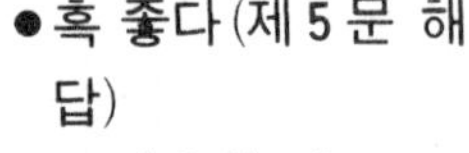

●흑 좋다(제 5 문 해답)

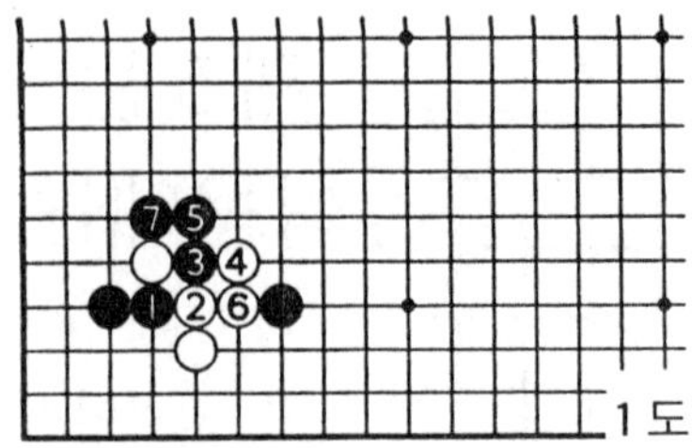

1 도 (정해) 흑 1, 3 의 끊음. 백은 4 에서 6 까지. 흑은 좋다.

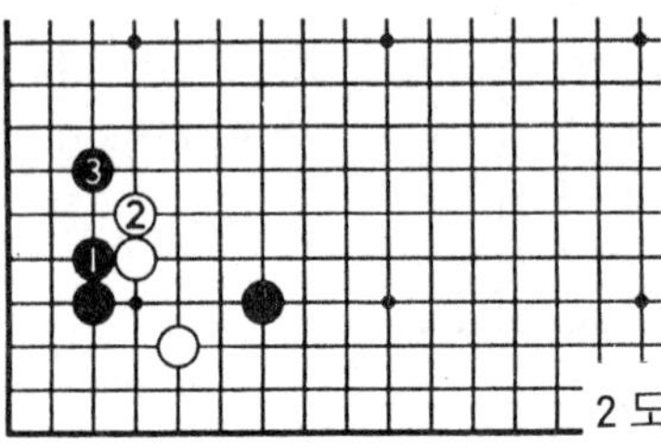

2 도 (참고) 흑 1 로 받으면 백 2, 그러면 흑 3 인데, 1 도를 택함이 좋다.

●마늘모(제 6 문 해답)

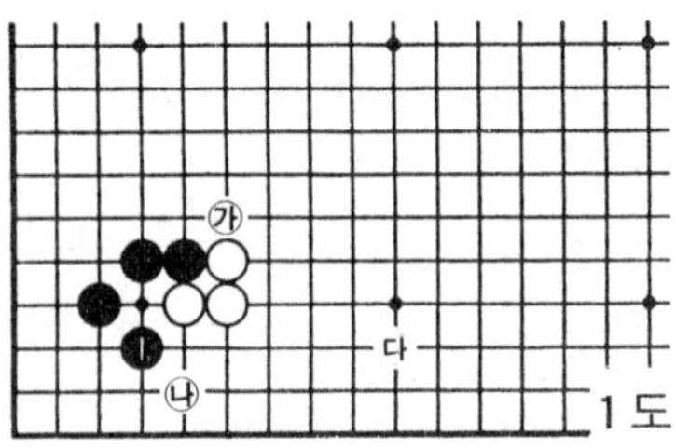

1 도 (정해) 흑 1 의 마늘모가 호수이다.

이 수로는 ㉮ 의 젖힘이 있다.

백 2 로 ㉯ 는 ㉰ 기 있다.

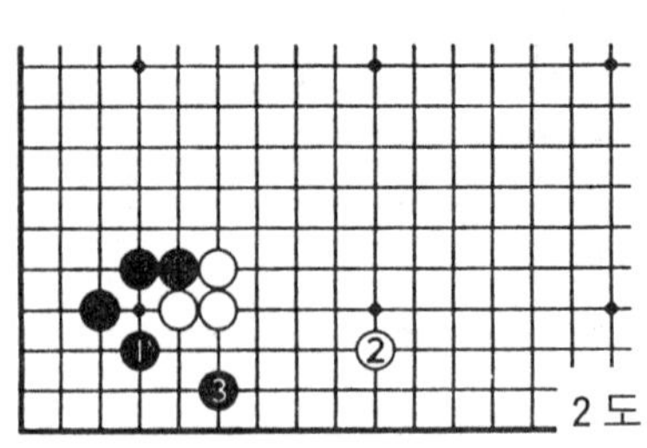

2 도 (참고) 흑 1 에 대하여 백 2 는 흑 3 의 미끄러짐이 있다.

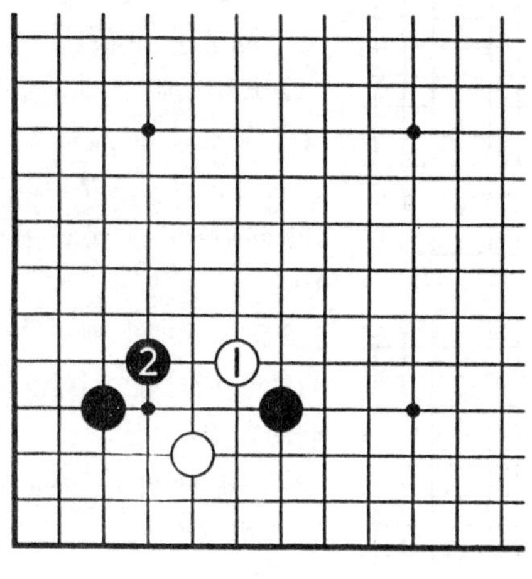

백선

제 7 문 마늘모

백 1의 씌움은 정석이다.

흑 2의 마늘모는 강수이다. 백의 응수는?

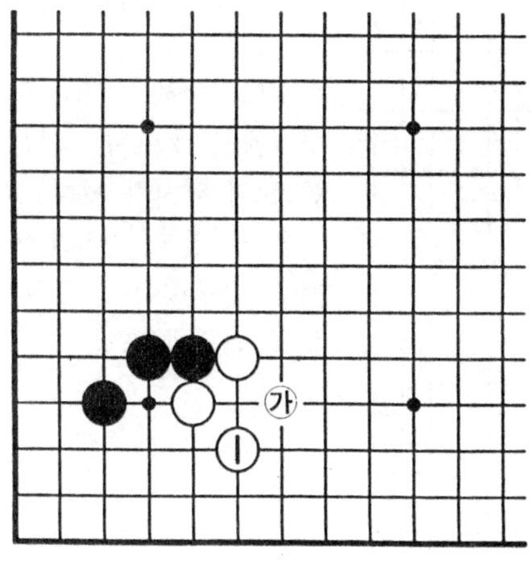

흑선

제 8 문 반대의 지킴

백 ㉮도 정석이다.

백 1에 흑의 응수는?

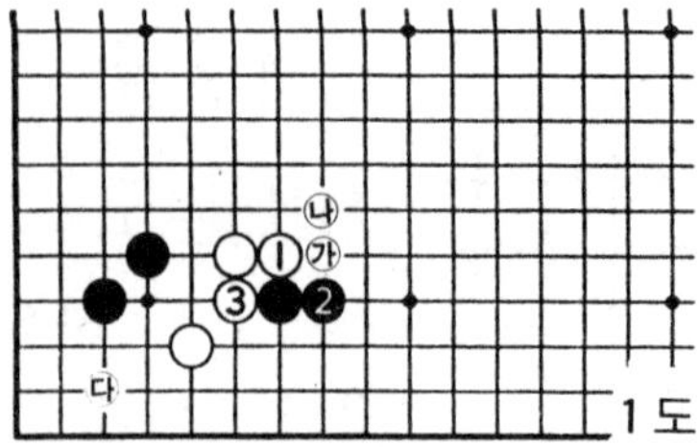
1 도

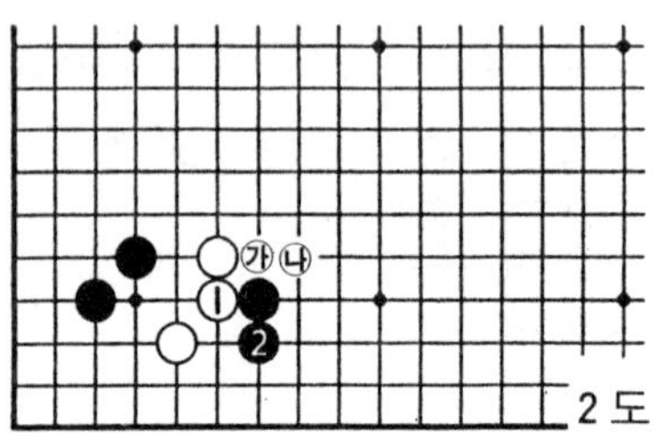
2 도

●누르고 되돌아감 (제 7 문 해답)

1 도 (정해) 백 1 로 위를 누르면 흑 2, 다시 백 3 으로 구부린다. 다음에 흑㉮는 백㉯가 있다.

2 도 (실패) 백 1 은 흑 2 의 내려섬. 수순이 바뀐것 같다.

다음에 백㉮는 흑㉯의 젖힘이 있다.

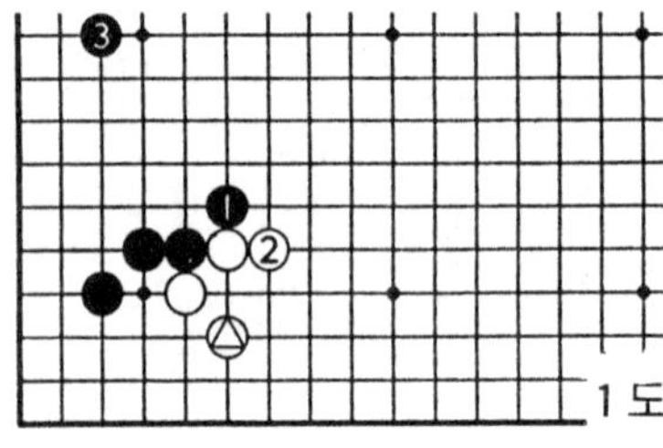
1 도

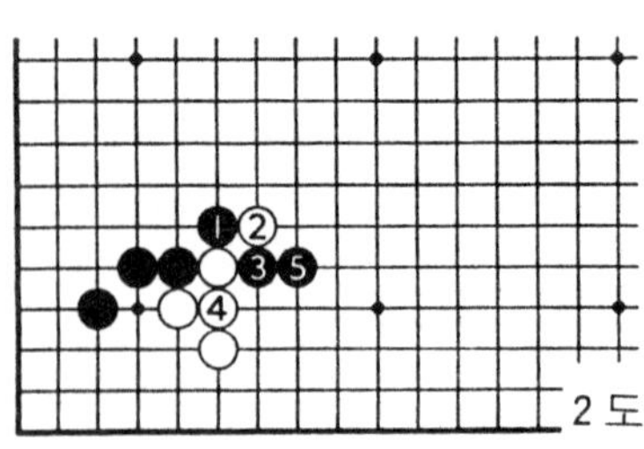
2 도

●흑 좋다 (제 8 문 해답)

1 도 (정해) 흑 1 의 젖힘에서 3 까지. 백은 Ⓐ표의 위치가 낫다.

2 도 (참고) 흑 1 에 백 2 는 무리이다. 흑 3, 5 의 뻗음에 모양.

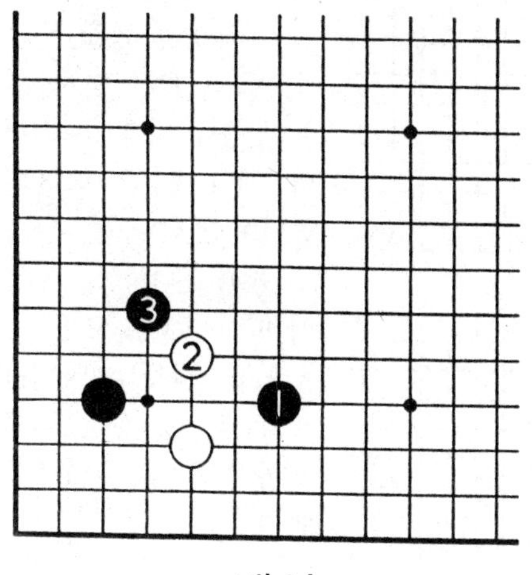

백선

제 9 문 뜀에서

백 2의 한칸 뜀이 많이 두는 수이다.

흑 3의 날일자에 백의 응수는?

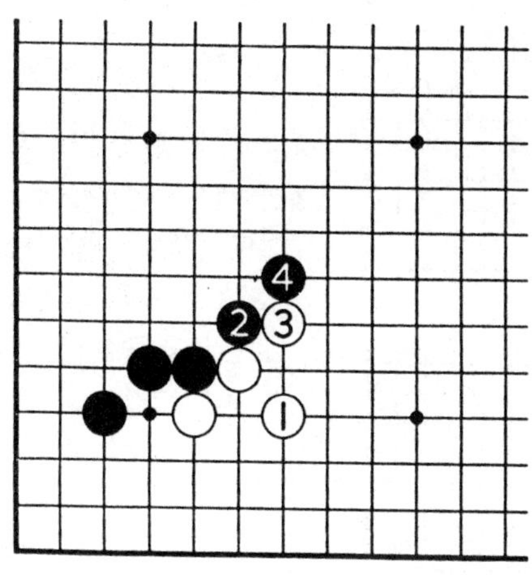

백선

제10문 2 단젖힘

백 1의 지킴에 흑 2, 4의 2 단젖힘은 정석이다. 백의 응수는?

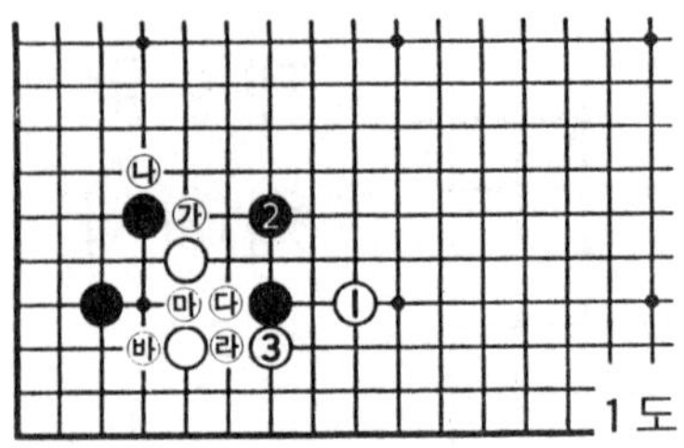

● 오른쪽인가 위인가 (제 9 문 해답)

1 도 (정해) 직접 ㉮의 누름에는 흑㉯가 있다. 흑 2 에는 백 3 의 붙임이 있다.

(흑㉰는 백㉱, 흑㉲, 백㉳가 있다)

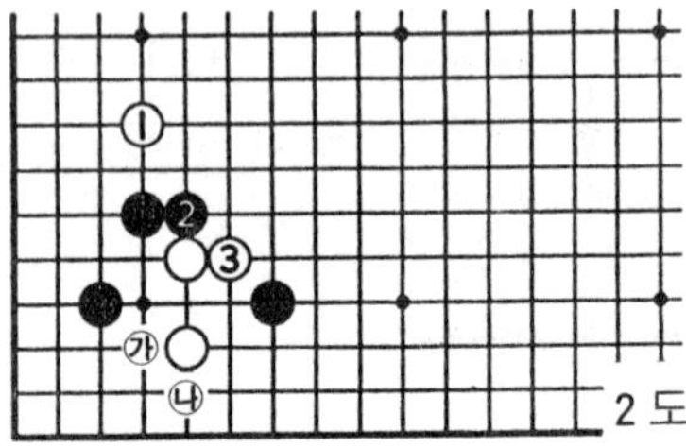

2 도 (정해) 국면을 보아 백 1 로 두는 것은 3 까지. 다음 흑㉮는 백㉯.

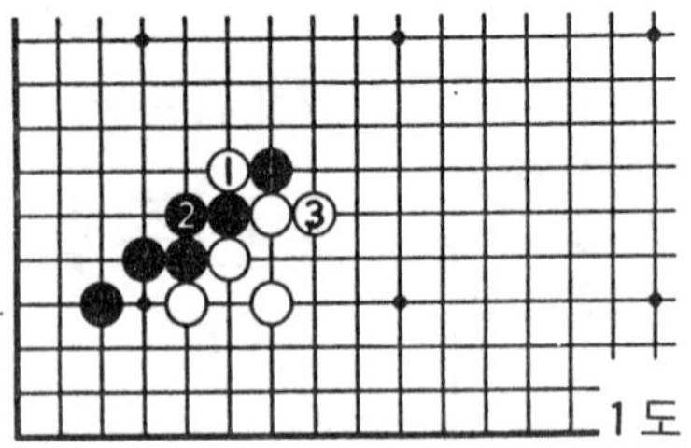

● 끊고 뻗음 (제10문 해답)

1 도 (정해) 백 1 의 단수 다음 흑 2 이면 백 3 의 뻗음이 있다.

2 도 (참고) 백 1, 3 은 흑 4 의 단수가 있다 1 도가 무난하다.

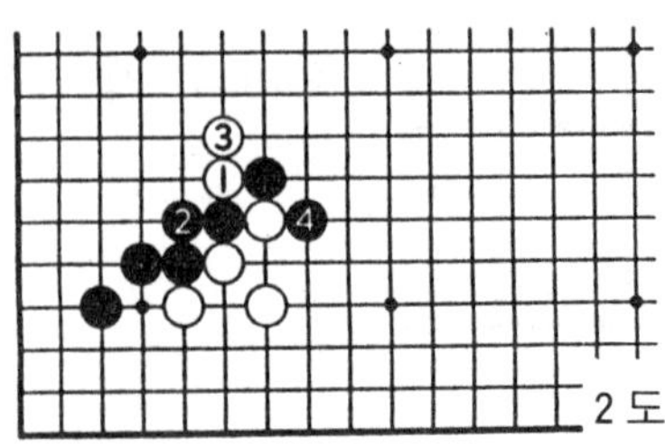

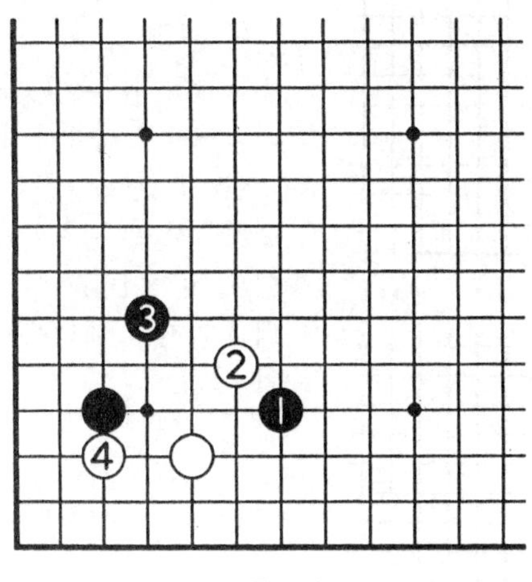

흑선

제11문 전투의 수

백 2에 흑 3의 날일자 정석. 백 4의 붙임에 대하여 전투의 수는?

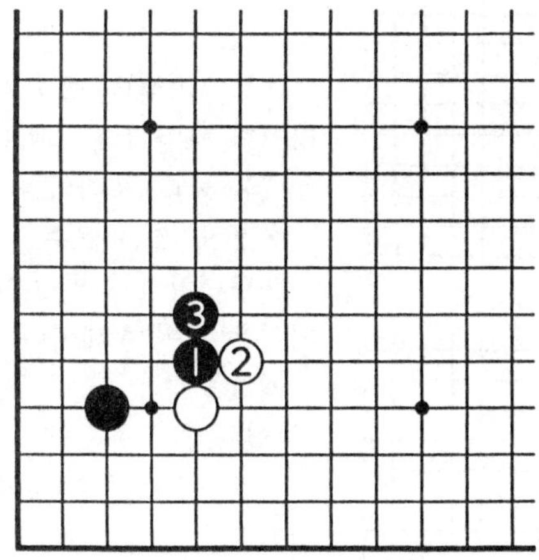

백선

제12문 붙이고 뻗음

흑 3의 뻗음은 정석이다.

백의 응수는? 3수 정도 표시하라.

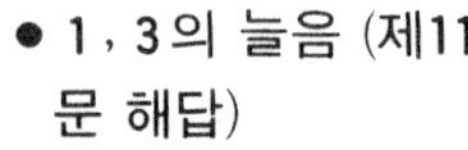

● 1, 3의 늘음 (제11 문 해답)

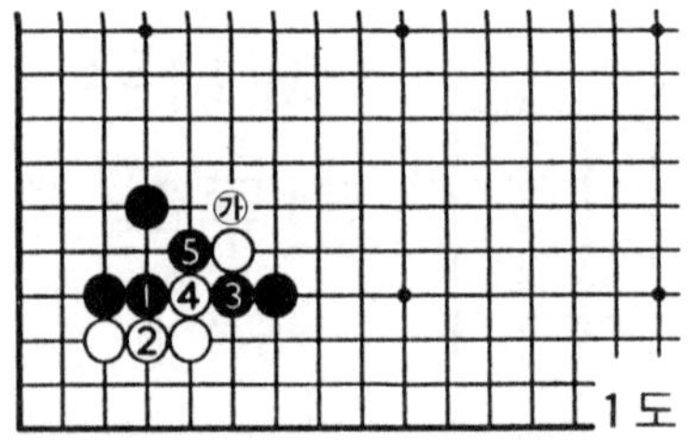

1 도 (정해) 흑 1, 3으로 느는 수. 다음에 ㉮의 뻗음이 있다.

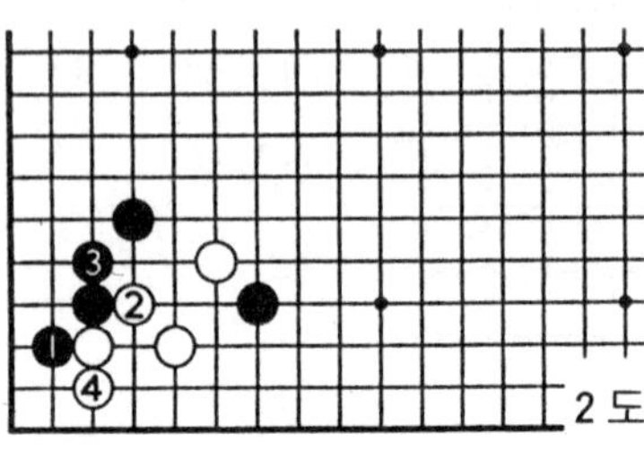

2 도 (참고) 흑 1의 젖힘도 정석이다.

백 4 까지 내려서는 수가 있다.

●부딪힘 (제12문 해답)

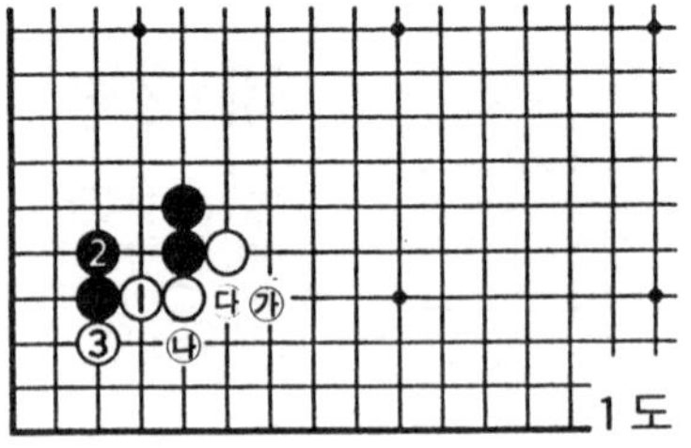

1 도 (정해) 백 1 은 당연한 모양이다. 백 1 로 ㉮나 ㉯는 작다.

흑 2 에 3 은 호수.

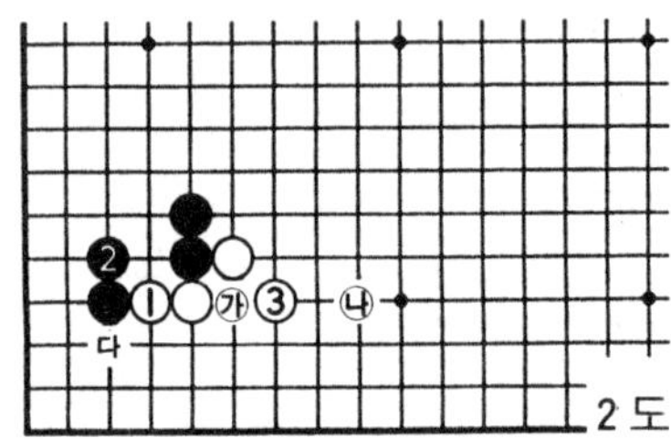

2 도 (참고) 백 3 의 지킴은 집이 손해이다.

백 3 으로는 ㉮나 ㉯가 있다.

부분적으로는 흑 ㉰가 정석

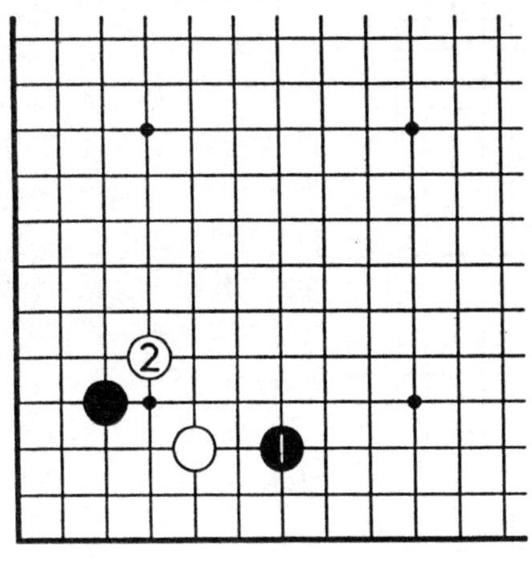

흑선

제13문 지금은 ?

흑 1의 낮은 협공에 백 2의 씌움이 성립한다.

흑의 타개방법은 2 곳이다.

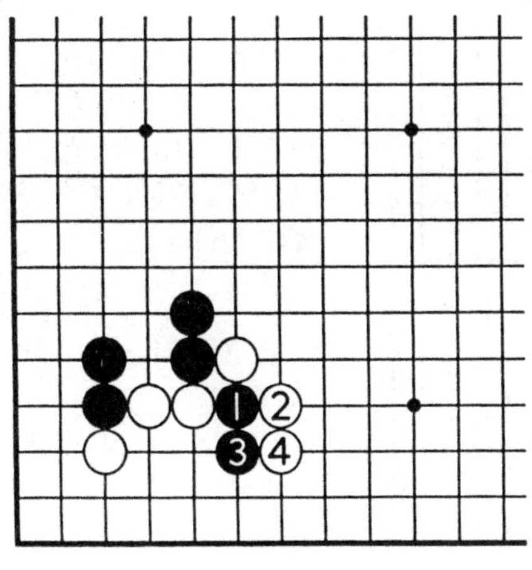

흑선

제14문 백무리

흑 1의 끊음에 백 2, 4는 무리이다. 흑의 다음의 착수가 호착이다.

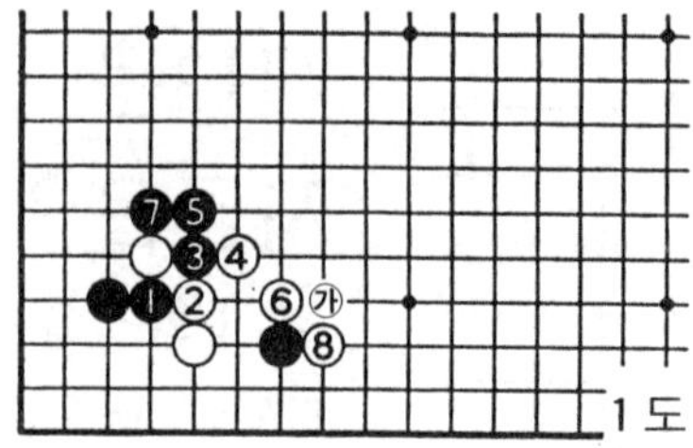

● 나와끊음(제13문 해답)

1도 (정해) 흑 1, 3은 성립한다. 백 4, 6에 흑 7이면 백 8까지 일단락이다. 7로는 ㉮의 수도 있다.

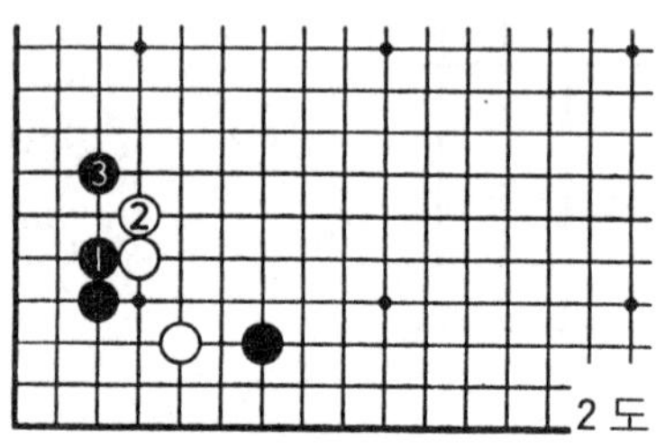

2도 (정해) 흑 1의 미는 수.

국세에 따라 선택을 한다.

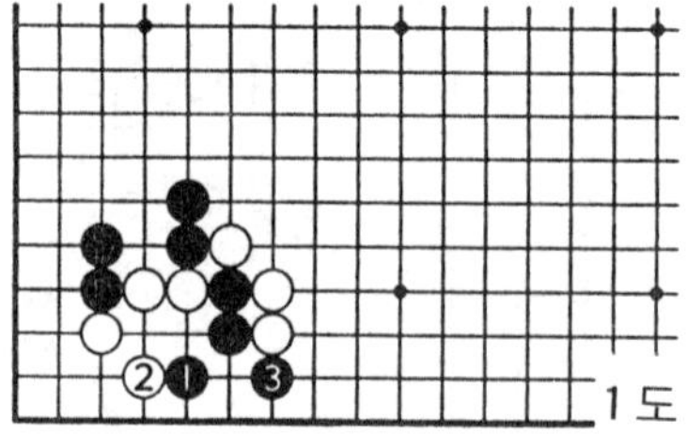

● 흑유리(제14문 해답)

1도 (정해) 흑 1의 마늘모. 이곳이 맥점이다. 백 2에는 3의 젖힘이 있다.

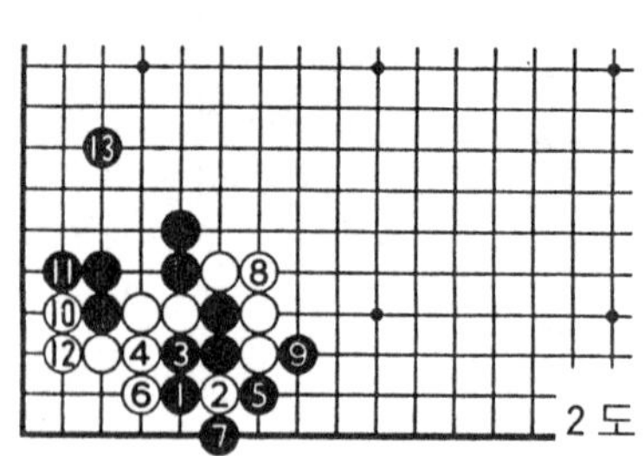

2도 (참고) 백 2, 4는 흑 5로 1점을 잡아서 좋다.

흑13까지 흑이 좋다.

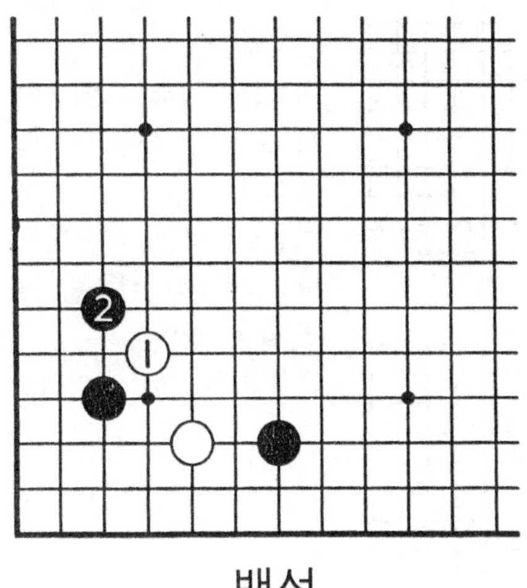

백선

제15문
정석은?

백 1에 흑 2의 응수다.

정석은 어느 곳인가? 백의 착점은?

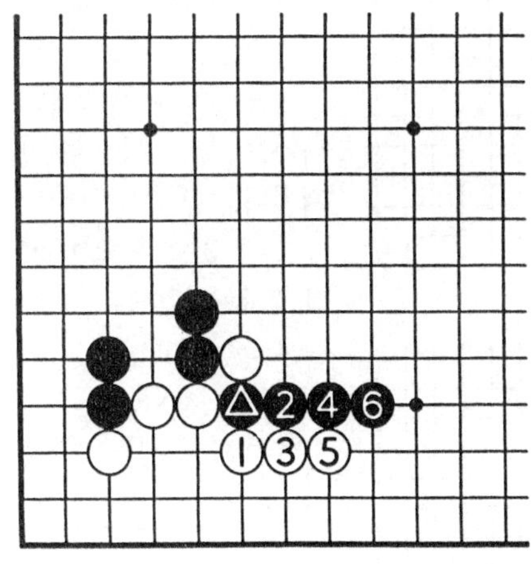

백선

제16문
신포

흑▲표의 끊음에서 이하 6까지 나타난 모양이다. 백의 착점은?

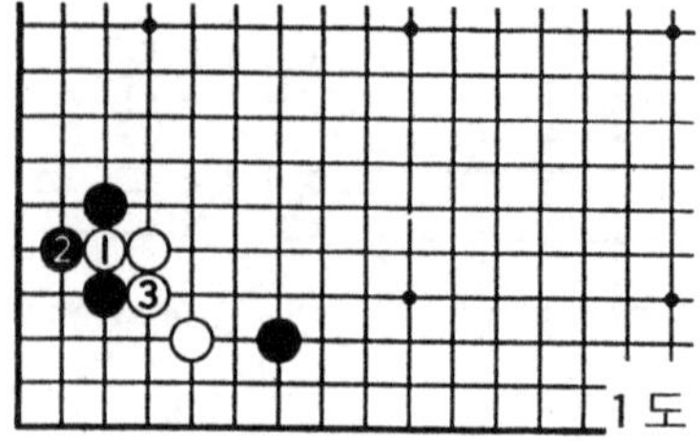
1 도

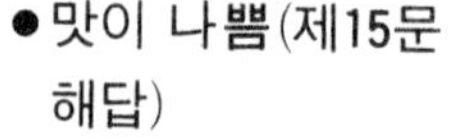
●맛이 나쁨(제15문 해답)

1 도 (정해) 백 1 에서 3 으로 되돌아온다. 호수이다.

2 도 (참고) 1 도의 다음 흑 1 의 이음은 백 2, 4 가 좋다.

좌상의 백이 두텁다.

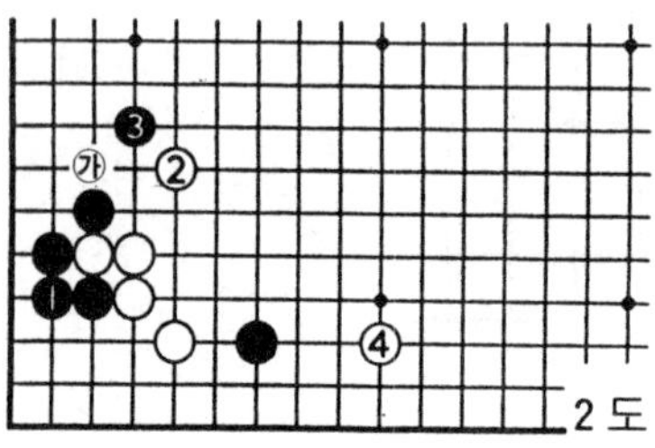

2 도

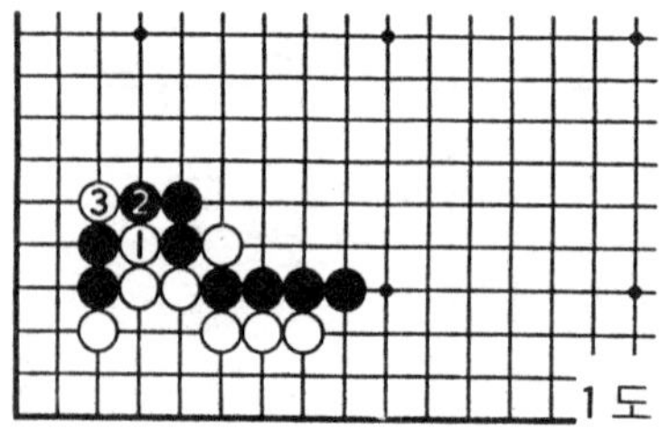
1 도

●강한 끊음 (제16문 해답)

1 도 (정해) 하변을 나가는 것이 당연한 반격이다.

1 에 2 로 막으면 백 3 의 끊음이다.

2 도 (참고) 흑도 2 점을 움직인다.

흑 5 까지 사는 모양이다.

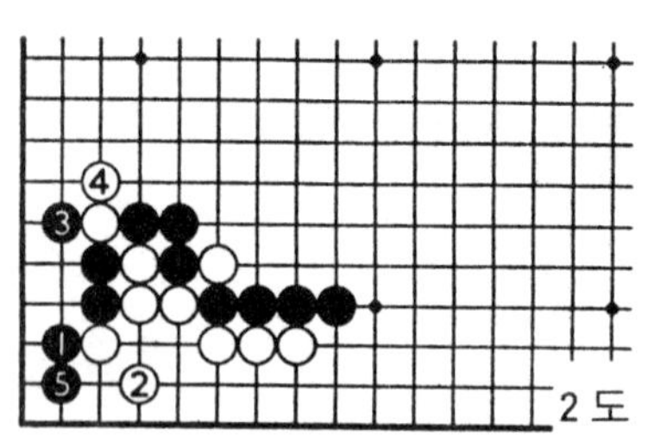
2 도

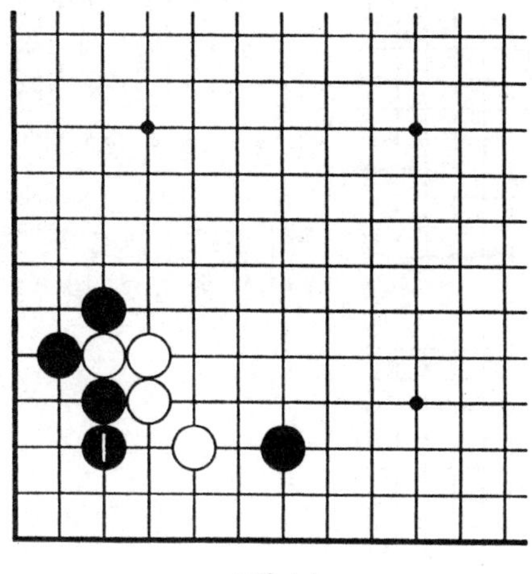

백선

제17문
뻗음

앞문제에 계속하여 흑 1의 뻗음이다.

백의 타개의 수는?

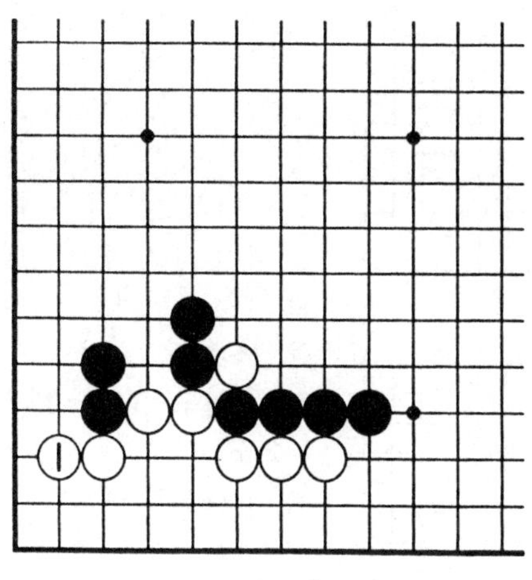

흑선

제18문
왼편

백 1은 완전한 수이다.

흑의 다음의 한 수는? 상용의 맥이 있다.

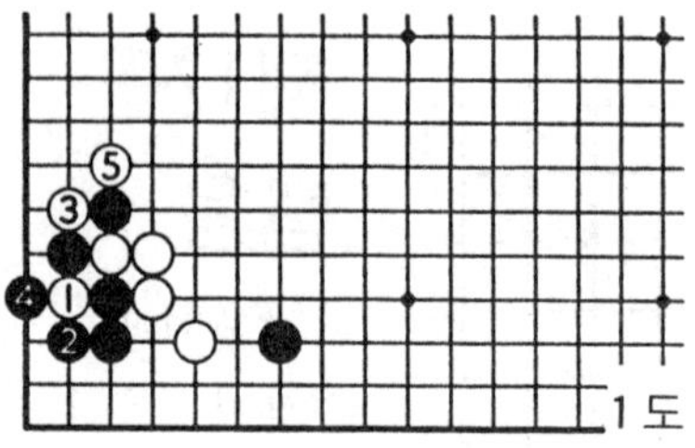

1 도

2 도

●축(第17문 해답)

1 도 (정해) 백 1 의 끊음이다. 흑 2 로 잡으면 백 3, 5 로 축이다.

2 도 (참고) 전도의 축이 나쁘면 백 1 의 끊음다음 3, 5 로 안쪽을 잡는다.

1 도

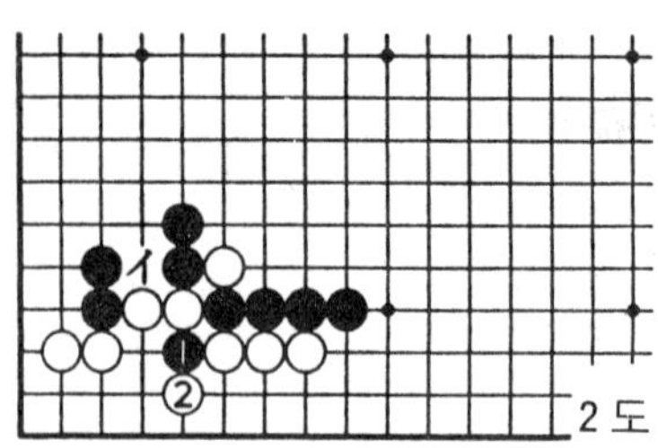

2 도

●끊음(第18문 해답)

1 도 (정해) 흑 1 의 끊음이 있다. 일견 교묘한 수이다. 백 2 에는 흑 3 의 내려섬이 좋다. 다음 백㉮에는 흑㉯, 백㉰, 흑㉱까지 사석작전. 흑 1 의 효과는 흑㉲의 선수젖힘이 있다.

2 도 (참고) 백 2 는 ㉮의 끊음을 예방.

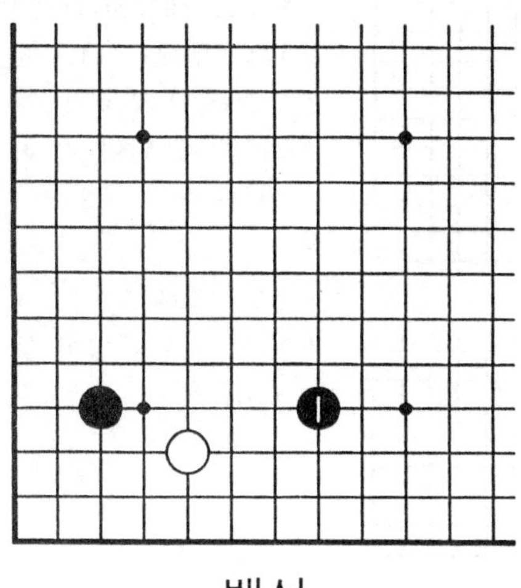

백선

제19문

2칸높은 협공

흑2의 2칸 높은 협공이다.

백의 응수는?

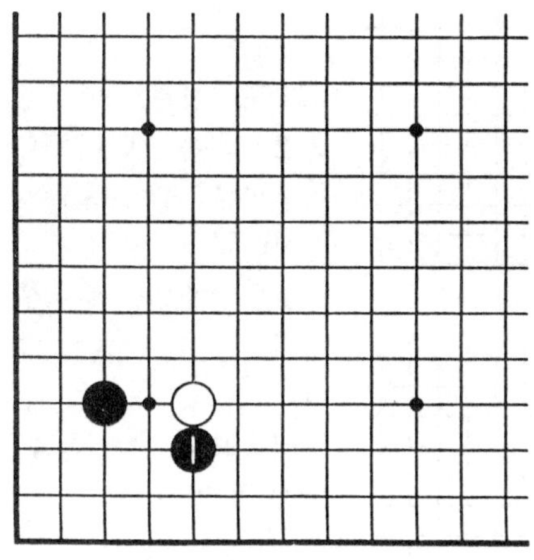

백선

제20문

젖힘

흑1의 붙임엔 여러 형이 있다.

백의 수단은?

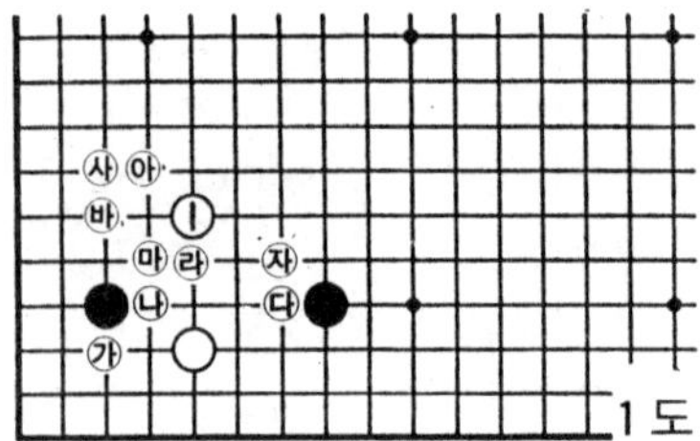

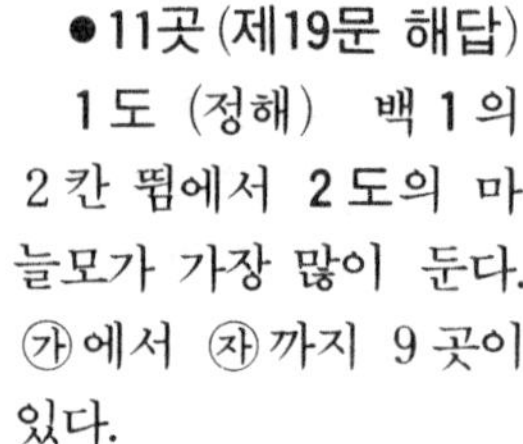

●11곳(제19문 해답)

1 도 (정해) 백 1 의 2 칸 뜀에서 2 도의 마늘모가 가장 많이 둔다. ㉮에서 ㉶까지 9 곳이 있다.

2 도 (정해) 최근 적지않게 이 수를 많이 두고 있다.

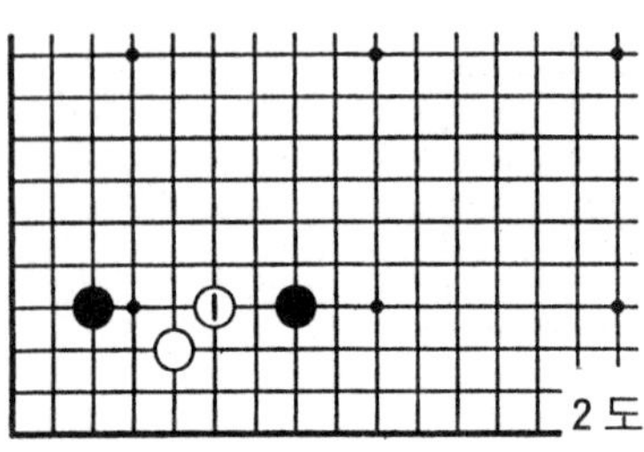

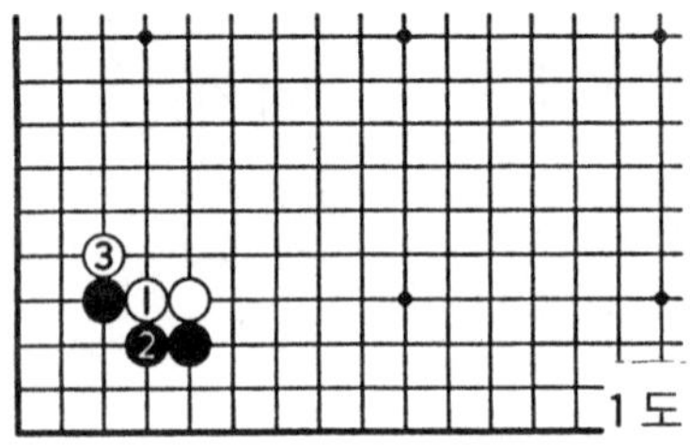

●부딪힘(제20문 해답)

1 도 (정해) 백 1 에 흑 2, 다음 백 3 의 내려섬까지. 알기 쉬운 모양이다.

2 도 (참고) 백 1 에 내려서는 수도 많이 둔다.

백 3 으로 ㉮, 흑 4, 백 ㉯가 있다.

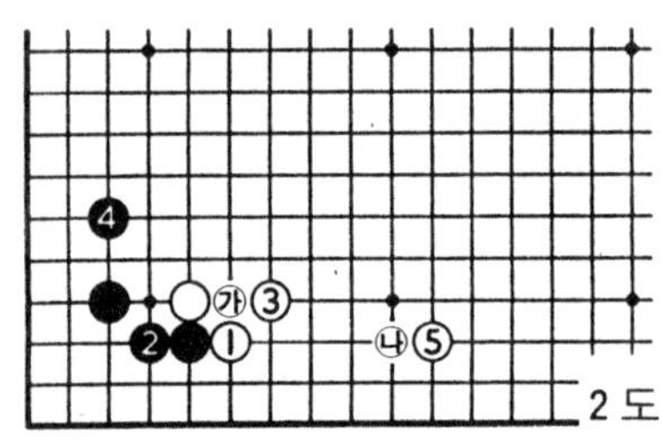

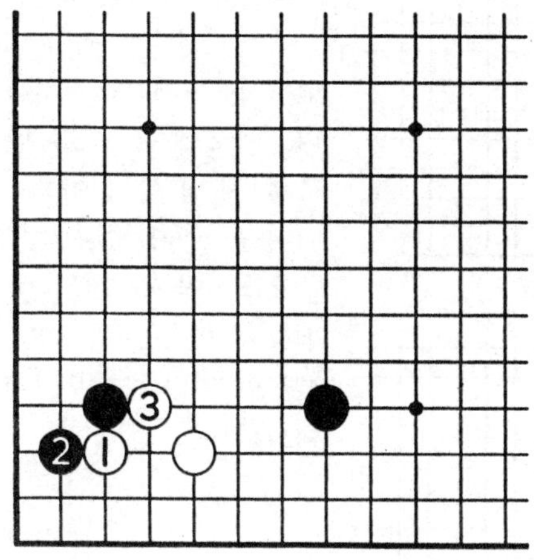

흑선

제21문 옛날엔

옛날에는 백 1, 3 으로 두었다.

현대에는 변화가 많이 왔는데 흑의 착수는?

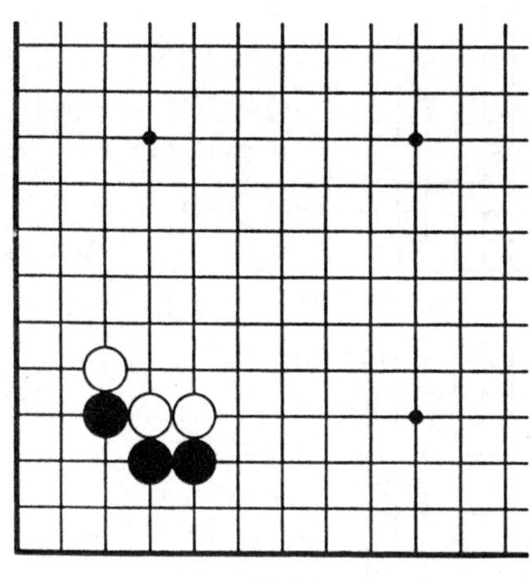

흑선

제22문 간명

이 모양에서 간명한 처리는?

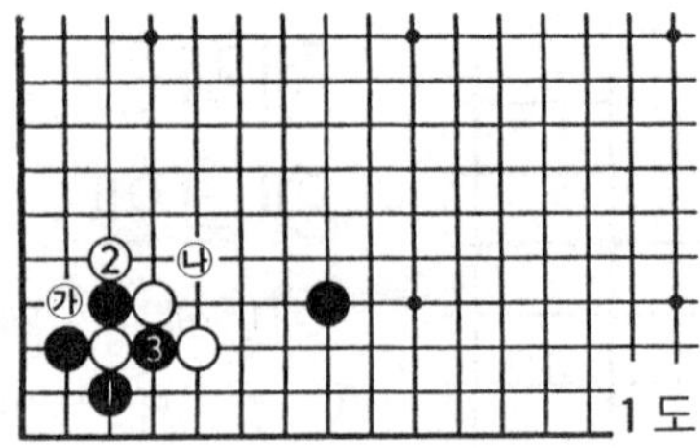

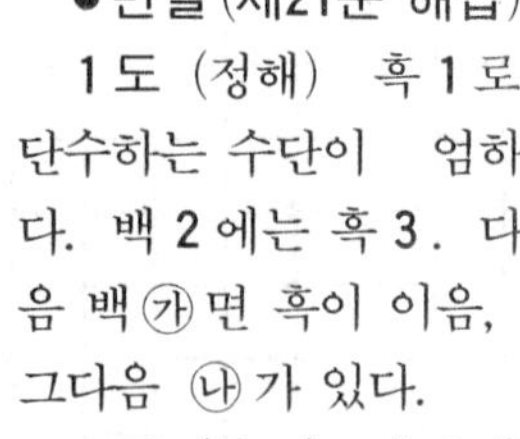

●반발(제21문 해답)

1 도 (정해) 흑 1 로 단수하는 수단이 엄하다. 백 2 에는 흑 3. 다음 백 ㉮면 흑이 이음, 그다음 ㉯가 있다.

2 도 (참고) 흑 1 에 백 2 의 이음은 흑 3 의 뻗음이 있다. 백모양이 나쁘다.

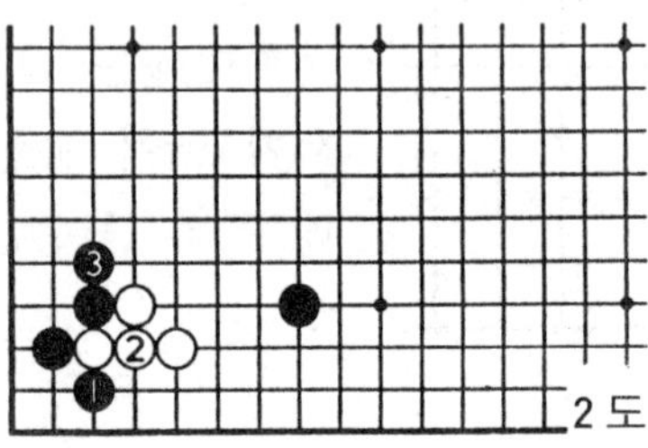

●이음(제22문 해답)

1 도 (정해) 흑 1 의 이음은 간명한 수단이다.

백 2 에 흑 3 으로 실리가 두텁다.

2 도 (참고) 흑 1 에 백 2 는 3 의 젖힘이 있다.

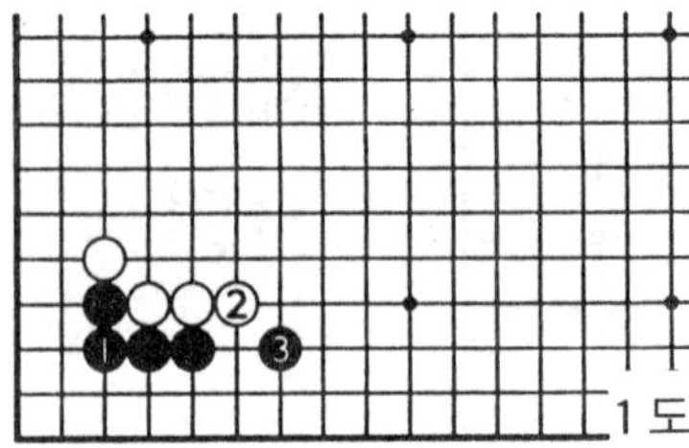

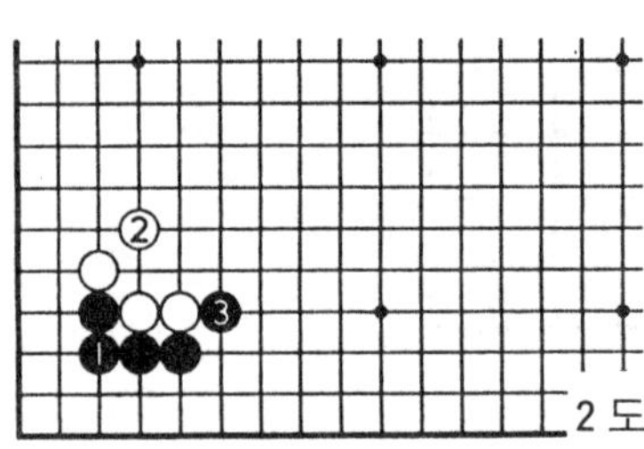

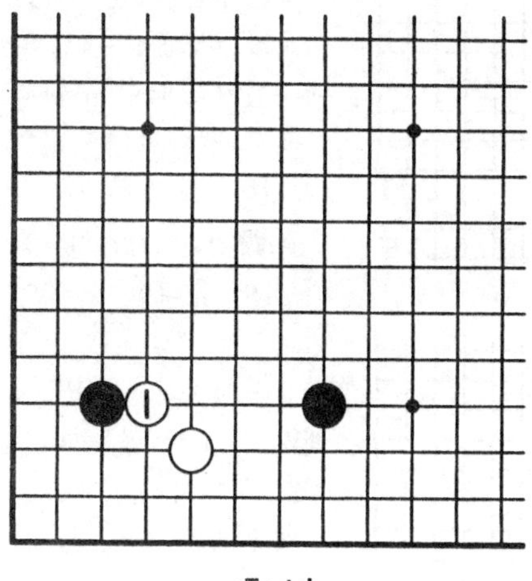

흑선

제23문 마늘모 붙임

백 1의 마늘모붙임으로 두는 시기가 있다.

흑의 최강의 수는?

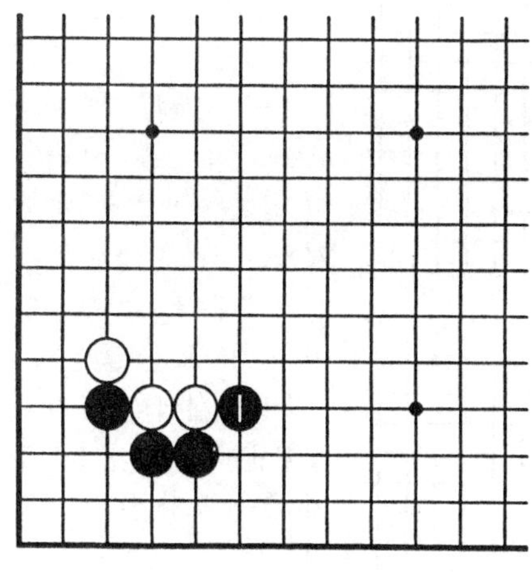

백선

제24문 두점머리

흑 1의 젖힘이 있다.

백의 3수 정도는?

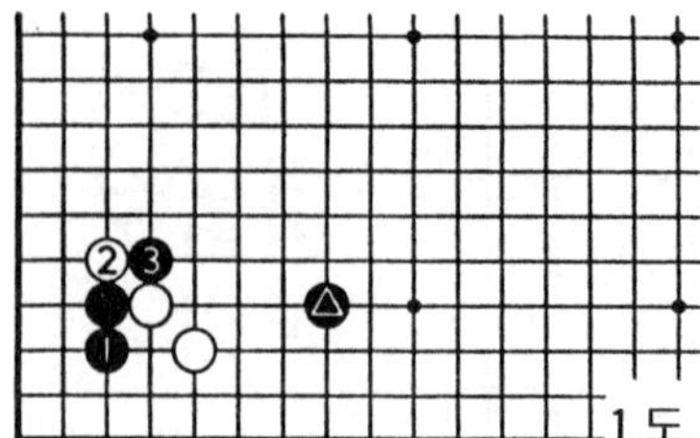
1 도

●전투(제23문 해답)

1 도 (정해) 흑 1 의 내려섬이 강력한 수이다.

흑 2 에는 3 의 끊음이 있다.

흑▲표의 위치가 좋아 흑이 유리한 싸움이다.

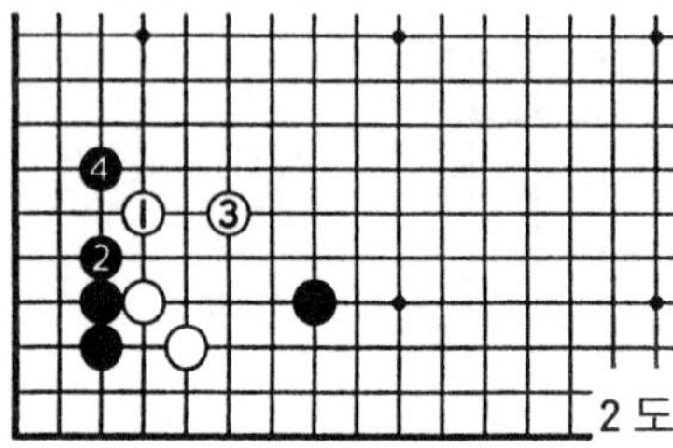
2 도

2 도 (참고) 1 도의 백 2 로 1 의 곳을 뛰는 것도 무난하다.

백 3 에는 4 로 흑이 좋은 모양이다.

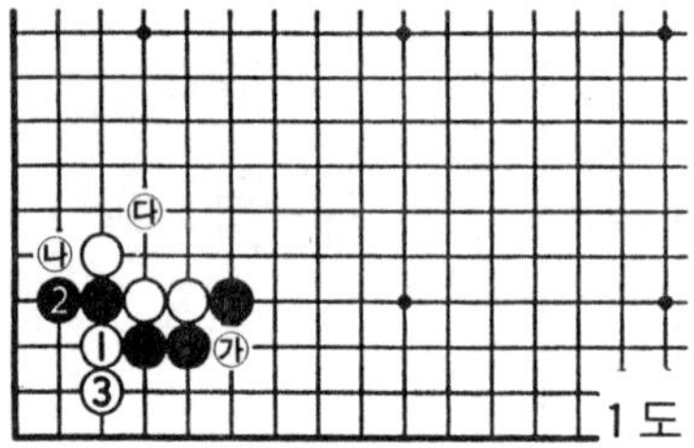
1 도

●끊고 내려섬(제24문 해답)

1 도 (정해) 백 1 의 끊음 다음 3 의 내려섬이 있다. 이 수로 ㉮의 끊음은 ㉯가 맞보기. 다음의 수는 ㉯의 구부림이나 ㉰의 곳이다.

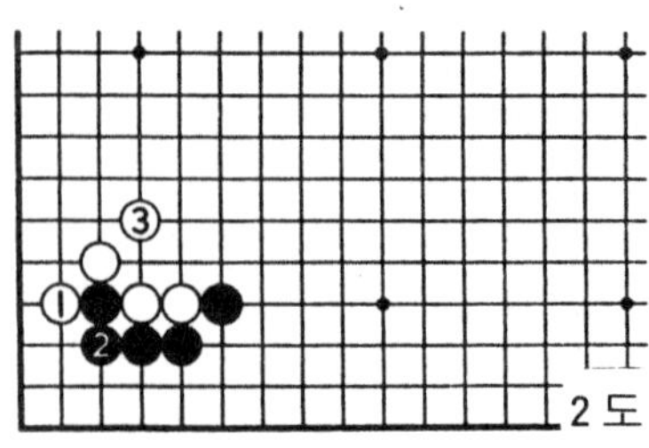
2 도

2 도 (실패) 백 1 의 젖힘에서 흑 3 까지. 흑이 좋은 모양이다. 백불가.

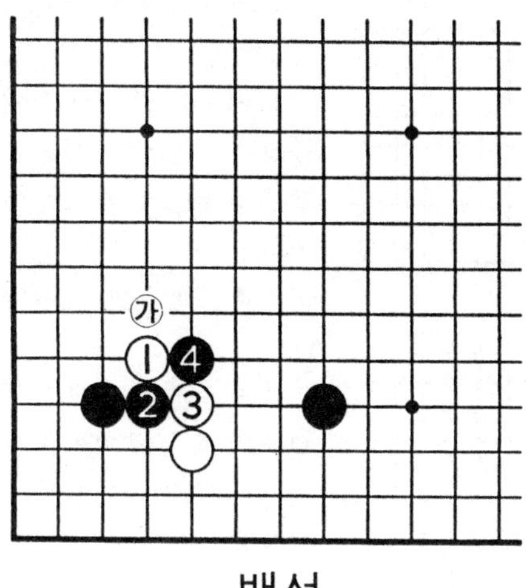

백선

第25문 나가끊음

백 1의 씌움에 흑 2, 4의 나가끊음이 있다.

백 ㉮ 이외의 다른 수는?

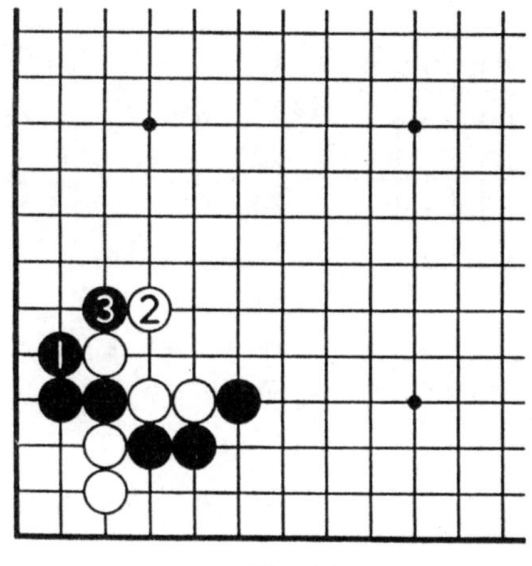

백선

第26문 보도

흑 1에 백 2가 좋은 수. 흑 3에 대하여 백의 응수는?

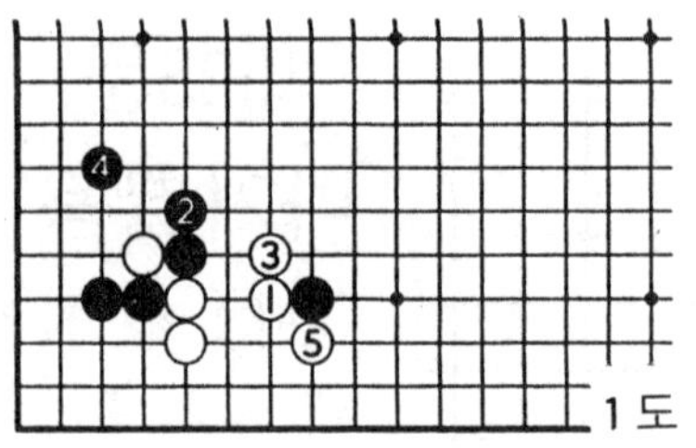

● 붙임이 맥 (第25문 해답)

1 도 (정해) 백 1 의 붙임이 맥이다. 흑 2 의 뻗음에 백 3 까지 모양이다.

흑 4, 백 5 까지 일단락.

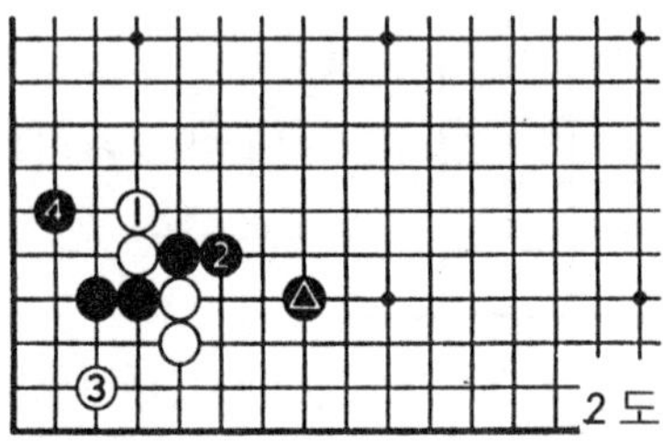

2 도 (참고) 백 1 의 뻗음은 흑 2 가 ◭표와 관련된 좋은 모양이다 백 3 에 흑 4 까지 좋다.

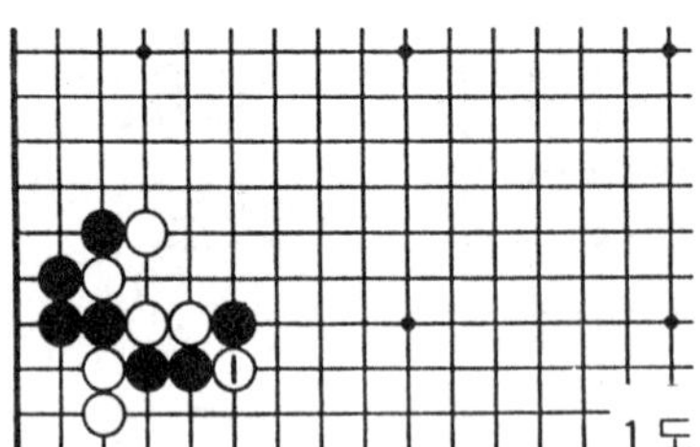

● 끊음 (第26문 해답)

1 도 (정해) 백 1 의 끊음이 정해이다.

엿보는 수가 있다.

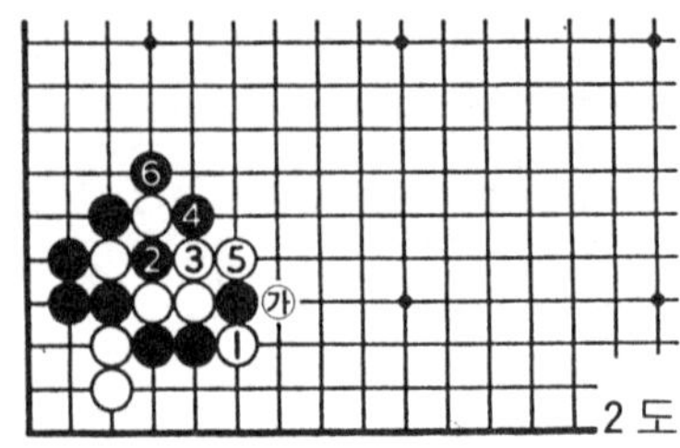

2 도 (참고) 백 1 에 흑 2 이하 6 까지가 정석이다.

백도 ㉮의 때림이 있어 부분적으로 나쁘지 않은 정석이다.

백 ㉮의 손뺌이 있다.

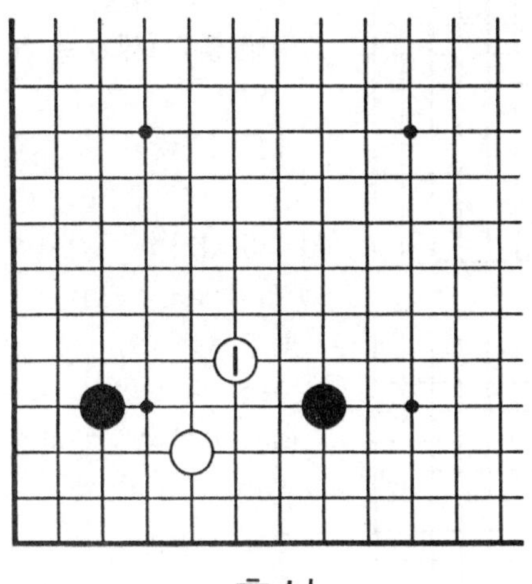

흑선

제27문
제 1 감

백의 날일자에 대하여 흑의 응수는?

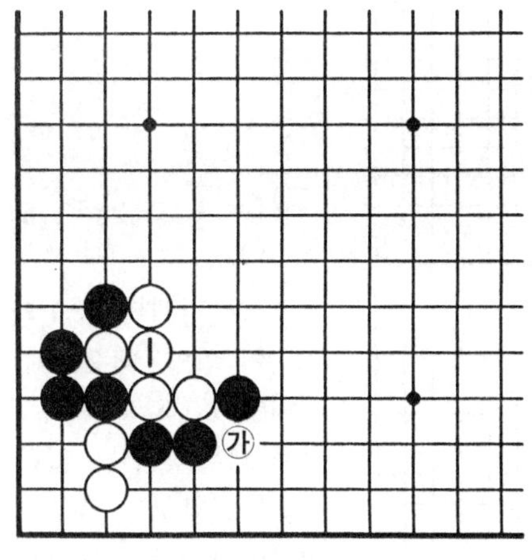

흑선

제28문
무리형

백 1은 ㉮의 곳 끊음을 노리는 수.

흑의 응수는?

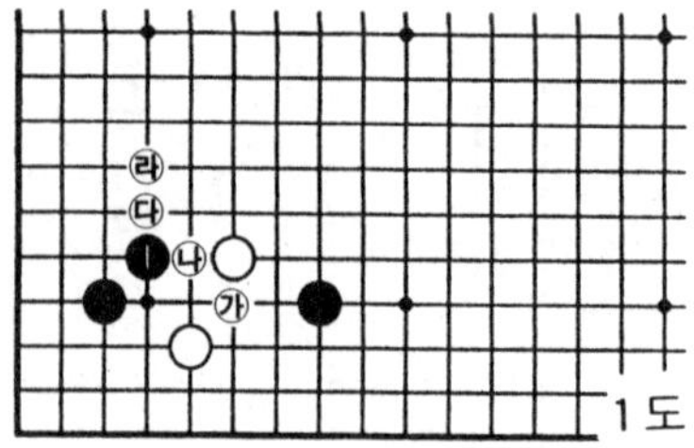

1 도

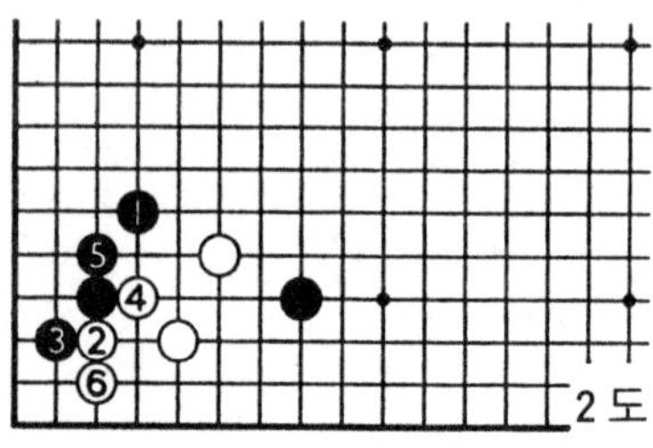
2 도

●급소의 마늘모, 흑이 좋다(제27문 해답)

1 도 (정해) 흑 1 의 마늘모. 이곳을 둘 수 있으면 상당한 기력이다. ㉮의 붙임을 노린다.

백 2 로는 ㉯, ㉰, ㉱로 두는 수가 있다.

백의 모양이 작지만 중복이다.

2 도 (참고) 흑 1 의 날일자는 백 2 의 붙임에서 6 까지 정형이다.

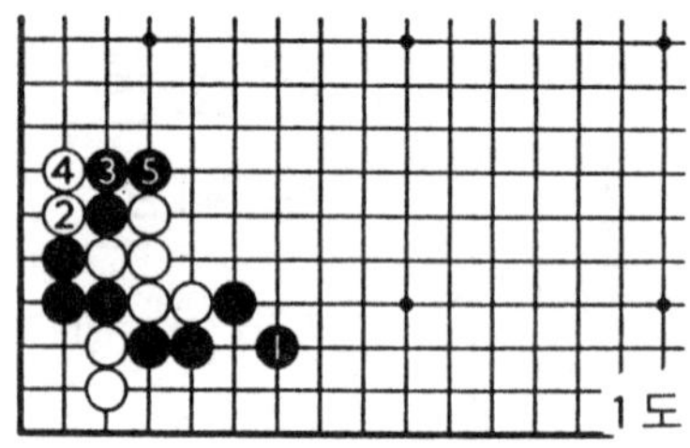
1 도

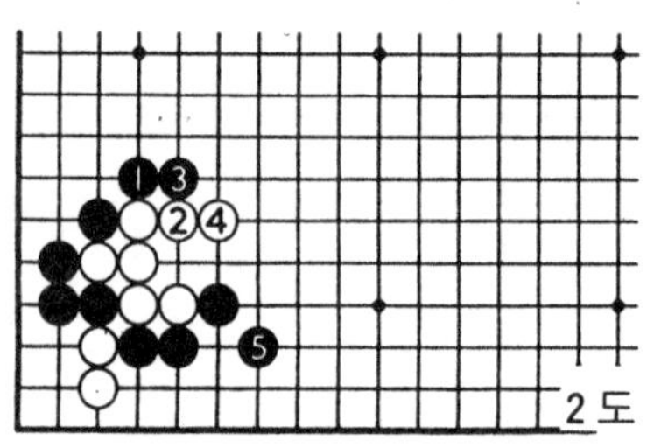
2 도

●둔하다(제28문 해답)

1 도 (정해) 흑 1 의 지킴이 간명. 백 2, 4 는 무리이다. 5 의 올라섬으로 백의 응수는 없다.

2 도 (참고) 흑 1 의 젖힘에서 5 의 이음이 있다.

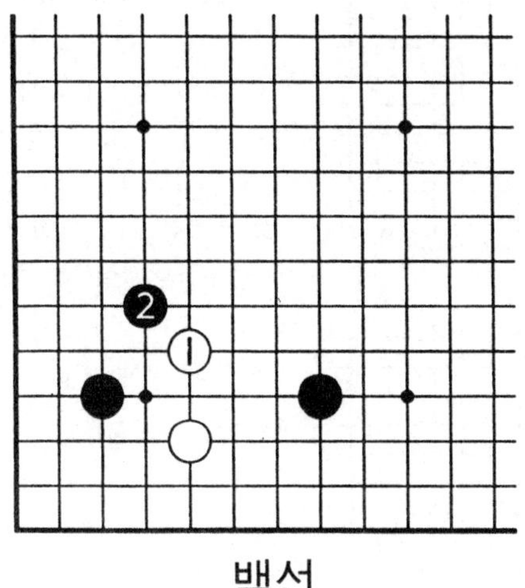

백선

제29문

한칸

백 1의 한칸에 흑 2의 날일자.

이에 대한 백의 수단은?

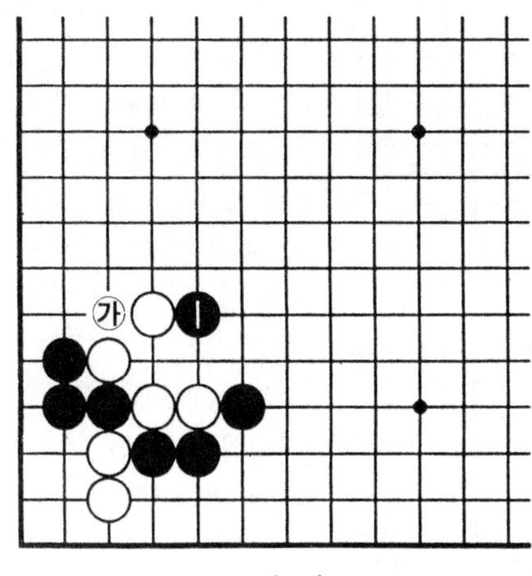

백선

제30문

전투정석

흑㉮로 단수하지 않고 흑 1로 붙이는 수가 있다.

백은 어떻게 받아야 하나?

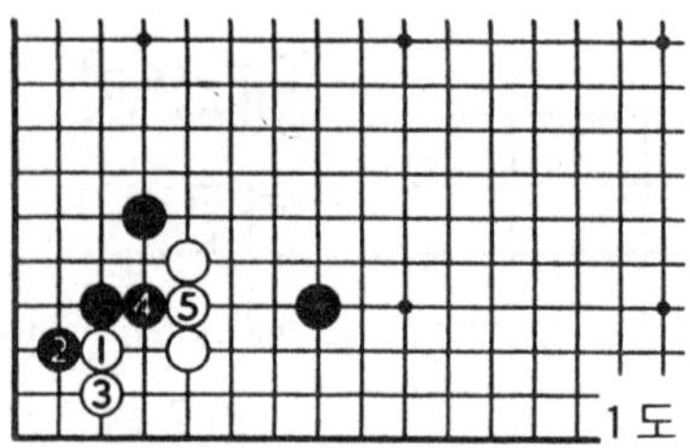

1 도

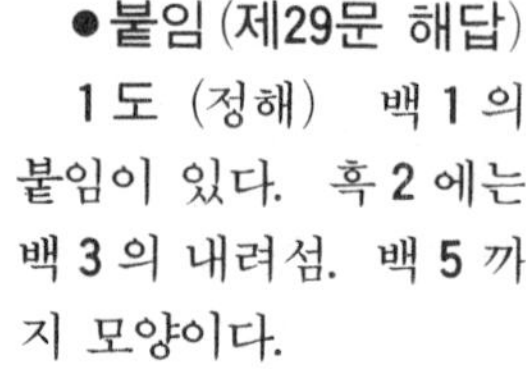

●붙임 (제29문 해답)

1 도 (정해) 백 1 의 붙임이 있다. 흑 2 에는 백 3 의 내려섬. 백 5 까지 모양이다.

2 도 (참고) 1 도와는 달리 백 1 의 협공이다.

흑 2 에는 백 3 이 경쾌하다.

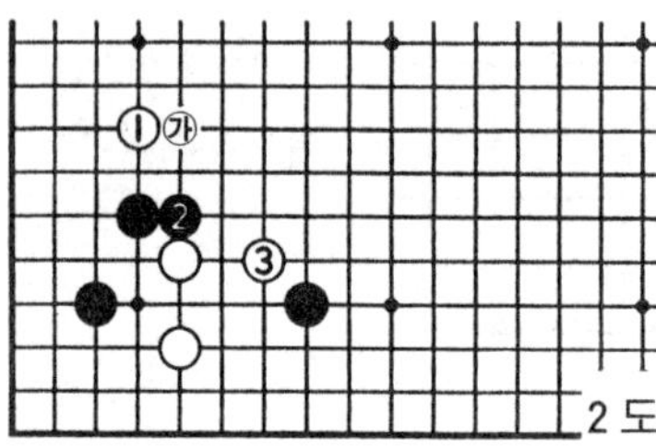

2 도

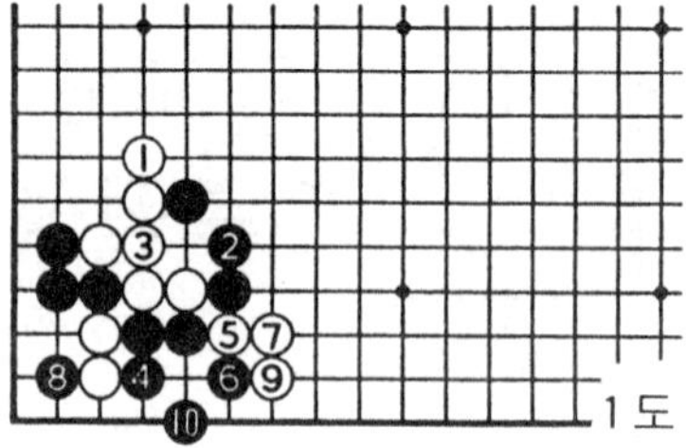

1 도

●중앙에 발전 (제30 문 해답)

1 도 (정해) 백 1 이 모양이다. 이 한수이다. 흑 2 로 3 을 강요하고 4 로 막는다. 5 의 끊음엔 중앙전투로 발전한다.

2 도 (실패) 백 1 의 내려섬은 무리이다. 이하 6 까지 백이 안된다.

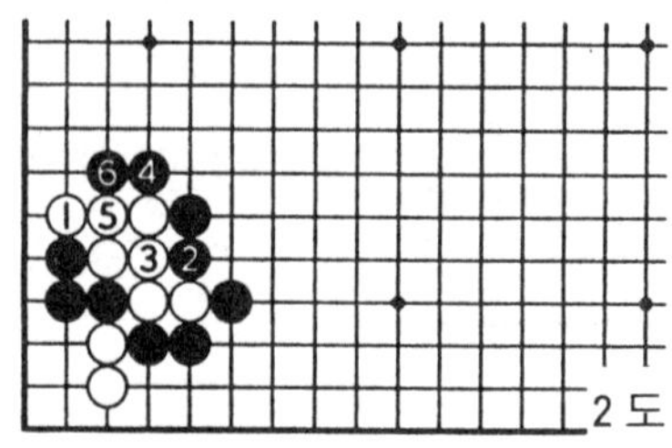

2 도

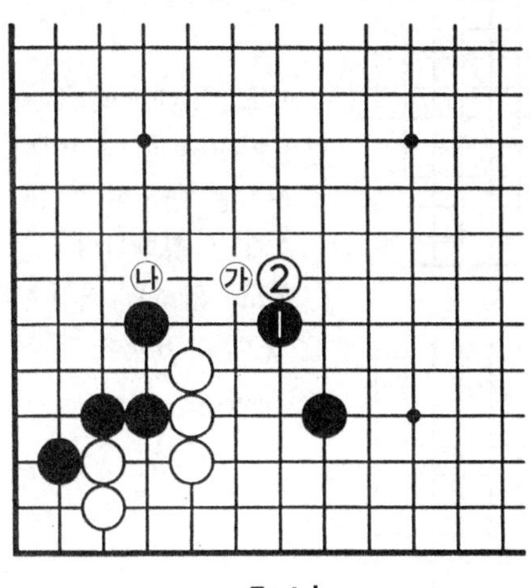

흑선

제31문 기수

앞문제에 계속하여 흑 1의 날일자. 백 ㉮를 유혹하여 흑㉯의 정형인데 백은 2의 기수로 응접하였다. 흑의 수는?

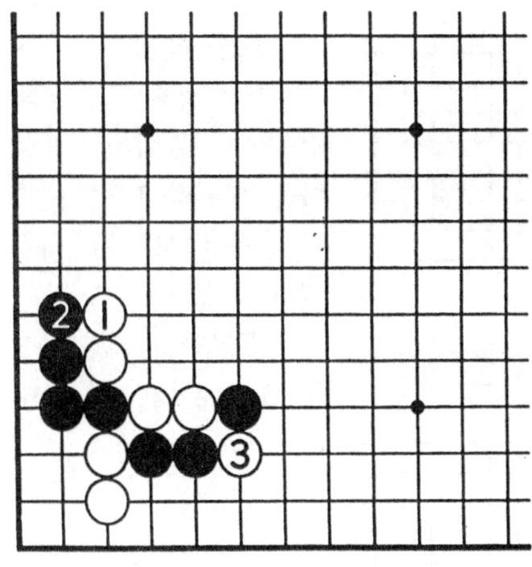

흑선

제32문 축유리

백 1의 뻗음에 흑 2. 그래서 백 3으로 강하게 끊었는데 흑은 축관계가 나쁘다.

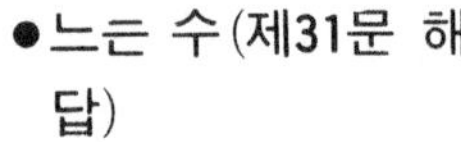

●느는 수(제31문 해답)

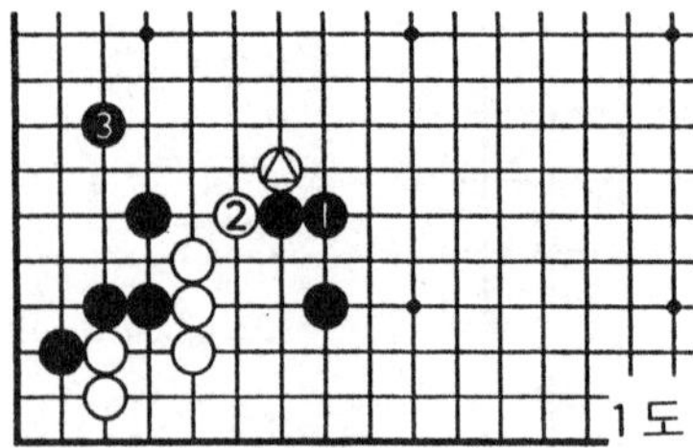

1 도 (정해) 백△ 표 붙임이 일종의 맥점이다.

흑 1 은 냉정한 수단.

흑 3 이 정착이다.

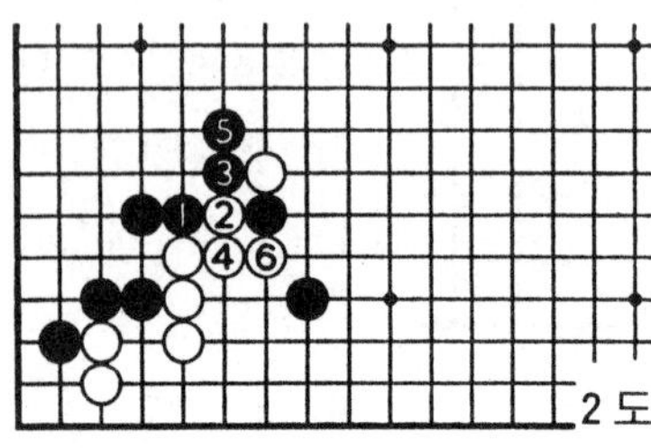

2 도 (참고) 흑 1 에는 2 이하 6 까지 돌파를 당한다.

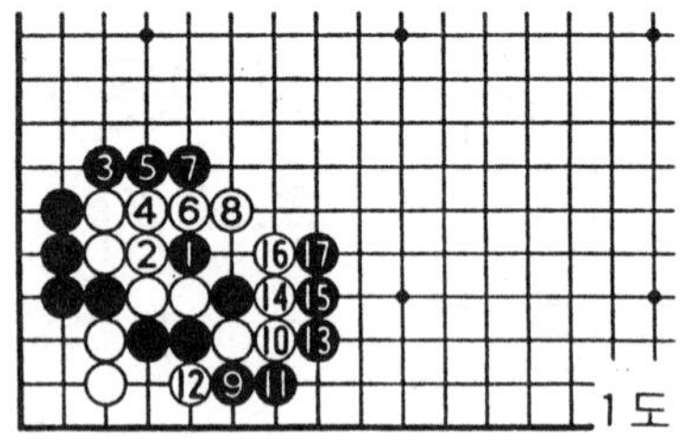

●포도송이 모양 (제32문 해답)

1 도 (정해) 흑 1 의 단수에서 7 까지 외길. 다음 9 이하 17까지 흑이 양쪽을 모두 둔 다음이다.

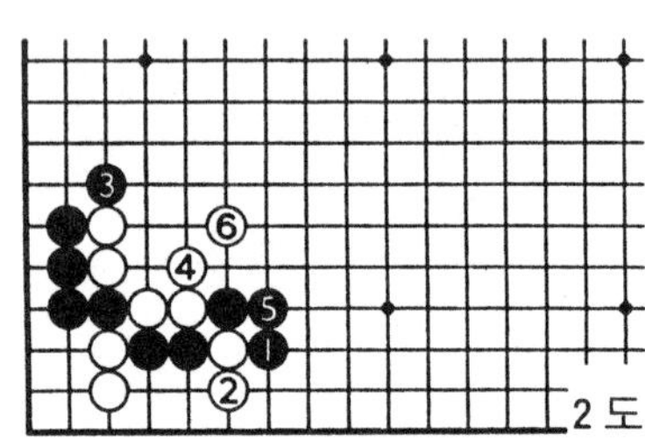

2 도 (참고) 흑 1, 3 은 6 까지 백이 유리하다.

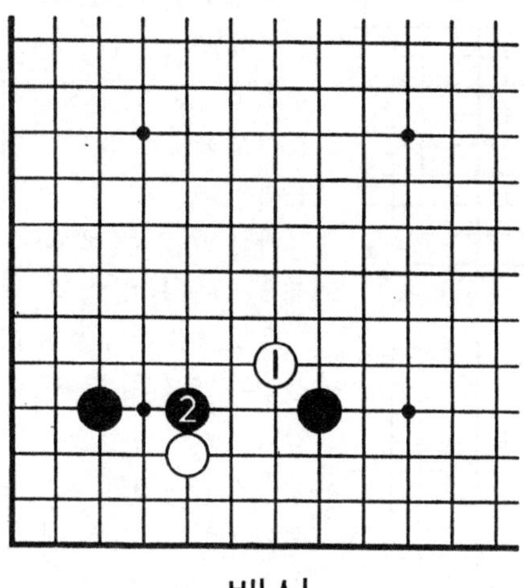

백선

제33문 밭전자 가름

백 1은 경쾌한 수이다. 흑 2의 모양에 대해서 백의 응수가 기력을 나타낸다.

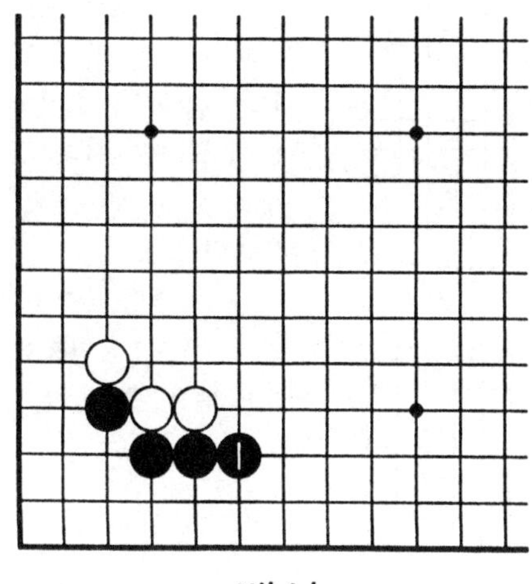

백선

제34문 3점머리

흑 1의 뻗음은 견실하다.

백의 작전은?

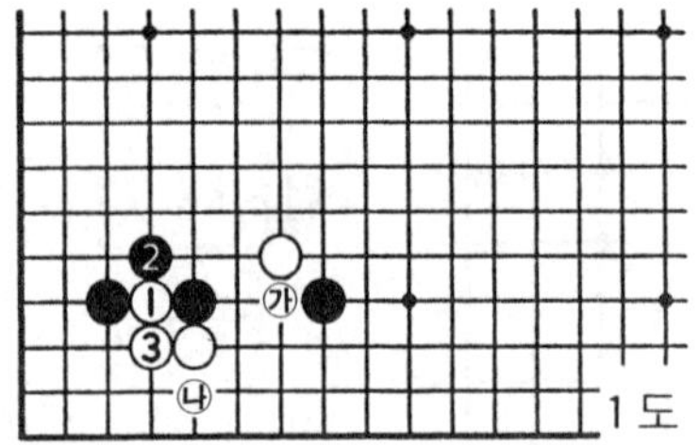
1 도

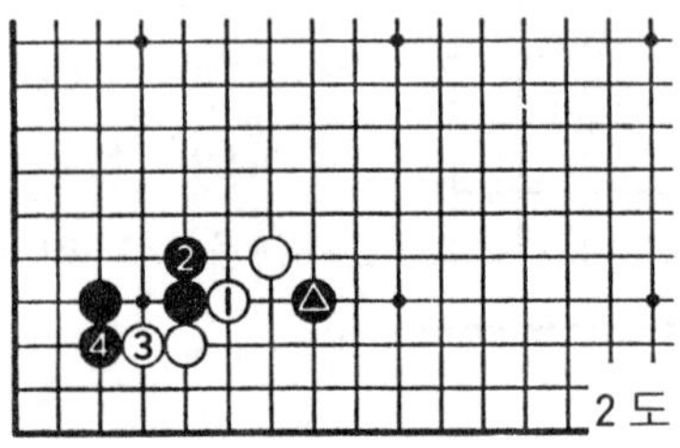
2 도

● 젖혀끼움(제33문 해답)

1 도 (정해) 백 1 의 젖혀끼움에서 3 의 이음까지.

다른 수로는 백㉮는 흑 3, 백㉯가 있다.

2 도 (실패) 백 1 의 젖힘은 흑 2 의 뻗음이 있다.

흑 4 까지 된 모양에서 흑▲표가 급소에 있어 백모양이 나쁘다.

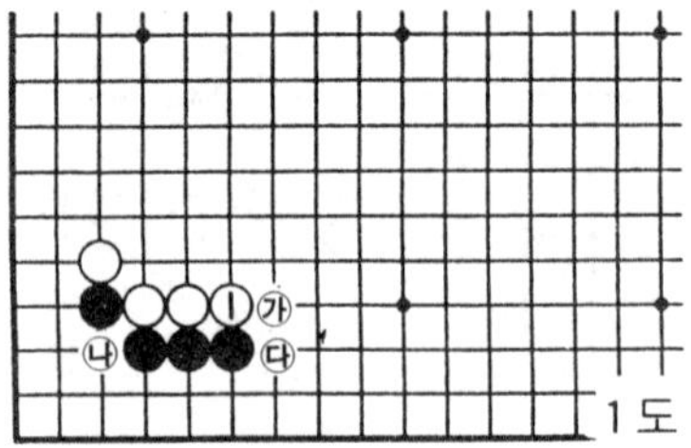
1 도

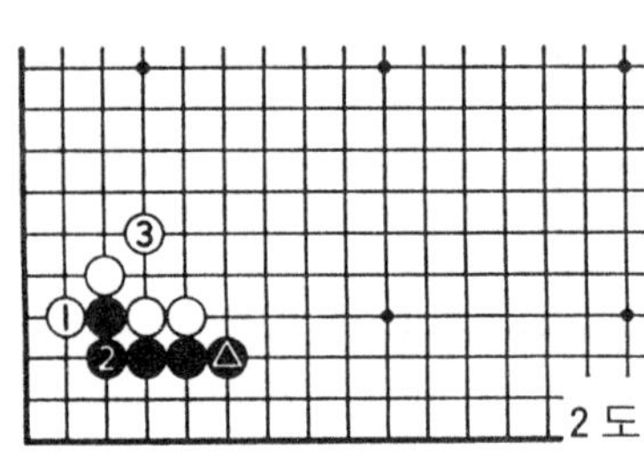
2 도

● 위를 누름(제34문 해답)

1 도 (정해) 3 점에 대한 1 의 뻗음이다.

흑㉮엔 ㉯로 끊어 대사백변이다.

흑㉰의 뻗음도 있다.

2 도 (참고) 흑▲표 뻗음에 백 1, 3 은 알기 쉬운 정석이다.

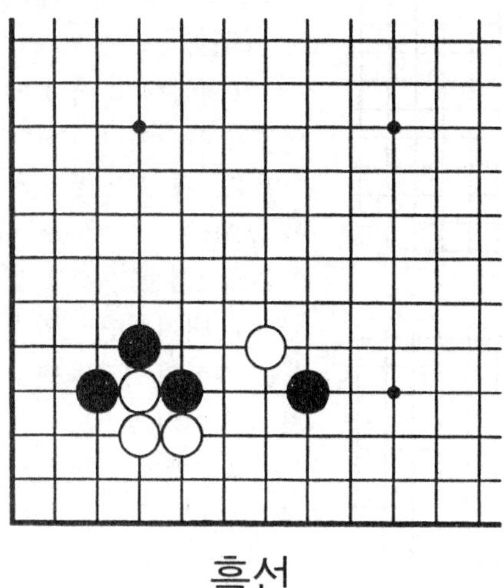

흑선

제35문

취향

다음의 한 수의 정석이 취향을 나타낸다.

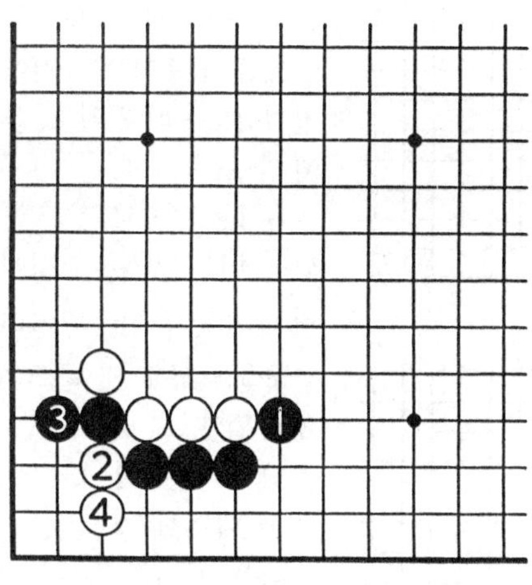

흑선

제36문

3곳

흑 1의 젖힘에 백 2, 4는 대사백변의 정석이다.

흑은 3곳을 둘 수 있는데 응수 방법은?

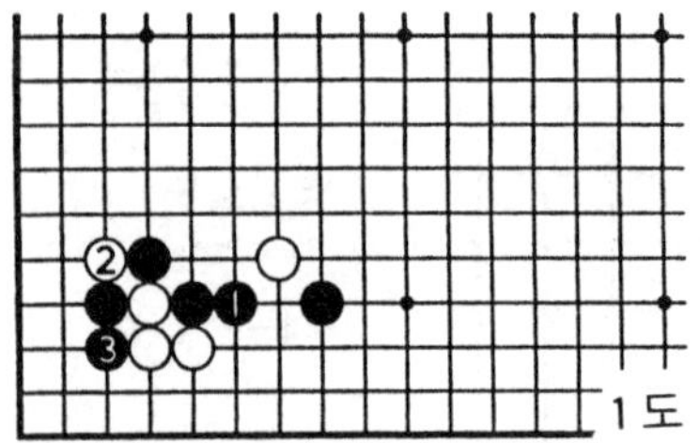

●뻗고 내려섬 (제35문 해답)

1 도 (정해) 흑 1 의 뻗음이 강수이다.

백 2, 흑 3 으로 변화를 구한다.

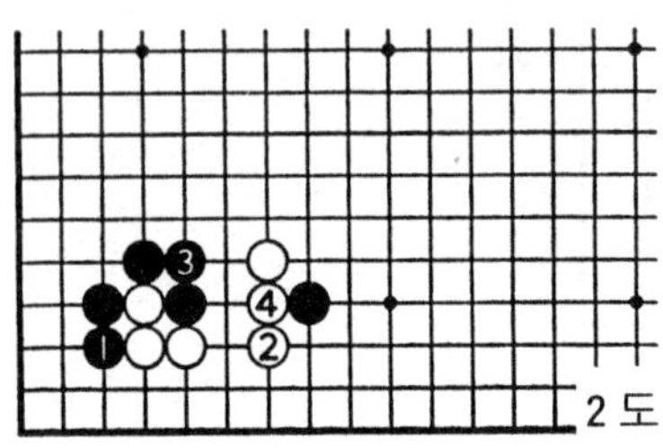

2 도 (참고) 흑 1 로 곧바로 내려서면 알기 쉬운 정석의 갈림. 백 2 가 모양이다.

흑 3, 백 4, 백도 나쁘지 않다.

●안팎의 붙임 (제36문 해답)

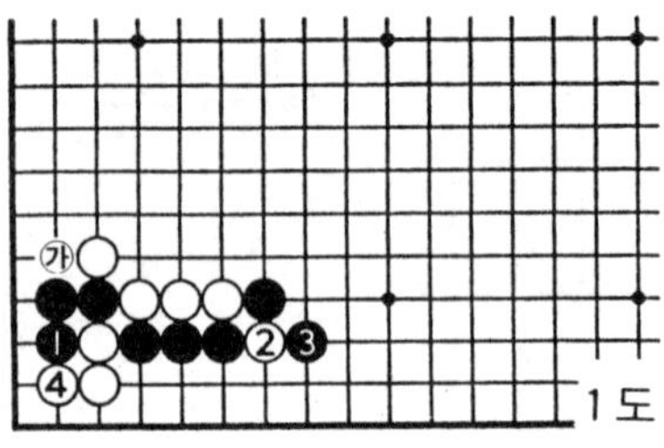

1 도 (정해) 흑 1 로 안쪽을 구부리는 것이 정석이다. 백 2 의 끊음이 수순.

흑 1 로 ㉮의 곳 바깥을 미는 것도 정석이다. 그곳도 전투형이다.

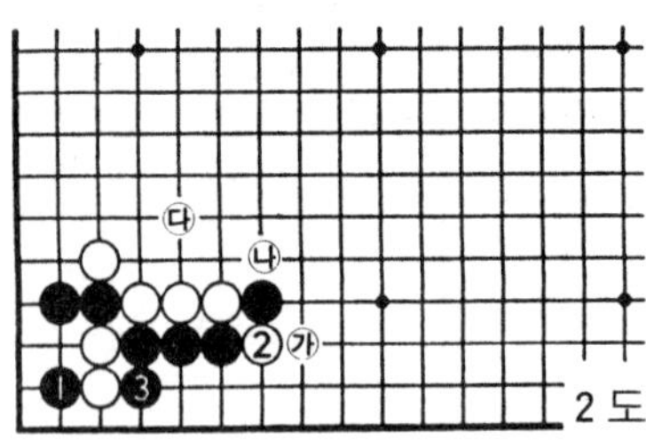

2 도 (정해) 흑 1 의 건너붙임.

백 2 에는 3 으로 가만히 내려서 잡는다.

다음 백㉮, 흑㉯, 백㉰의 곳.

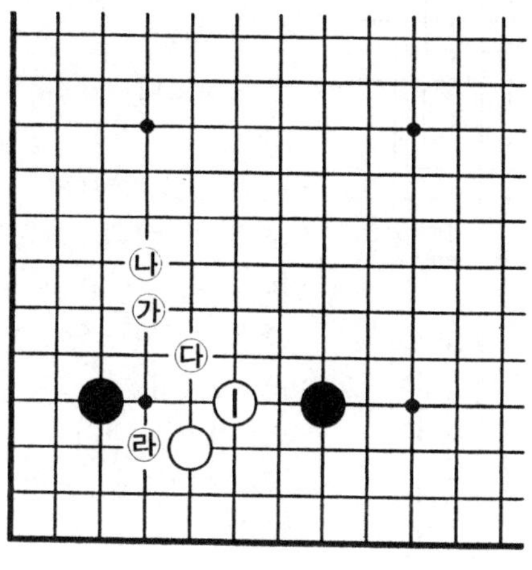

백선

제37문 견고한 수

백 1의 마늘모는 견실한 수법이다.

흑에서는 ㉮, ㉯, ㉰, ㉱의 방법이 있다. 알기쉬운 곳은?

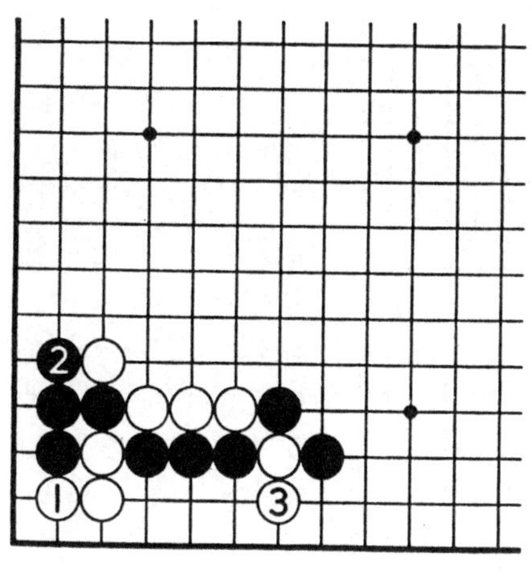

흑선

제38문 잡다

백 1, 흑 2는 당연하다.

백 3의 뻗음 다음 흑의 착수는?

3수 정도를 나타내 보자.

●날일자 받음(제37문 해답)

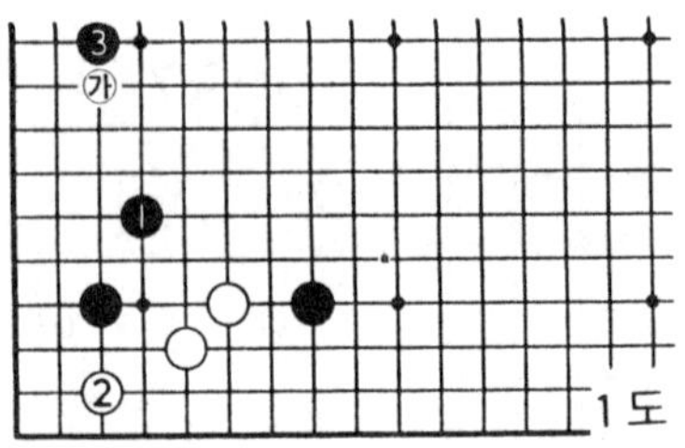

1 도

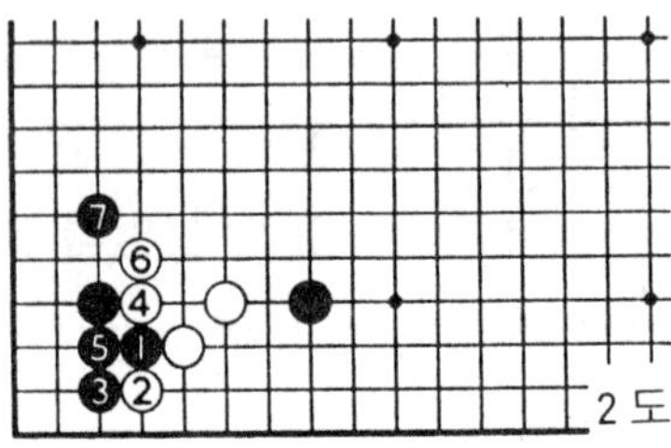
2 도

1 도 (정해) 흑 1 의 날일자가 실전에서 자주 나타나는 모양이다.

흑 3 은 ㉮의 곳도 있다.

2 도 (정해) 흑 1 의 마늘모 붙임은 실리를 중히 여기는 수다.

흑 7 까지 된 모양에서 이것도 정석이다.

●공격에서 승리까지 (제38문 해답)

1 도

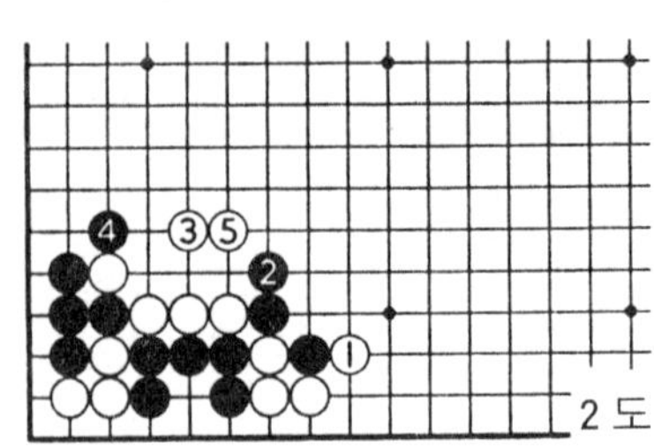
2 도

1 도 (정해) 흑의 3 점을 이 모양에서는 잡을 수 없다. 백 ㉮의 치중엔 흑 ㉯의 내려섬이 있다.

2 도 (참고) 1 도의 다음 백 1 의 젖힘에서 5 까지. 이것은 기본정석이다.

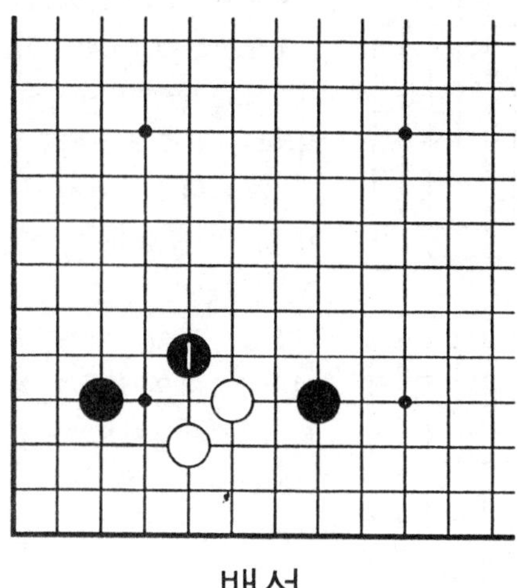

백선

제39문
누름

흑 1로 직접 누르는 수는 엄한 수이다.

백이 두는 방법은?

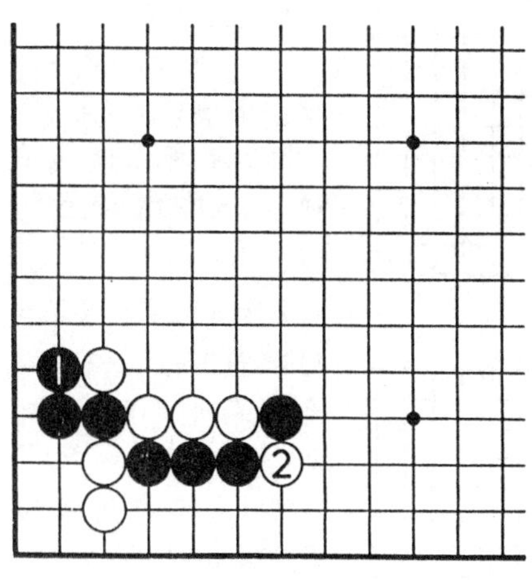

흑선

제40문
바깥 구부림

흑 1로 바깥쪽을 나가는 정석이다.

백 2의 끊음에 대해 흑의 응수는?

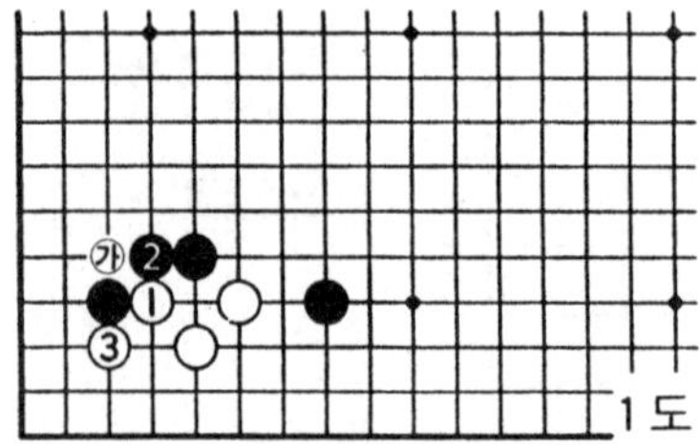

1 도

2 도

●속맥 (제39문 해답)

1 도 (정해) 백 1 의 마늘모는 속맥이나 유력하다. 흑 2 의 내려서는 수나 ㉮의 뻗는 수가 있다. 흑 2 에는 백 3 으로 둔다.

2 도 (참고) 백 1, 3 의 미는 것은 흑이 2, 4 로 뻗어 부분적으로 유리하다.

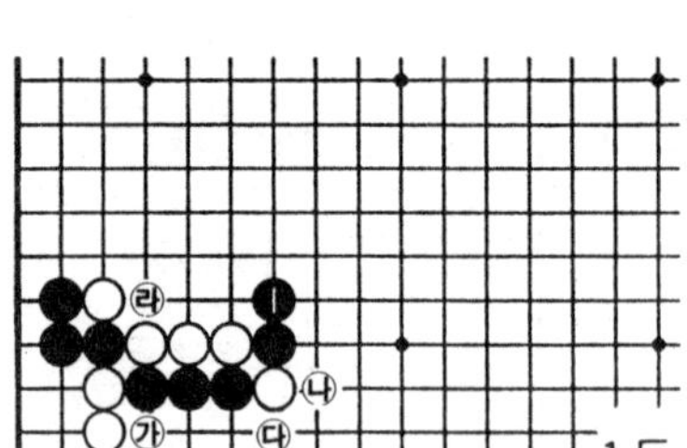

1 도

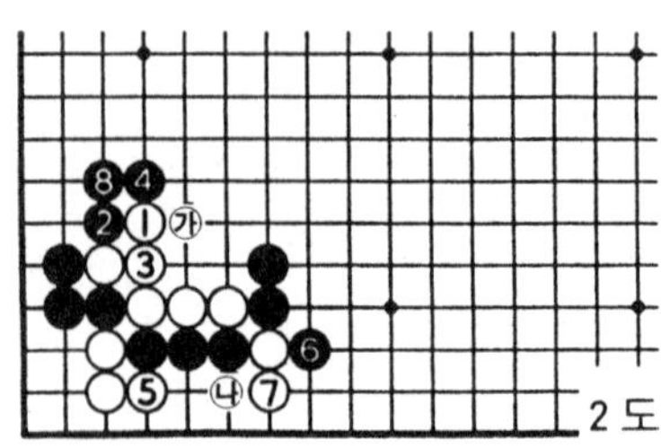

2 도

●뻗음 (제40문 해답)

1 도 (정해) 흑 1 의 뻗음이 냉정한 호수다.

다음에 백 ㉮는 흑 ㉯, 백 ㉰, 다음에 ㉱의 곳 끊음이 있다.

2 도 (참고) 1 도의 다음 백 1 은 모양이다. 흑 2, 4 에 백 5 로 3 점을 잡는다.

옛날엔 흑 ㉮와 백 ㉯를 교환하였지만 지금은 이것 또한 정석이다.

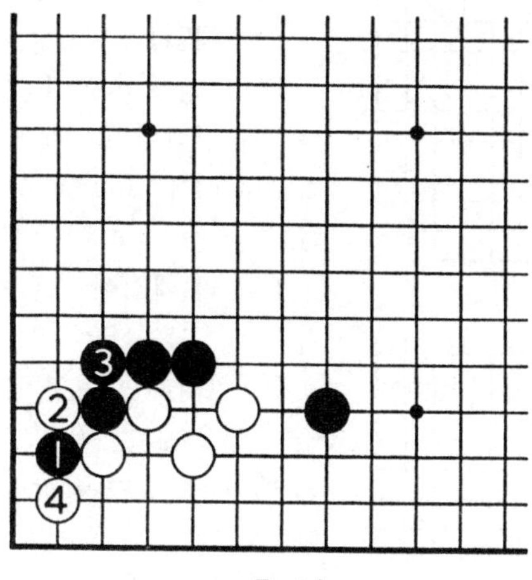
흑선

제41문 수순

흑 1의 2단 젖힘은 정형의 맥점이다.

백 4의 단수에 흑은?

3수 정도를 표시하라.

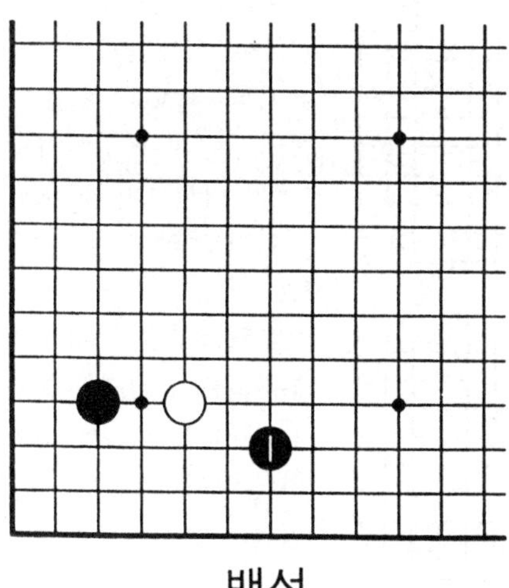
백선

제42문 여섯곳

흑 1의 협공이 많이 두는 수이다.

이에 대하여 백의 착수는 여섯 곳이다.

3수 정도를 표시하라.

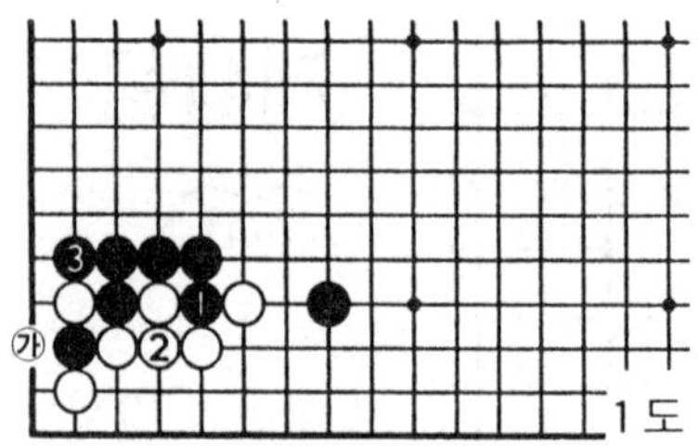

1 도

●단수의 수순 (제41 문 해답)

1 도 (정해) 흑 1 의 단수가 정해이다. 백 2 의 교환다음 3 으로 둔다.

백㉮의 때림이 남는다.

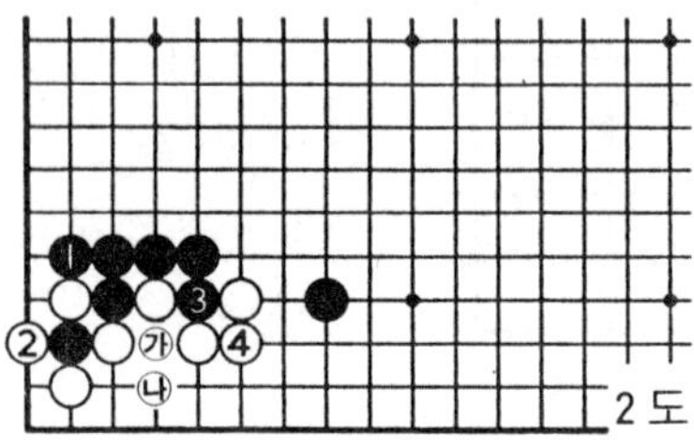

2 도

2 도 (실패) 흑 1 로 두면 백 2 여서 흑 3 에는 백이 4 로 이어 버린다.

다음에 흑㉮는 백㉯.

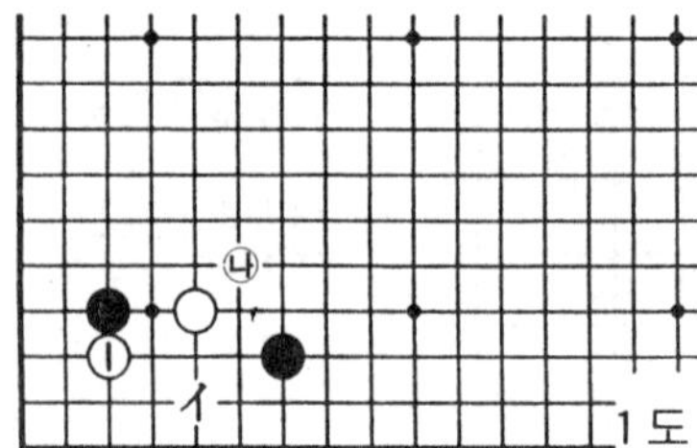

1 도

●붙이고 부딪힘 (제42문 해답)

1 도 (정해) 백 1 의 붙임. ㉮의 한칸이나 ㉯의 마늘모가 있다.

이것도 많이 두는 수다.

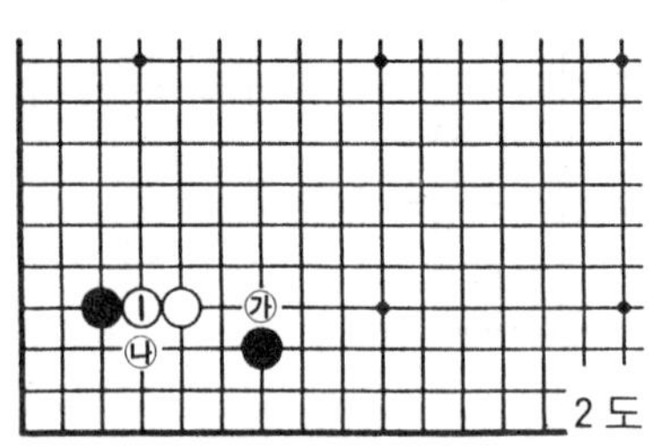

2 도

2 도 (참고) 백 1 의 부딪힘도 하나의 수단이다. 다른 방법으로 ㉮의 붙임이나 ㉯의 곳도 있다.

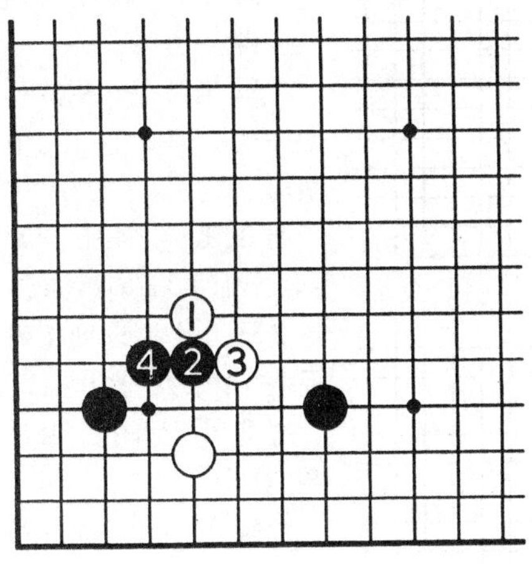

백선

제43문 직접

백 1의 2칸 뜀에 흑 2, 4의 직접 부딪히는 수.

백은 통상 2곳에 두는 수가 있다.

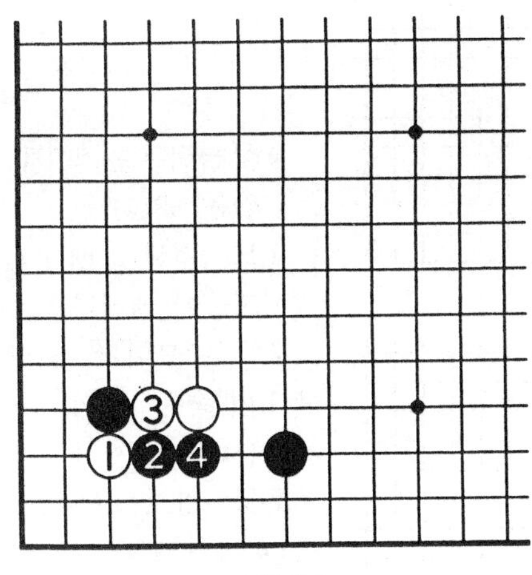

백선

제44문 감각

백 1의 붙임에는 흑이 2, 4로 둔다.

다음 한 수가 상당한 감각이다.

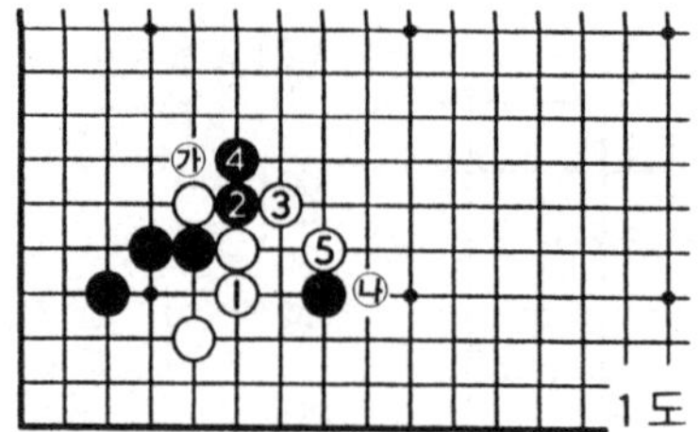

● 일반적 (제43문 해답)

1 도 백 1 은 보통 두는 수다. 흑 2 는 당연하다.

백 3, 5 로 정석. 흑 ㉮, 백 ㉯ 가 되는 곳.

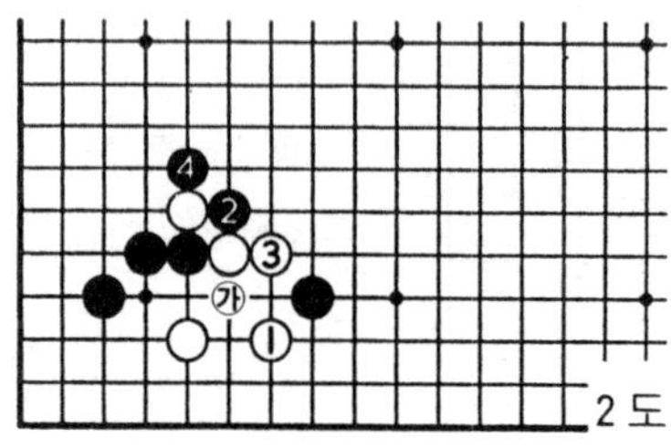

2 도 (정해) 백 1 에 두는 수가 모양이다.

흑 2 의 끊음이 보통의 감각.

그래서 ㉮ 의 수를 대신했는데 흑 4 까지 정석.

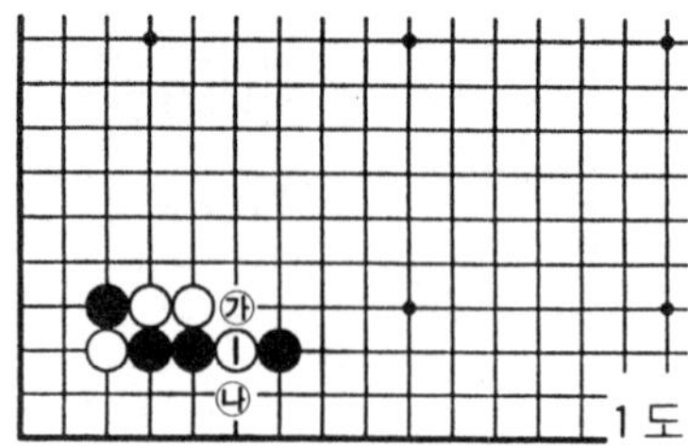

● 젖혀끼우는 맥 (제44문 해답)

1 도 (정해) 백 1 의 젖혀끼움이 맥이다.

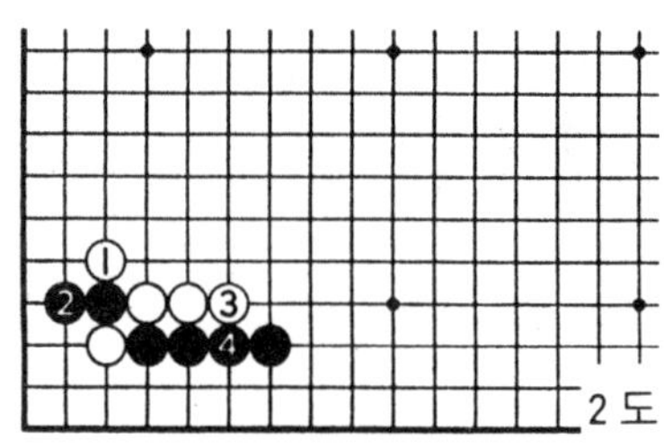

2 도는 묘미가 없다. 백 1 에 흑은 ㉮ 와 ㉯ 의 어느 곳이든 둔다.

2 도 (참고) 백 1, 3 은 4 까지 모양으로 백이 불만이다.

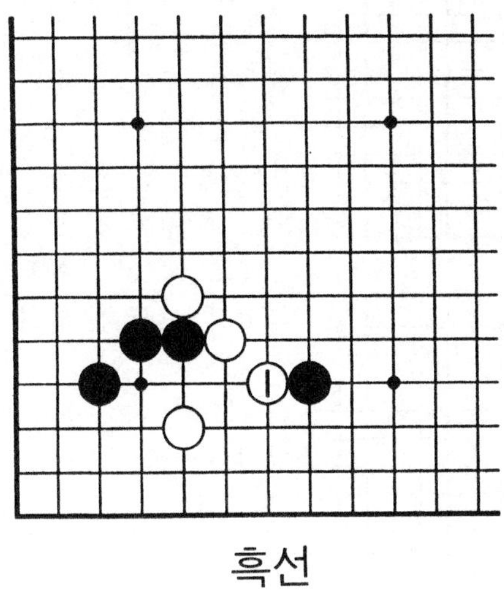

흑선

제45문 주문

백 1은 주문이다.

흑의 응수는?

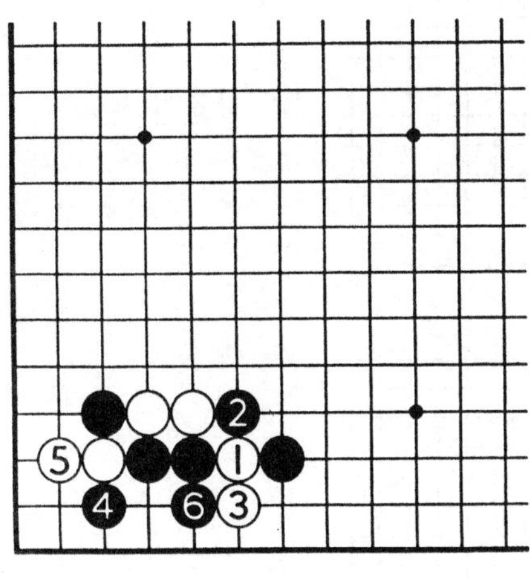

백선

제46문 위에서

백 1에 흑이 위에서 두면 3의 내려섬이다. 이하 6까지 되는 모양에서 축이 작용하는데 축은 백이 유리하다.

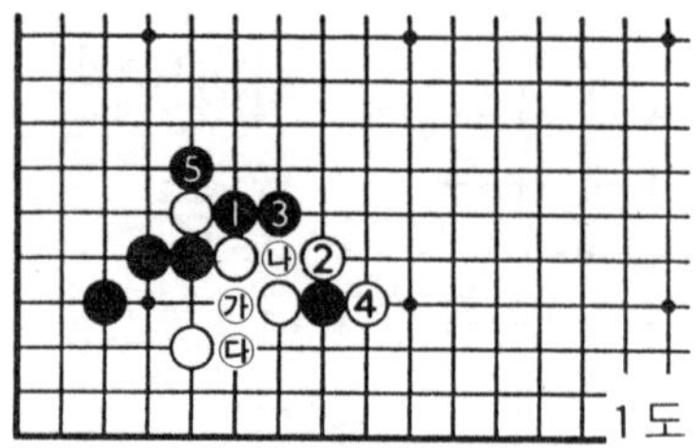

1 도

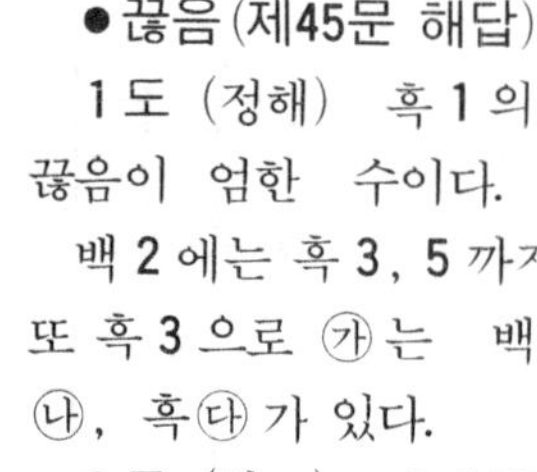

●끊음(第45문 해답)

1 도 (정해) 흑 1 의 끊음이 엄한 수이다.

백 2 에는 흑 3, 5 까지 또 흑 3 으로 ㉮는 백 ㉯, 흑 ㉰가 있다.

2 도 (참고) 흑 1 도 특별히 나쁘지는 않다.

일응 2 의 이음이 백의 의도를 나타내는 모양이다.

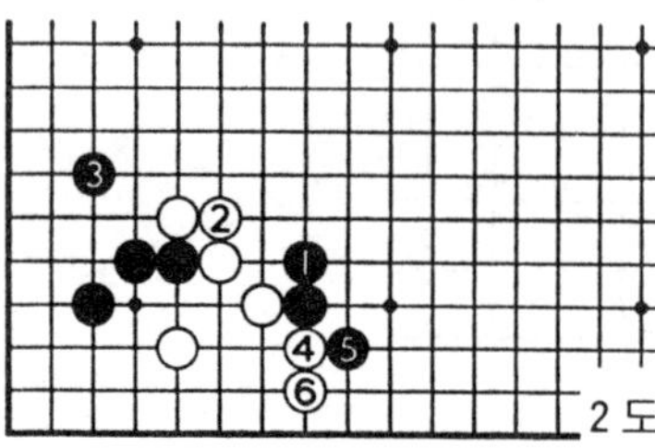

2 도

●단수(第46문 해답)

1 도 (정해) 백 1 의 단수하는 변화이다.

흑 2 에는 3 의 일건낙착(一件落着)인 정석이다.

2 도 (정해) 백 1 은 흑 2 에 백 3, 다음에 흑 ㉮, 백 ㉯의 변화이다.

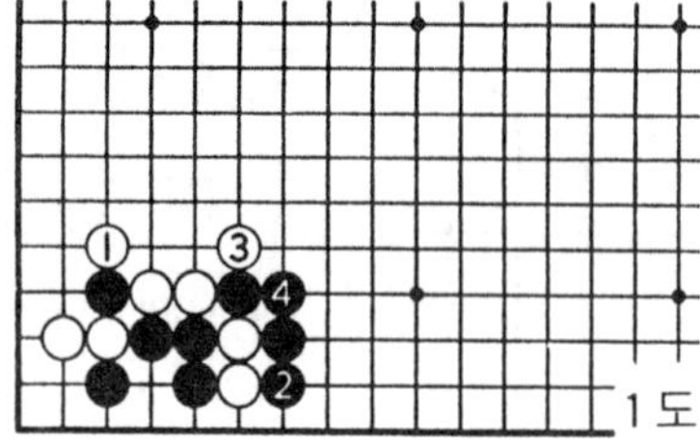

1 도

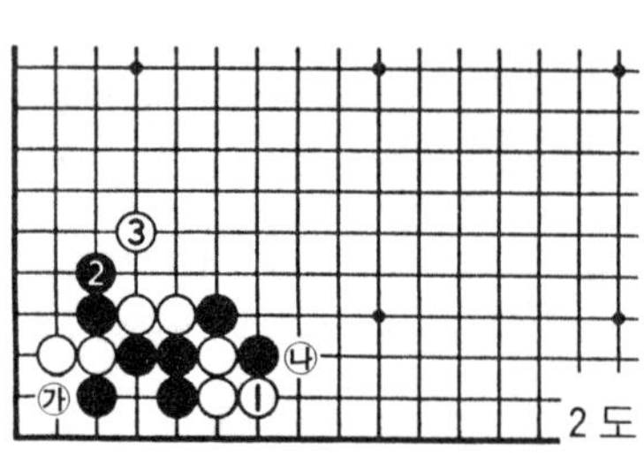

2 도

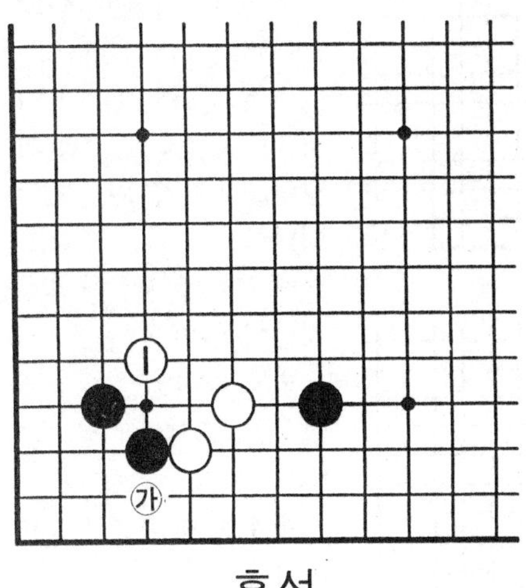

흑선

제47문
사혹

백 1은 ㉮의 젖힘이 정석인데 백 1은?

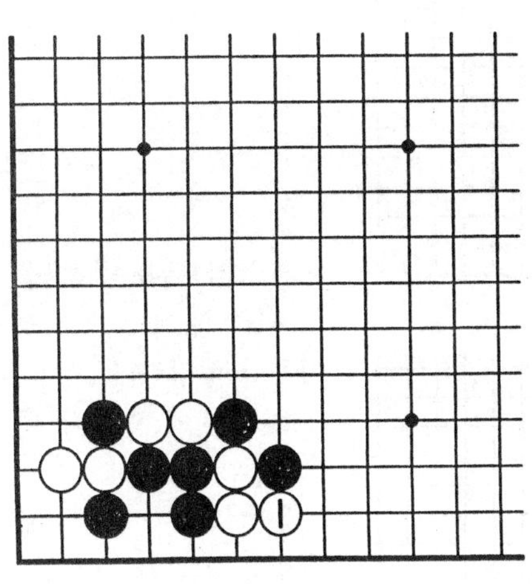

흑선

제48문
축관계

백 1에 대하여 흑이 축관계가 좋다면 어찌 두어야 할까?

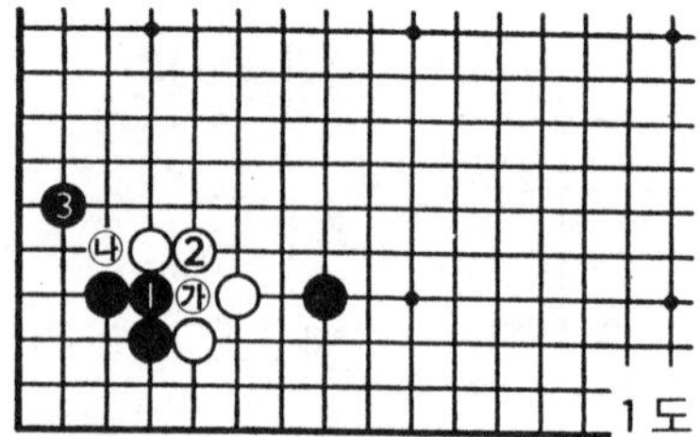

1 도

●흑 좋다(제47문 해답)

1 도 (정해) 흑 1 이 급소다. 백 2 에 3 의 달림. 흑이 좋은 모양이다.

백 2 로 ㉮는 ㉯의 젖힘이 있다.

2 도

2 도 (실패) 흑 1 은 백 2 로 모양이 정비된다.

백 4 까지 미묘한 갈림이다.

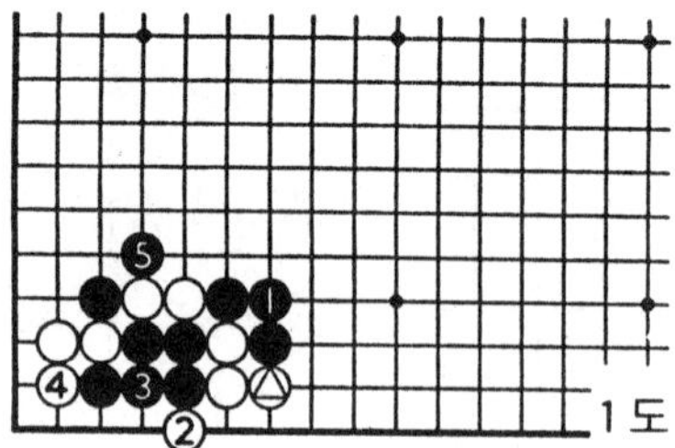

1 도

●이음(제48문 해답)

1 도 (정해) 흑 1 의 이음이 성립한다.

백 2, 4 에 흑 5 의 단수로 축이다.

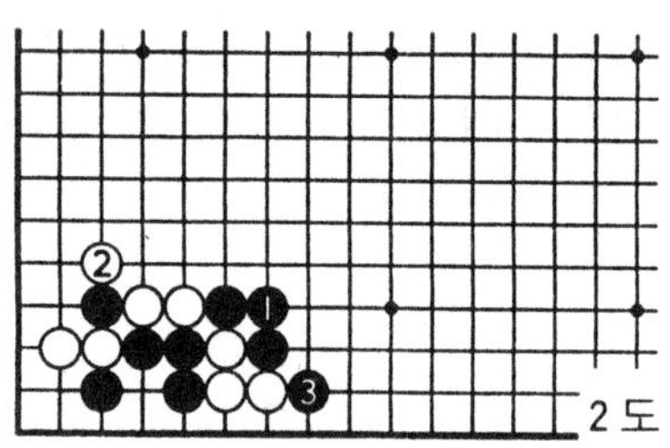

2 도

2 도 (참고) 흑 1 에 백 2 는 3 으로 두어서 흑이 유리하다.

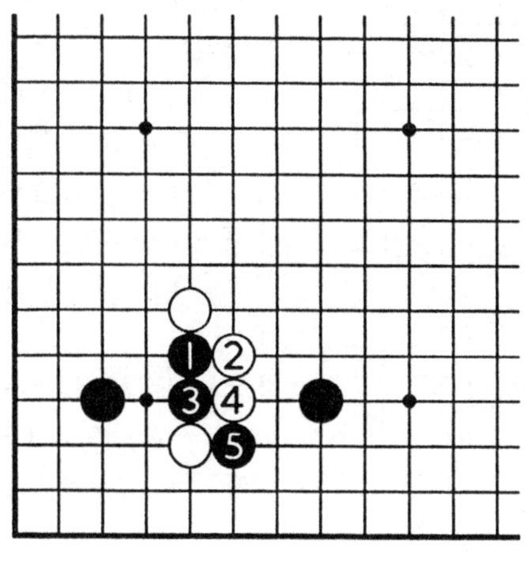

백선

제49문

속된 끊음

흑 3의 끊음은 속맥이다. 5의 끊음엔 어떻게 둘까?

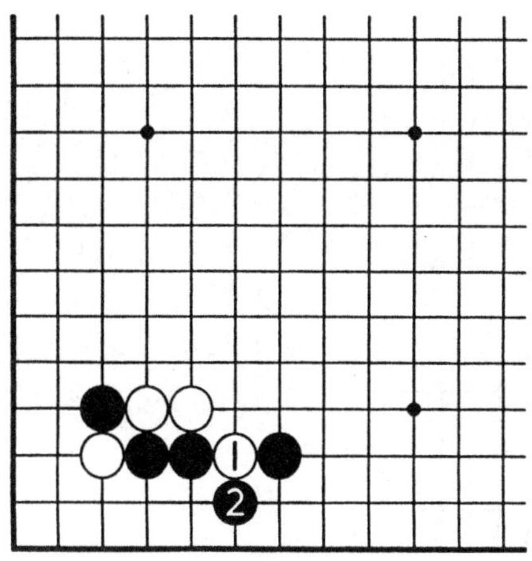

백선

제50문

아래를 받음

백 1에 대해 흑이 아래를 받는다.

수순이 좋아야 한다.

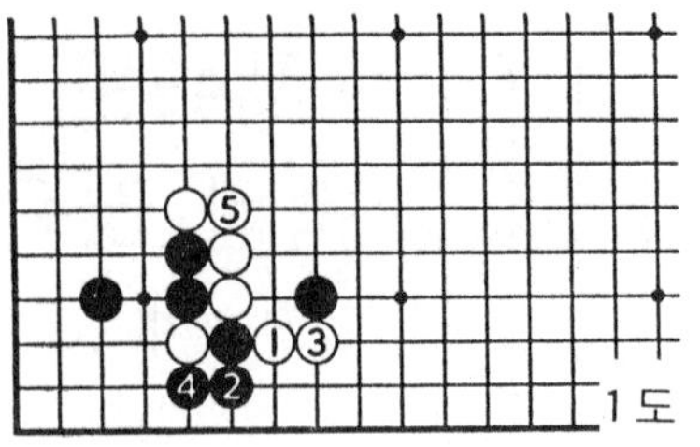

●화끈하다(제49문 해답)

1 도 (정해) 백 1 의 단수. 다음에 3 이 맥점이다. 흑 4 에는 백 5 의 이음이 있다.

이후의 변화를 잘 생각해 보자.

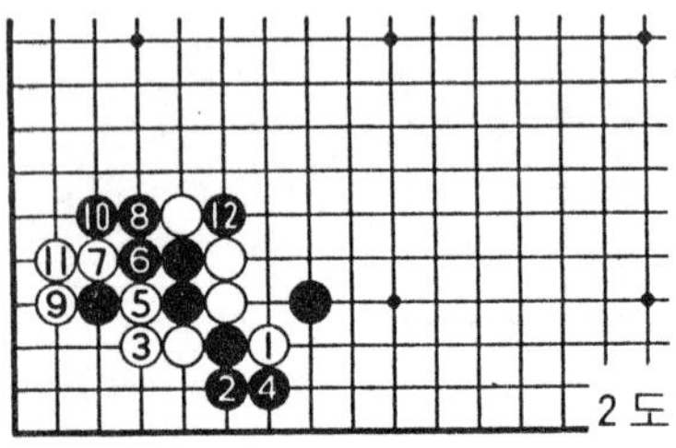

2 도 (실패) 3, 5 로 나가서 구부림은 실패다. 흑12의 끊음이 있다.

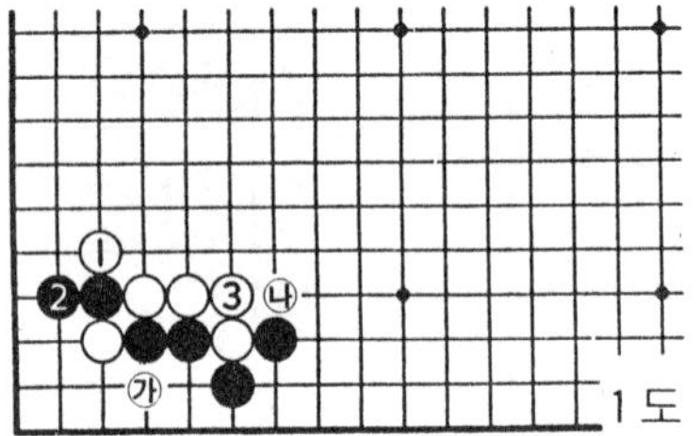

●단수하고 이음(제50문 해답)

1 도 (정해) 백 1 의 단수에 흑 2, 다음에 3 으로 이으면 이것은 백의 불만이 아니다.

2 도 (참고) 단지 백 1 은 흑 2 가 변화다. 3, 5 로 축이 문제다.

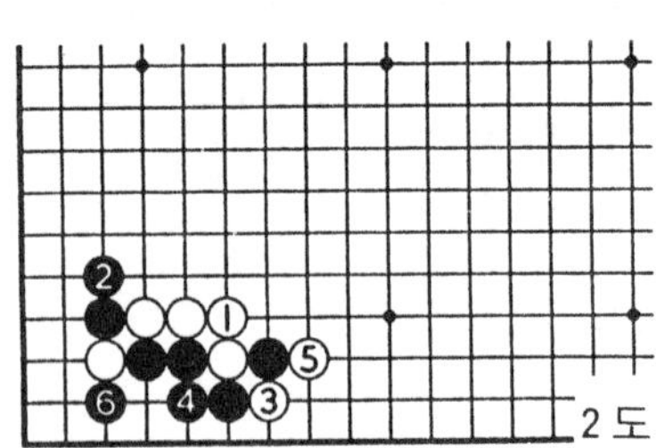

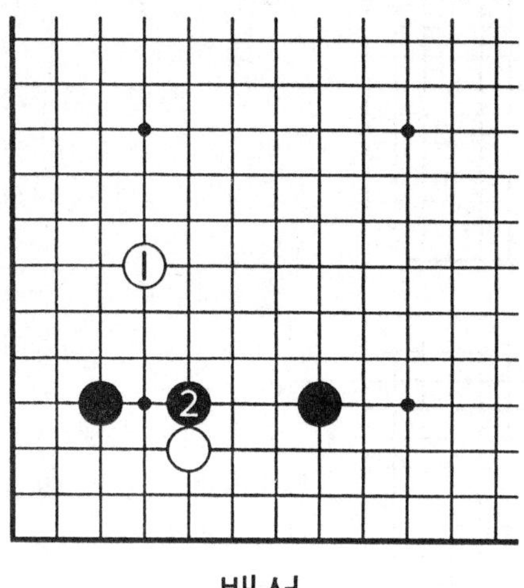

백선

제51문
관련

백 1은 변화의 수. 흑 2의 붙임에는 관련된 수단이 있다.

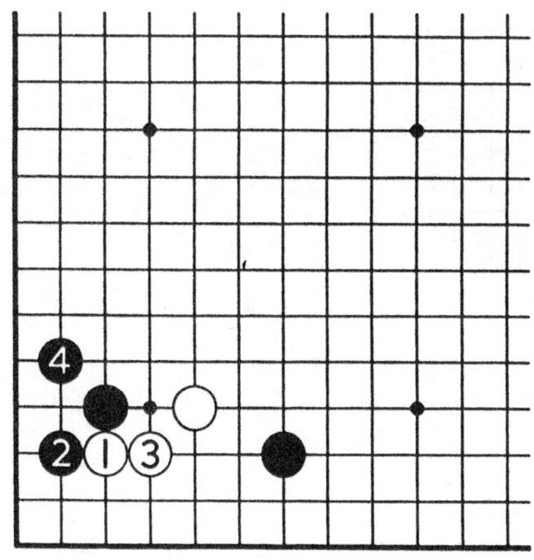

백선

제52문
젖힘에서

백 1로 붙이면 흑 2로 밑을 받는다.

흑 4까지 된 모양에서 백이 두는 방법은?

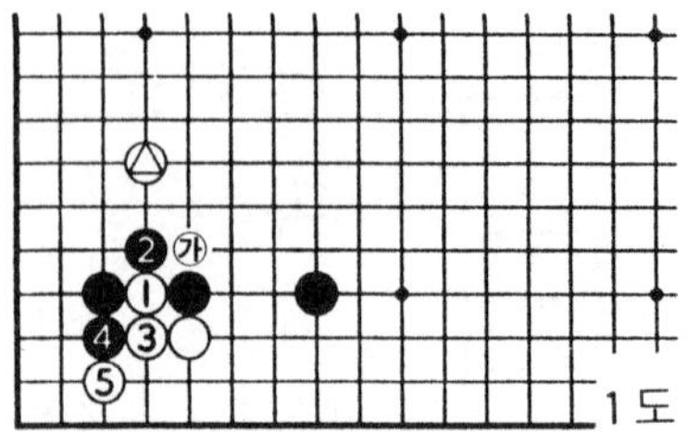
1 도

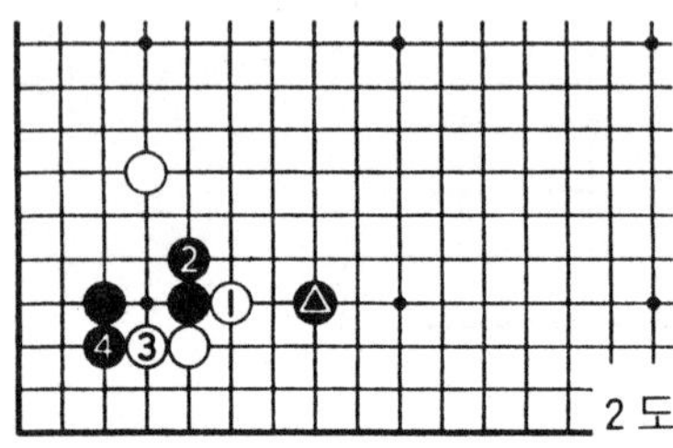
2 도

●젖힘은 불가 (제51문 해답)

1 도 (정해) 백 1 의 젖혀끼움은 맥점이다. 이것은 백 △표와 관련된 수다.

흑 4 에는 5 의 젖힘. 이 수로 ㉮의 끊음이 있다.

2 도 (실패) 백 1, 3 으로 두는 것은 흑 ▲표가 급소의 자리에 있어 백이 나쁘다.

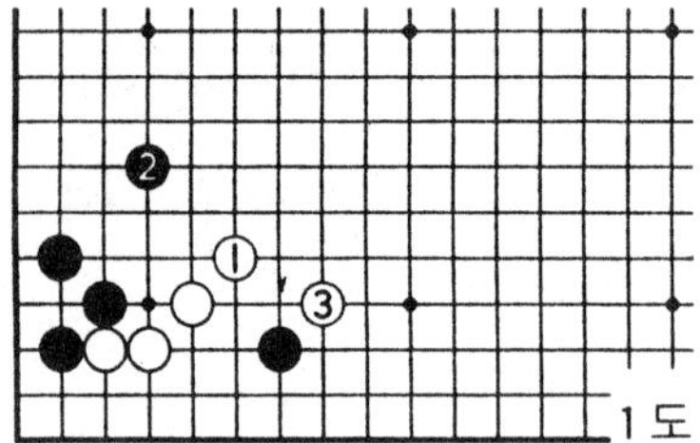
1 도

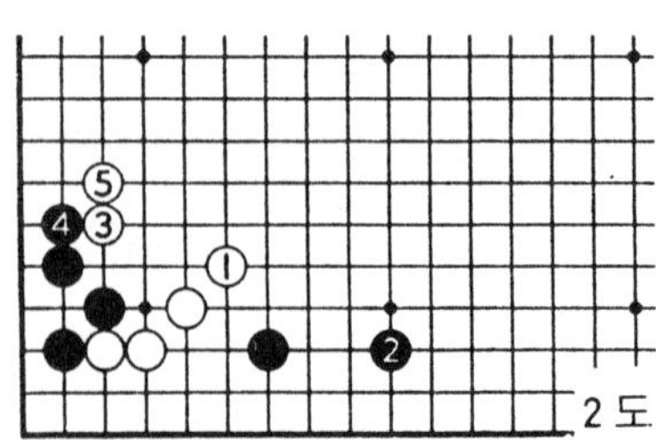
2 도

●맞보기 (제52문 해답)

1 도 (정해) 백 1 의 마늘모. 이것은 1 도와 2 도의 맞보기이다. 좋은 수다.

흑 2 는 백 3 의 곳도 둔다.

2 도 (참고) 백 1 에 흑 2 는 백 3 이 급소이다.

이하 5 까지 변화가 일어난다.

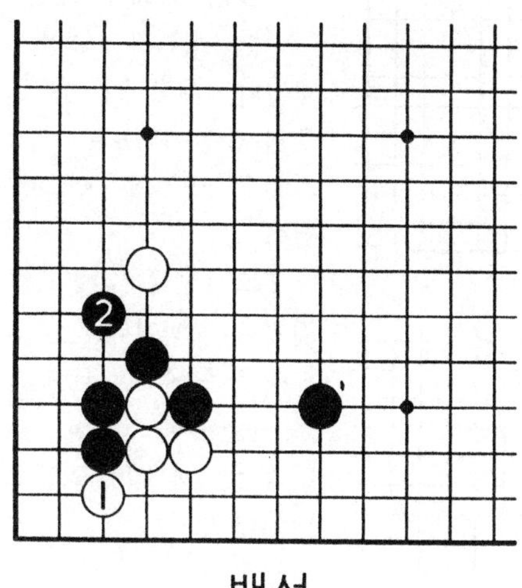

백선

제53문
맥점

백 1에 흑 2는 완전한 수이다.

다음의 백의 수는?

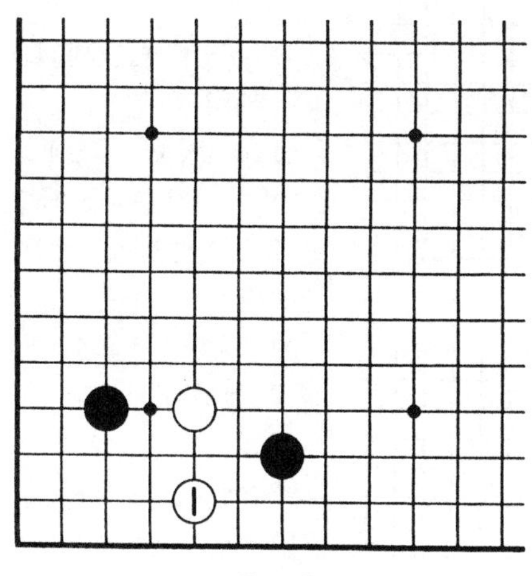

흑선

제54문
분단

백 1은 흑의 건너감을 막는 수이다.

흑의 응수는?

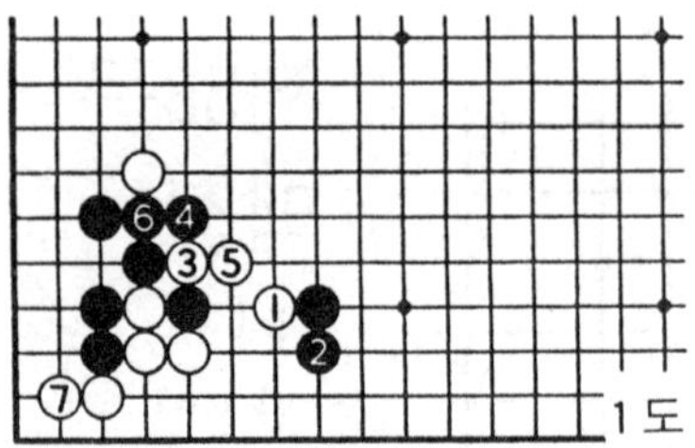
1 도

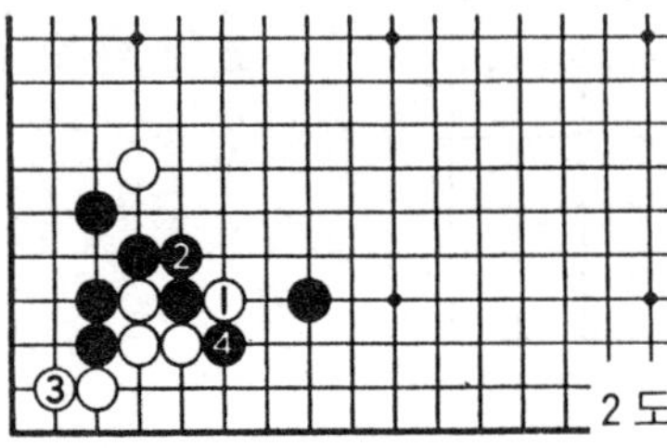
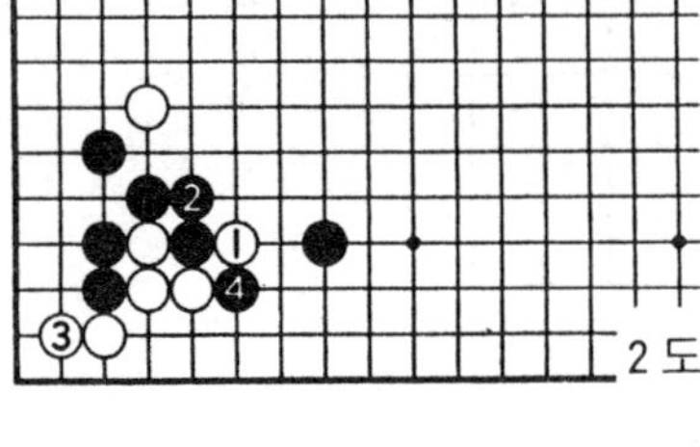
2 도

●붙임 (제53문 해답)

1 도 백 1 의 붙임이 맥이다. 흑 2 에는 백 3, 5 의 끊음이 있다.

다음 백 7 의 뻗음이 있다.

2 도 (실패) 백 1 의 젖힘은 속맥이다.

백 3 은 4 의 끊음으로 곤란하다.

1 도, 백 1 의 붙임이 맥이다.

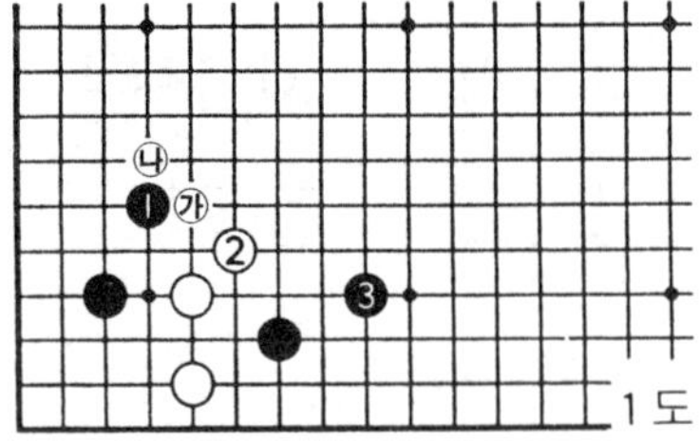
1 도

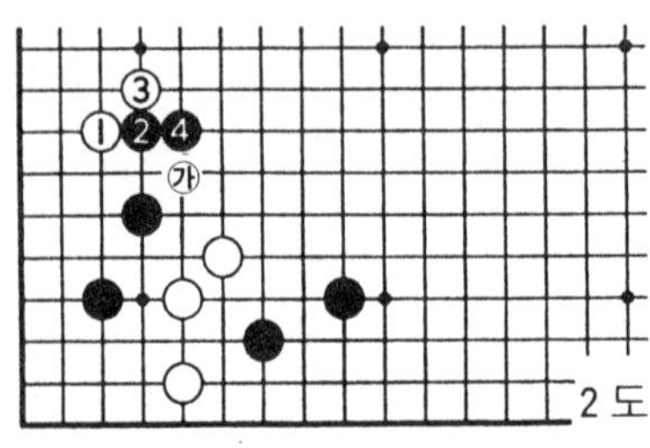
2 도

●양쪽을 둠 (제54듄 해답)

1 도 (정해) 흑 1 으 날일자는 보통의 착수 백 2 는 당연하다. 이디 음 ㉮는 흑㉯.

백 2 에 흑 3 으로 잉 쪽을 두었다.

2 도 (참고) 1 도 1 다음 백 1 로 추격하는 것은 2 의 붙임이나 ㉮ 의 마늘모를 둔다.

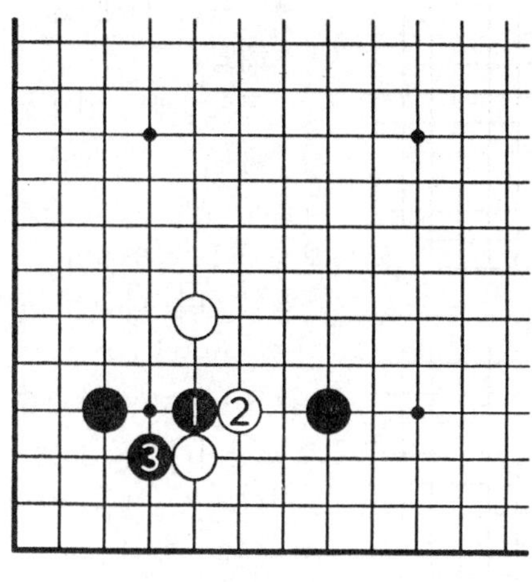

백선

제55문 붙이고 내려섬

흑 1, 3은 실리가 되는 수단이다. 축이 유리한 모양에서 둔다면 백의 착수는?

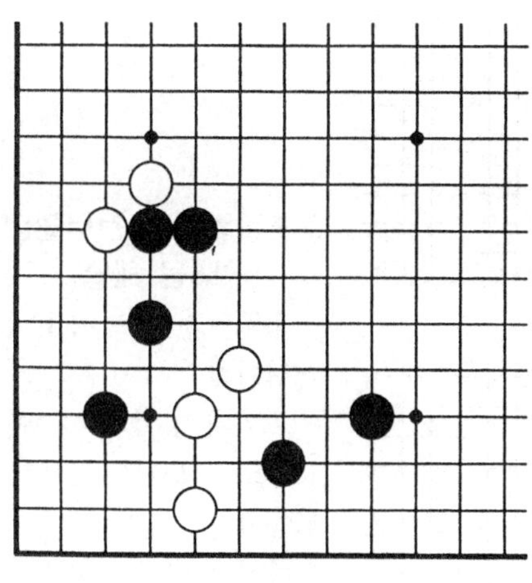

백선

제56문 치유

하변에 백이 심약하게 어울어져 있는 모양이다. 어떤 수단이 있을까?

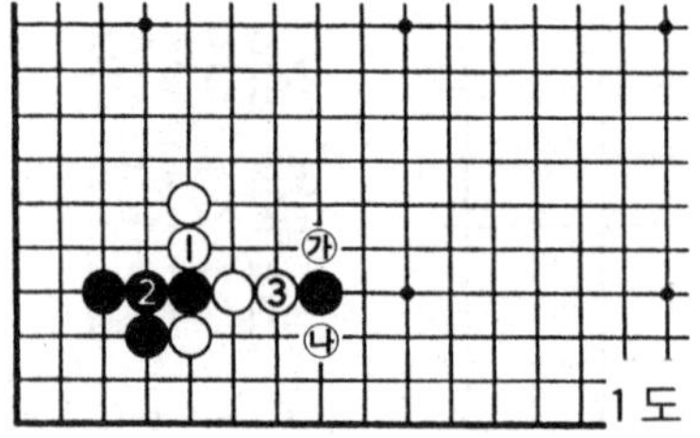

● 단수하다 (제55문 해답)

1 도 (정해) 백 1 의 단수에 흑 2, 그러면 백 3 으로 부딪히는 수가 보통 두는 방법이다.

흑의 다음 착수는 ㉮, ㉯의 곳이다.

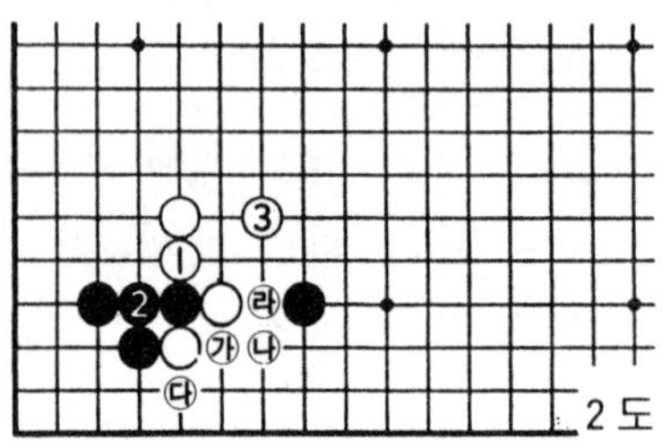

2 도 (참고) 백 3 으로 모양이다.

정석으로, ㉮로 끊어서 백 ㉯, 흑 ㉰, 백 ㉱로 진행되어 흑의 실리, 백의 두터움이 되었다.

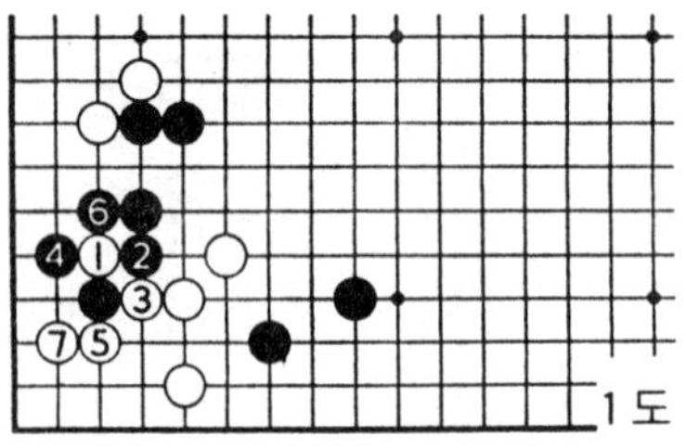

● 날일자의 건너붙임 (제56문 해답)

1 도 (정해) 백 1 이 맥점이다.

7 까지 정석의 한 형태

2 도 (실패) 보통의 모양이다.

하변의 백이 고전할 전망이다.

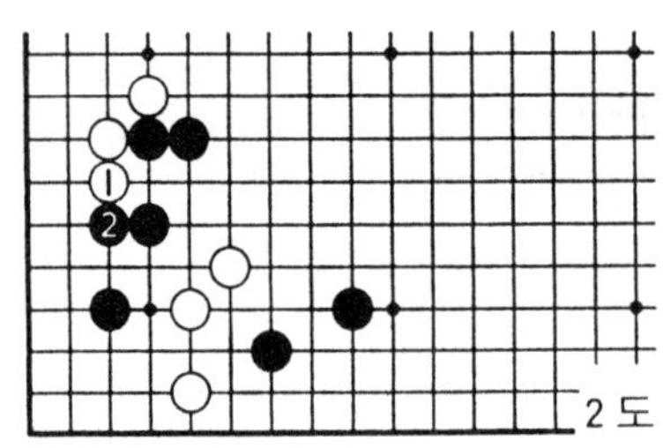

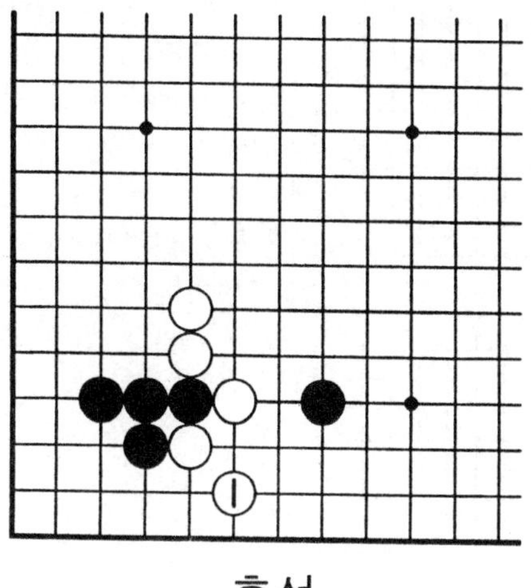

흑선

제57문

축이 유리

백 1 은 통렬한 수이다.

축이 유리한 조건이라면 흑은?

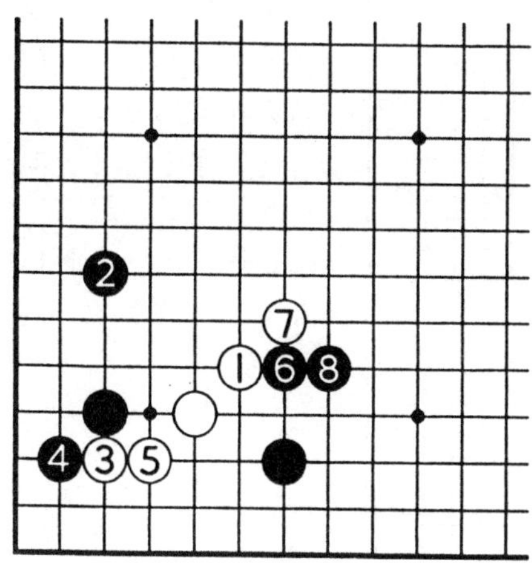

백선

제58문

견실

백 1 의 마늘모는 견실한 수법이다.

흑 2 에는 3, 5 까지. 흑 8 까지 되었을 때 백의 착수는?

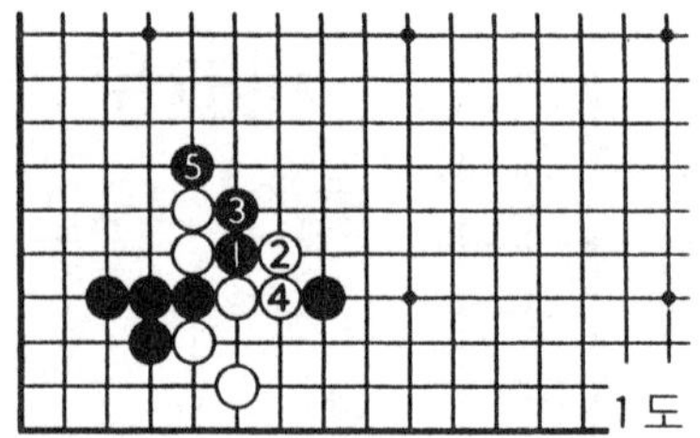

●끊음이 강렬 (第57문 해답)

1 도 (정해) 흑 1 의 끊음이 강렬하다. 백 2 에서 4 로 둔다.

흑 5 로 젖혀서 유리한 국면이다.

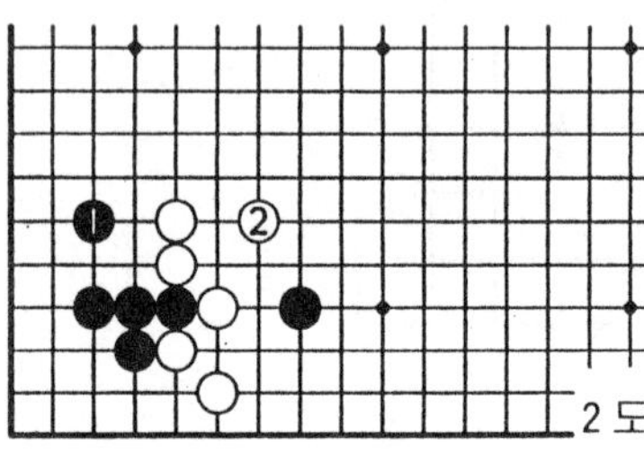

2 도 (실패) 단지 흑 1 은 백 2 로 모양.

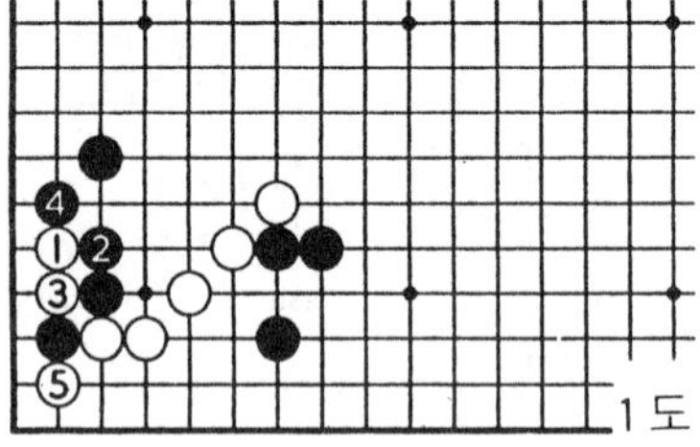

●치중(第58문 해답)

1 도 (정해) 백 1 의 치중이 맥점이다.

백 5 까지 백이 유리하다.

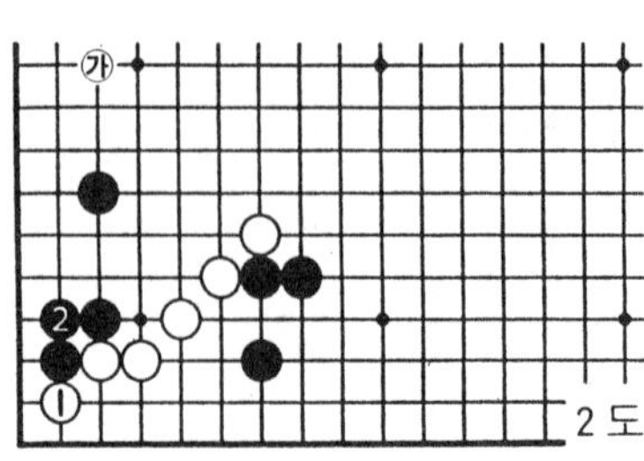

2 도 (참고) 백 1 은 흑 2 의 이음 다음에 손을 뺀다.

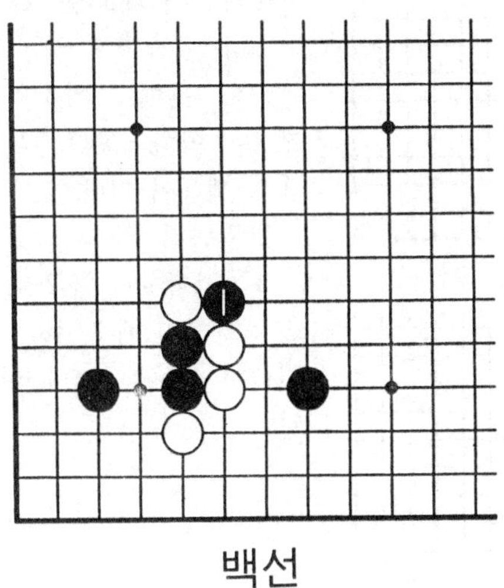

백선

제59문

위를 끊음

흑 1로 끊으면 백의 응수는?

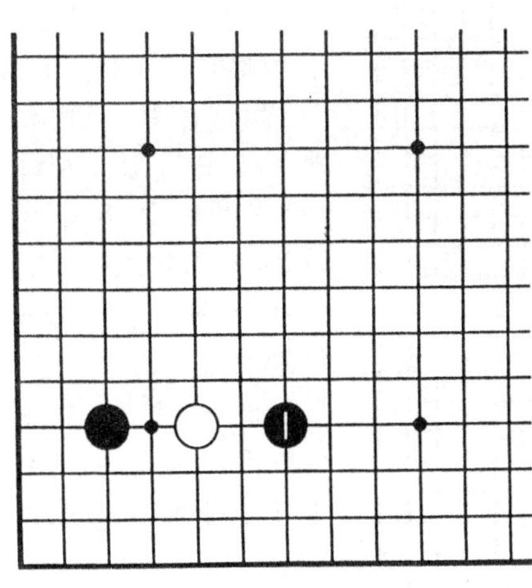

백선

제60문

한칸 높은 협공

흑 1의 한칸 높은 협공이 엄하다.

백의 알기쉬운 타개법은?

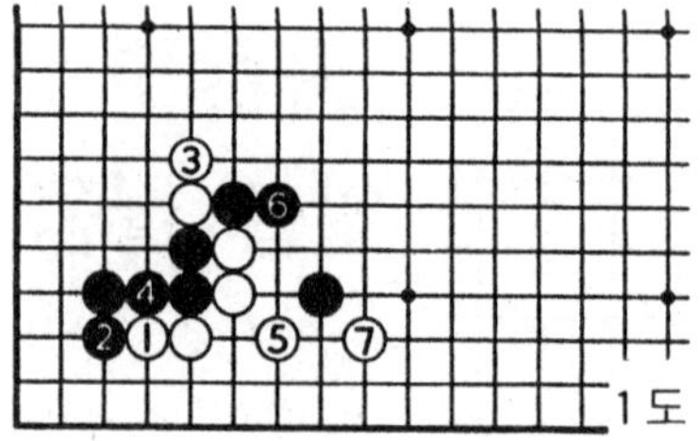

1 도

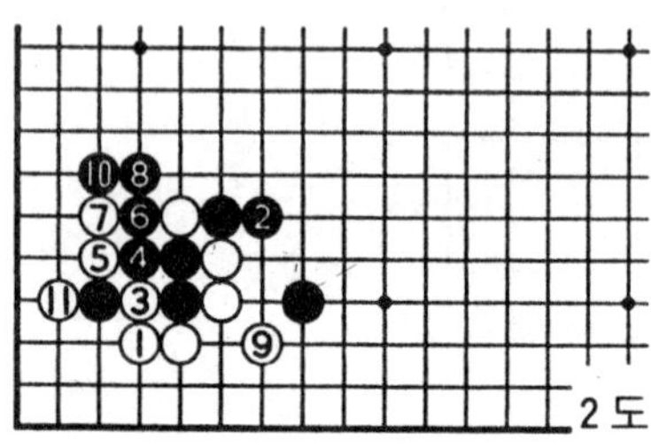

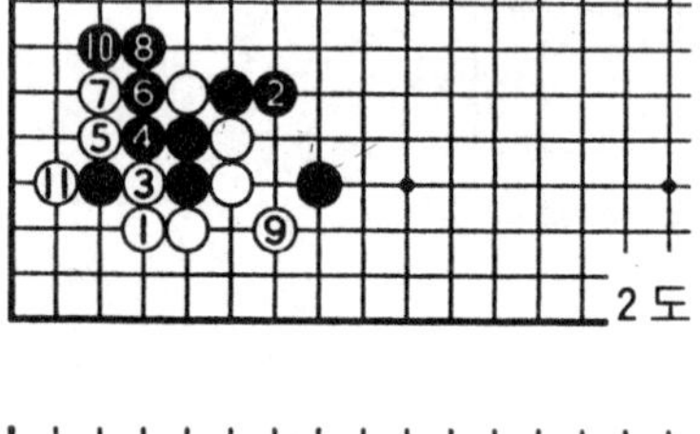

2 도

●백유리 (제59문 해답)

1 도 (정해) 백 1 의 뻗음이 있다. 흑 2 에는 3 의 뻗음이 있다.

백 7 까지—.

2 도 (참고) 흑 2 로 중앙을 두면 백 3 이하 11까지 실리를 점유한다.

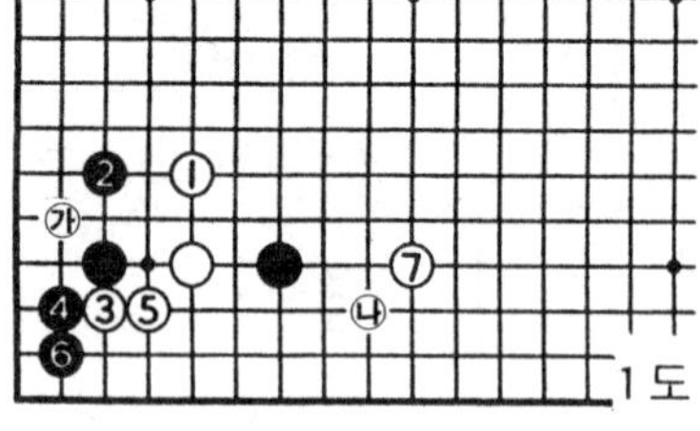

1 도

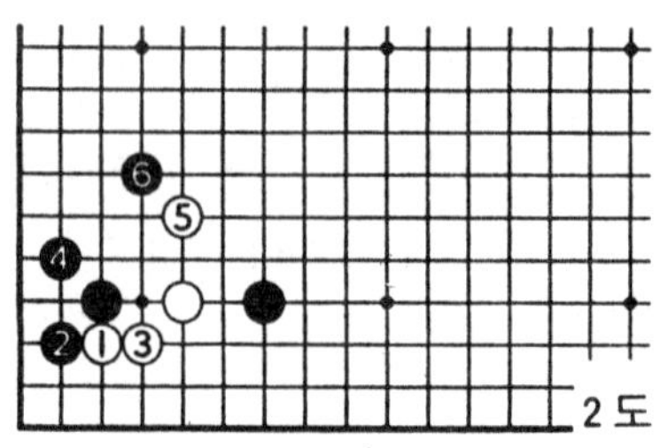

2 도

●한칸 뜀 (제60문 해답)

1 도 (정해) 평범한 백 1 의 한칸 뜀이 있다.

흑 2 에는 3, 5 가 알기쉽다. 흑 6 으로 ㉮, 백 ㉯ 는 최근의 실전에 나온다.

2 도 (실패) 백 1, 3 다음 5 의 한칸은 흑 6 까지 되어 백이 좋지 않다.

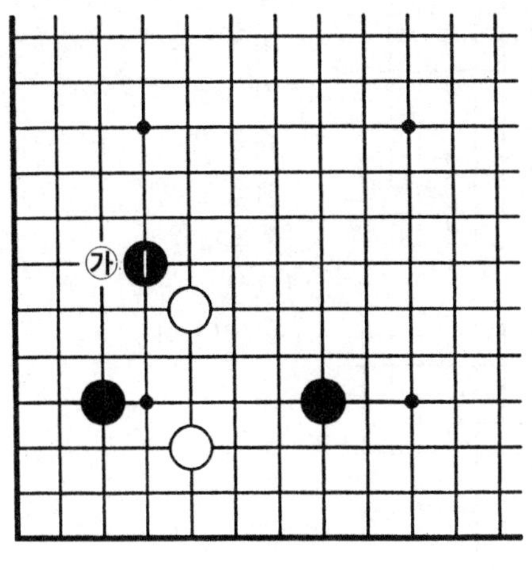

백선

제61문 변화

백의 2칸 뜀에 좌변을 받는 방법도 ㉮의 곳이 보통이다. 흑 1의 변화에 백의 착수는?

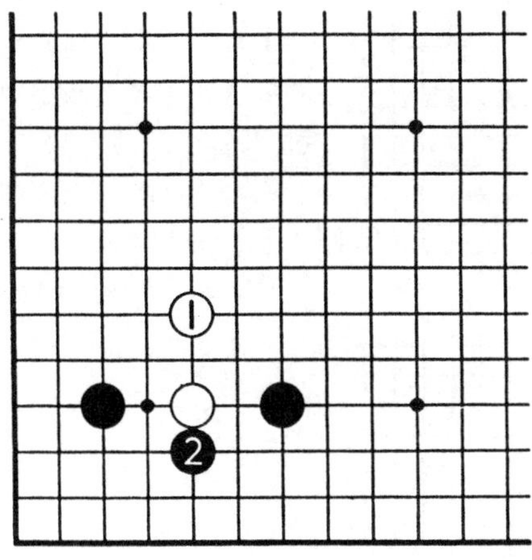

백선

제62문 붙임에는

백 1의 한칸 뜀. 흑 2의 붙임에는 백에게 어떤 대책이 있을까?

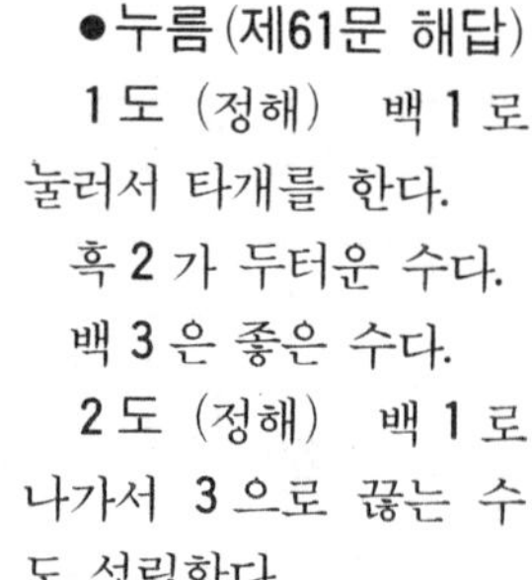

●누름(제61문 해답)

1 도 (정해) 백 1 로 눌러서 타개를 한다.

흑 2 가 두터운 수다.

백 3 은 좋은 수다.

2 도 (정해) 백 1 로 나가서 3 으로 끊는 수도 성립한다.

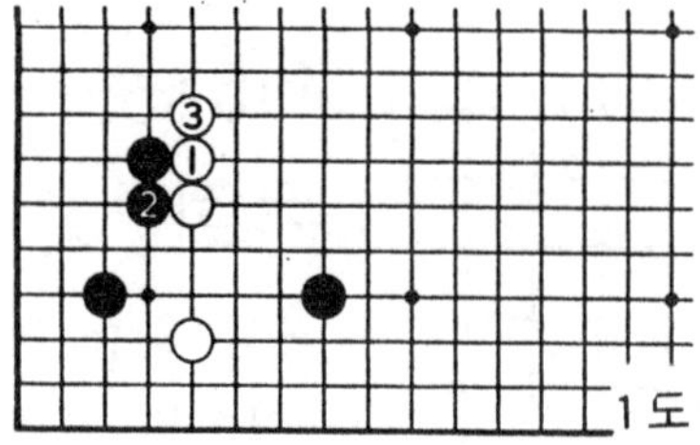

1 도

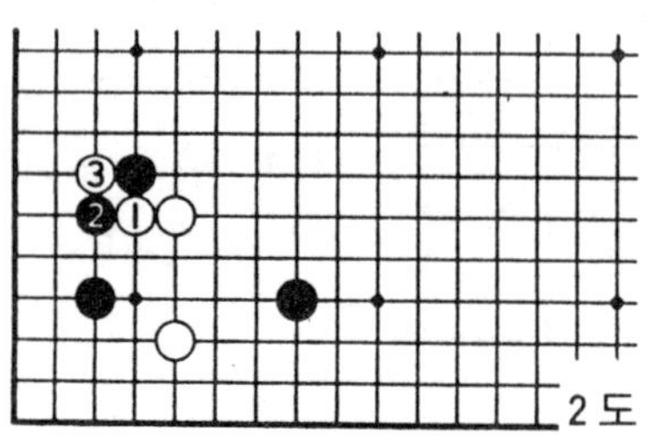

2 도

●젖힘(제62문 해답)

1 도 (정해) 백 1 의 젖힘에서 9 의 끊음까지 외길의 진행이다.

2 도 (참고) 백 1 에 흑 2 는 나쁘다.

백 3 으로 백이 좋다.

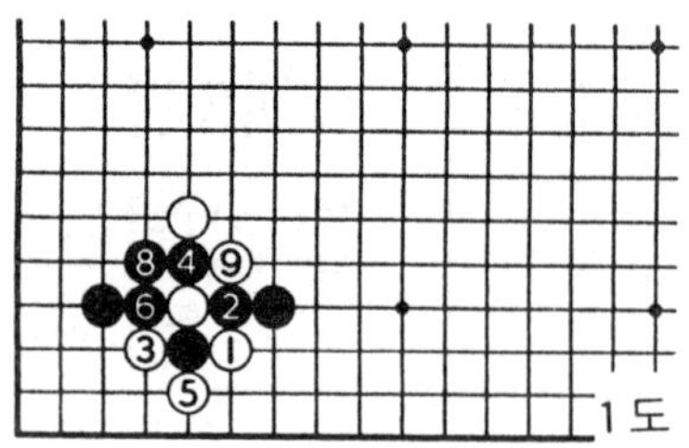

1 도

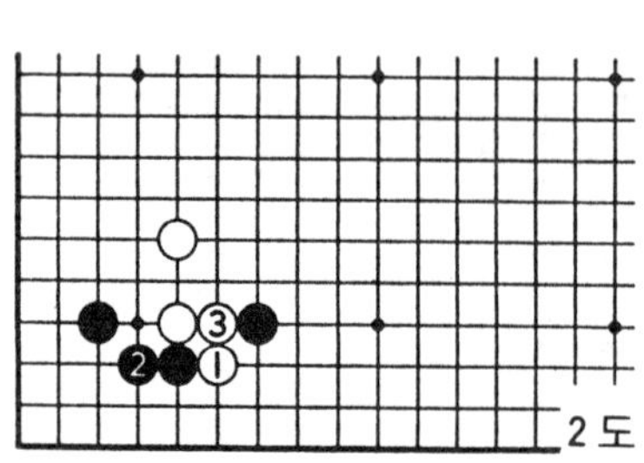

2 도

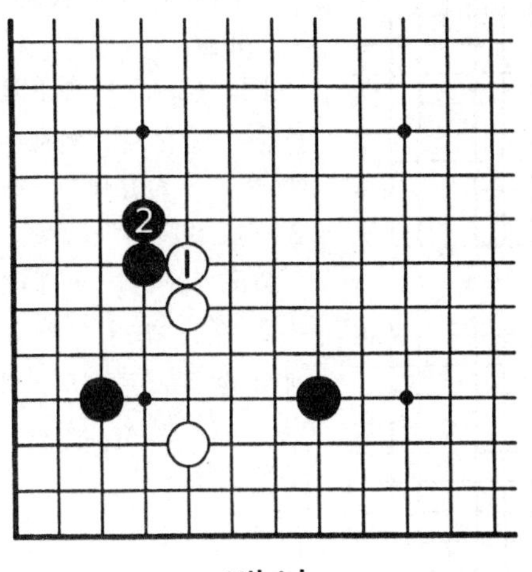

백선

第63문 뻗음에서

흑 1의 누름에 백 2의 뻗음, 여기에서 백은 어떻게 두어야 할까?

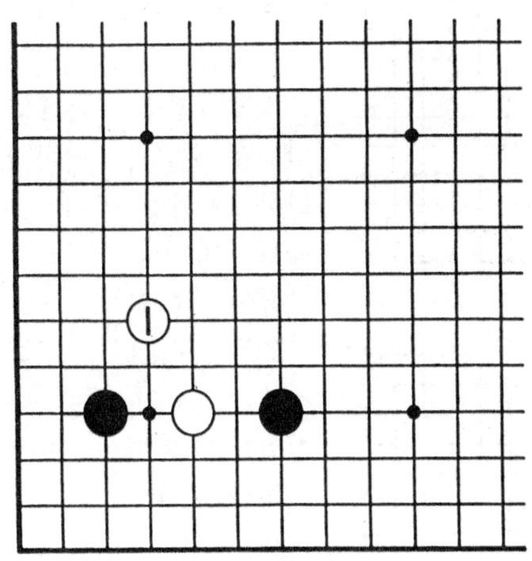

흑선

第64문 날일자

백 1의 날일자는 옳다.

백의 약점을 직접 움직인다.

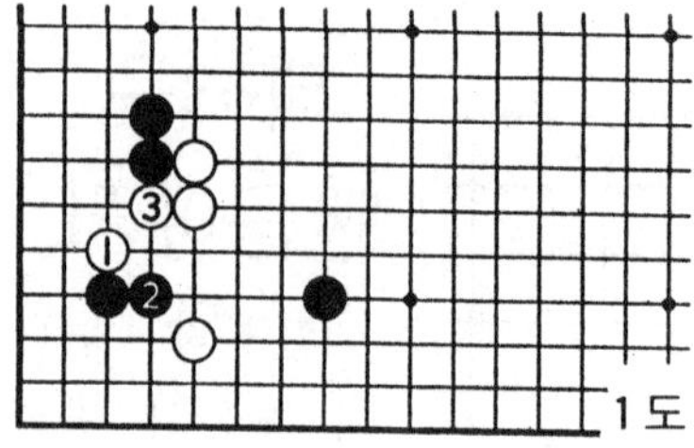
1 도

●붙임의 맥 (제63문 해답)

1 도 (정해) 백 1 의 붙임이 좋은 수. 엿보는 맥이다. 흑 2 에는 백 3 으로 되돌아 간다.

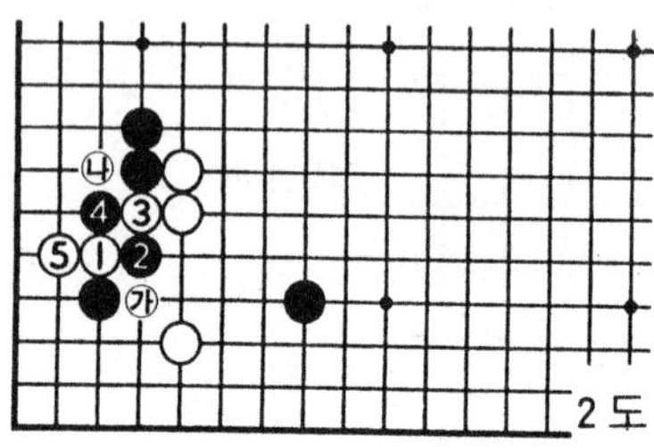
2 도

2 도 (참고) 백 1 에 흑 2, 4 는 무리. 백 3 에서 5 의 내려섬이 있다. 다음 ㉮와 ㉯가 맞보기이다.

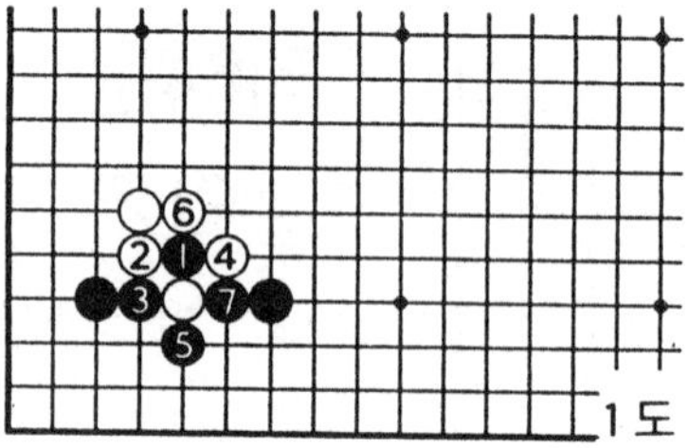

1 도

●흑이 좋다 (제64문 해답)

1 도 (정해) 흑 1 은 날일자 붙임의 맥이다. 이하 7 까지 흑의 실리가 크다.

흑이 유리하다.

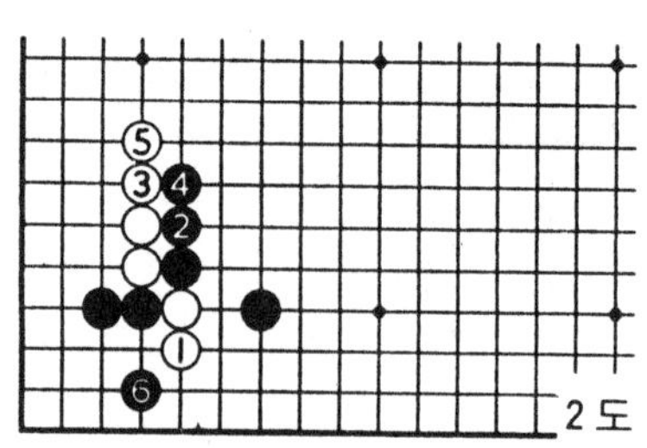
2 도

2 도 (참고) 1 도의 백 4 로, 1 의 곳을 내려섬은 흑 2 이하 6 까지의 진행이다.

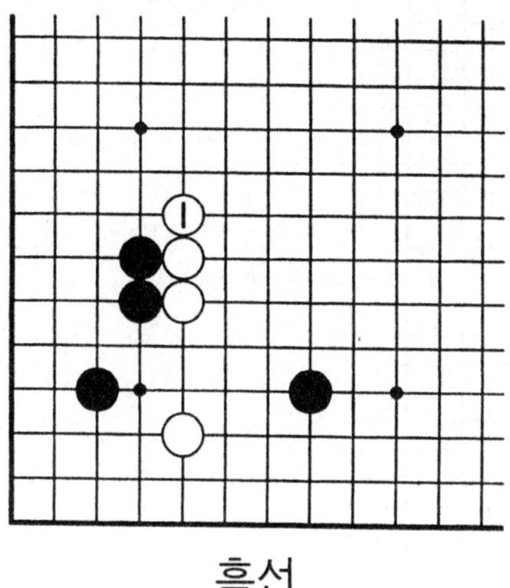

흑선

제65문 엿보다

백 1에 대하여 흑의 노림은?

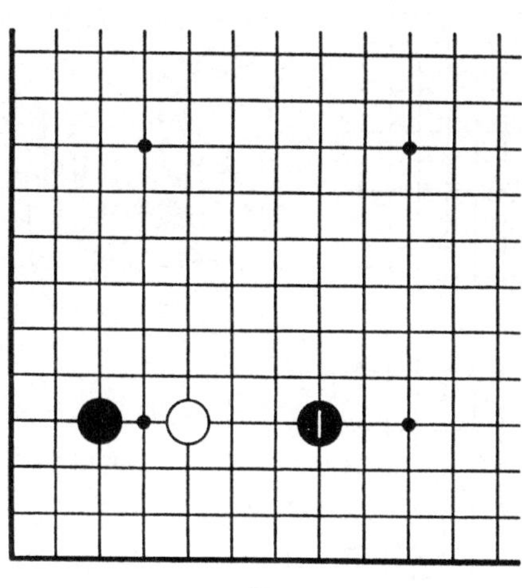

백선

제66문 2칸 높은 협공

흑 1의 2칸 높은 협공이 많이 사용되고 있다.

백의 알기쉬운 응수는?

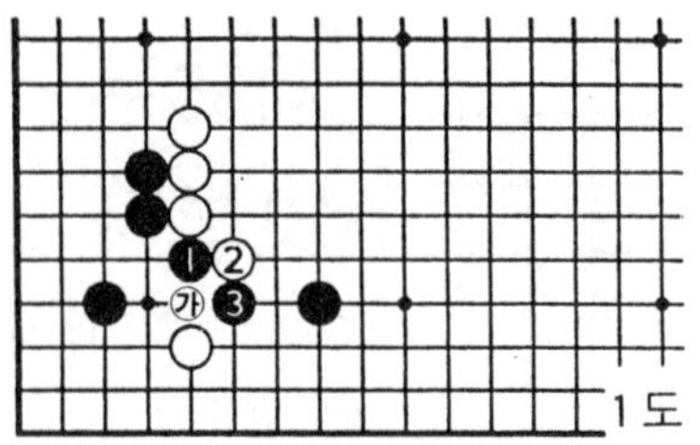

●젖힘(제65문 해답)

1 도 (정해) 흑 1 의 젖힘이 있다.

백 2 에는 흑 3 이 엄한 수이다. 이 수로 ㉮로 두는 것은 백 3 으로 좋지 않다.

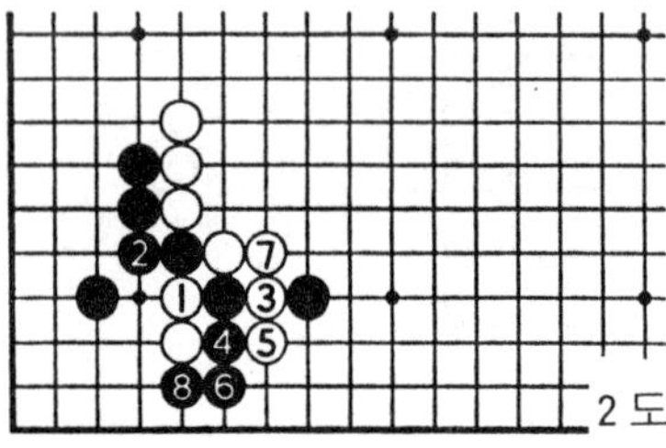

2 도 (참고) 1 도의 다음 백 1 의 끊음에서 3, 5 로 둔다. 8 까지 흑의 실리와 백의 두터움이다.

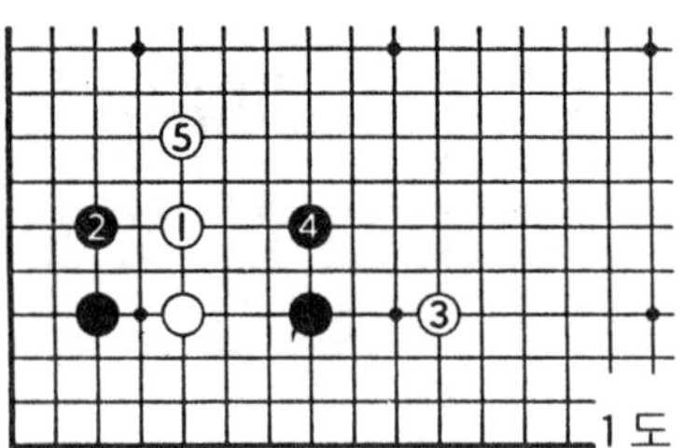

●한칸 뜀(제66문 해답)

1 도 (정해) 백 1 의 한칸 뜀은 알기 쉽다.

나쁘지 않은 수이다.

흑 2 에는 3 의 협공이 수순. 흑 4 에는 5 까지.

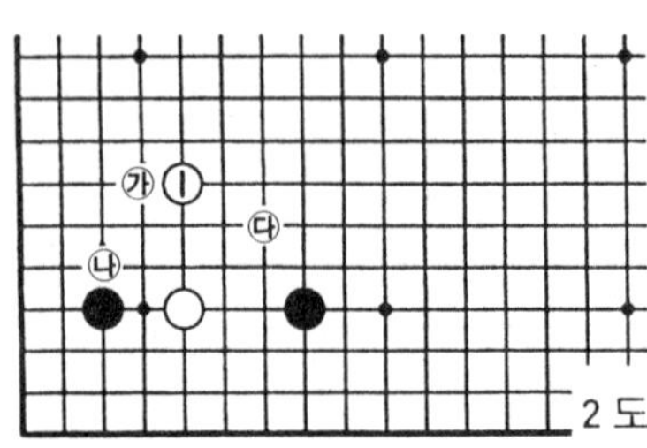

2 도 (참고) 2 칸 뜀의 변화는 작다. 다른 곳은 ㉮, ㉯, ㉰로 복잡하다.

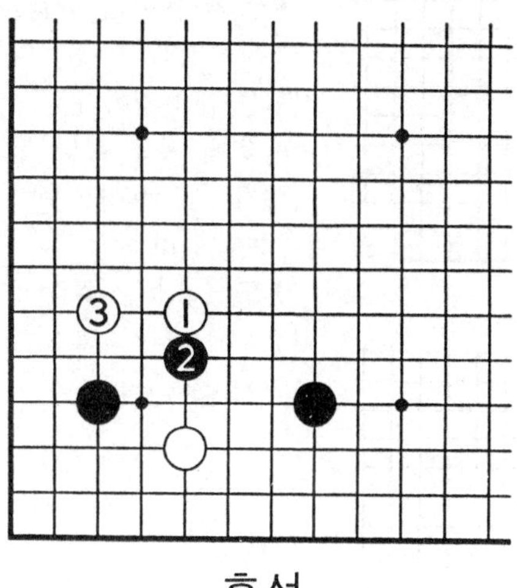

흑선

제67문 물러섬

흑 2의 붙임에 3으로 한칸 뛰어 물러선 모양이다. 흑의 응수는?

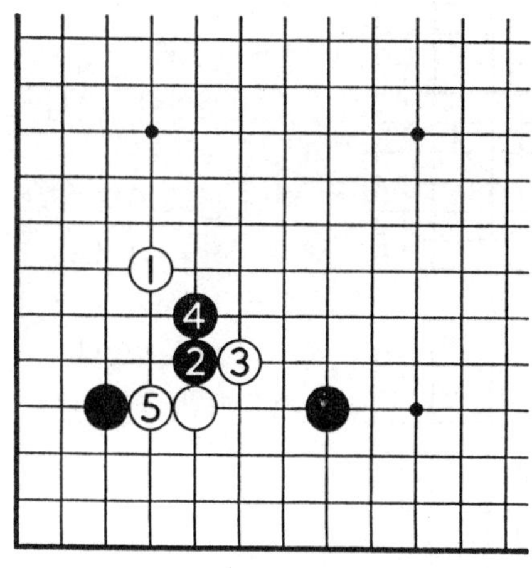

흑선

제68문 변천

백 1에 흑 2는 맥점이다.

백 3, 5에 흑은 어떻게 응수해야 하나?

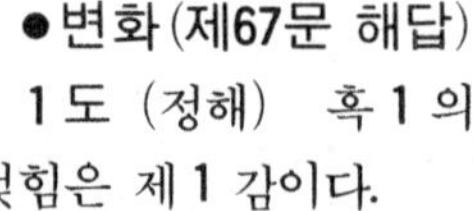

●변화(第67문 해답)

1 도 (정해) 흑 1 의 젖힘은 제 1 감이다.

백 2 에 흑 3, 4 의 전개까지—. ㉮의 붙이는 수도 있다.

2 도 (참고) 흑 1 에 백 2 의 뻗음은 흑 3 으로 뒤돌아 간다.

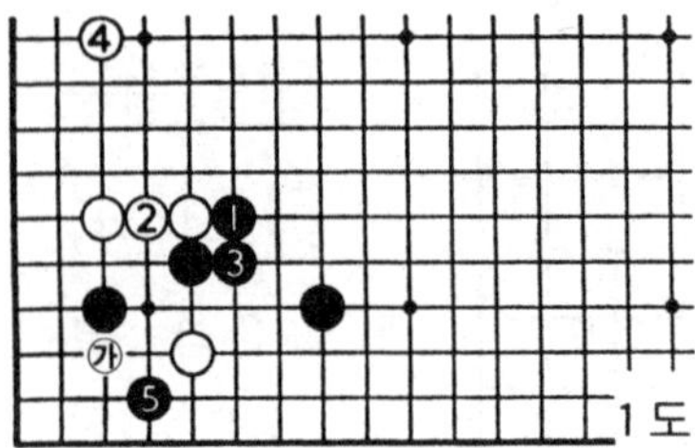

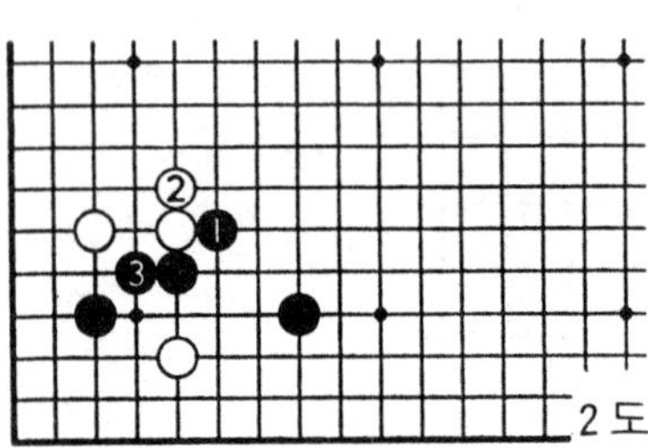

●모양(第68문 해답)

1 도 (정해) 최근은 흑 1 의 벌림이 모양이다.

백㉮는 흑㉯ 다음 백㉰, 흑㉱가 있다.

2 도 (참고) 이전은 흑 1 의 막음이었다.

백 2 에는 3 까지—.

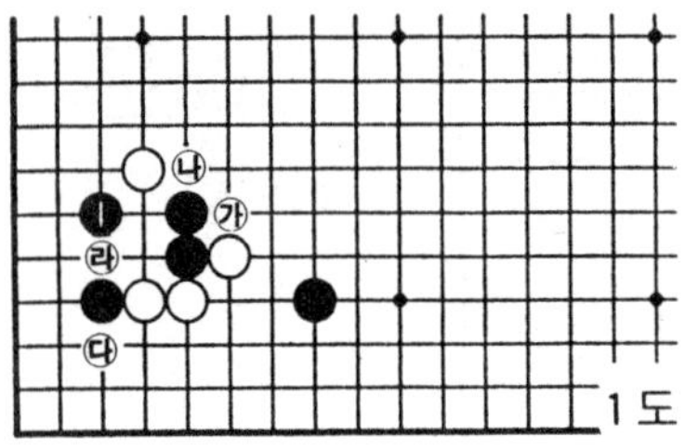

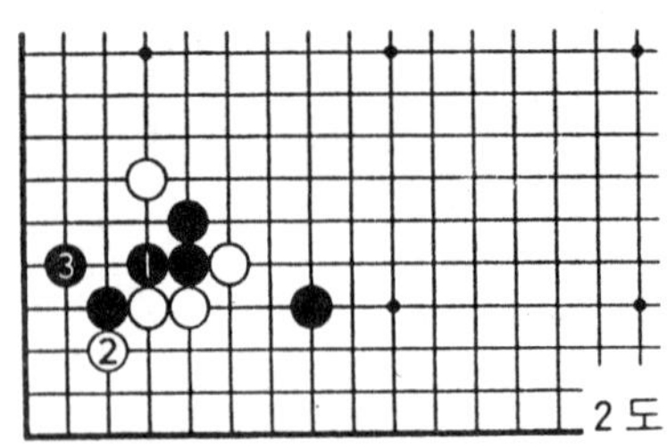

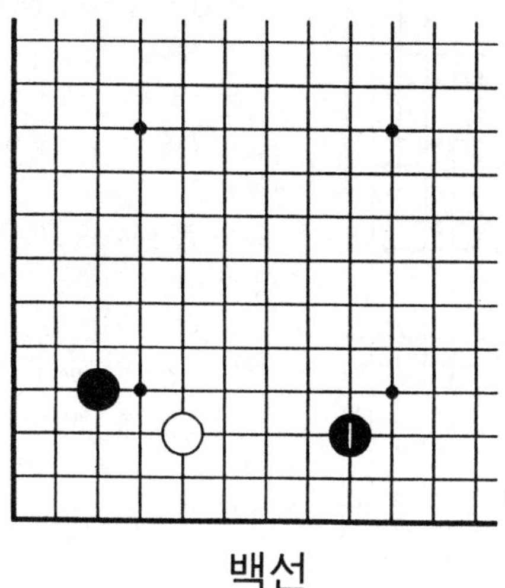

백선

제69문
3칸 협공

흑1의 3칸 협공이다.

백의 응수는?

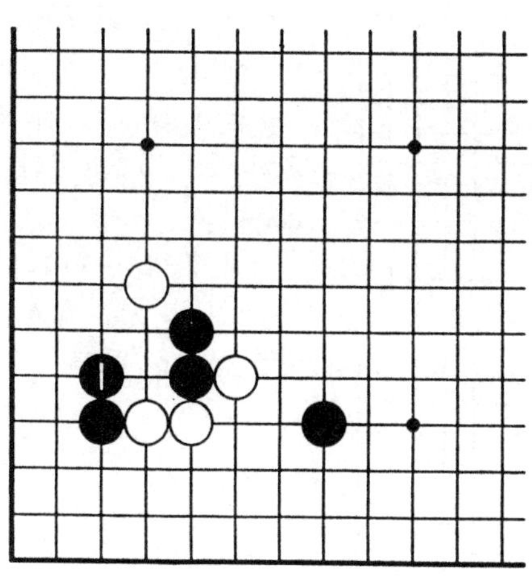

백선

제70문
위험

흑1의 뻗음은 위험하기 그지 없다.

백의 착수는?

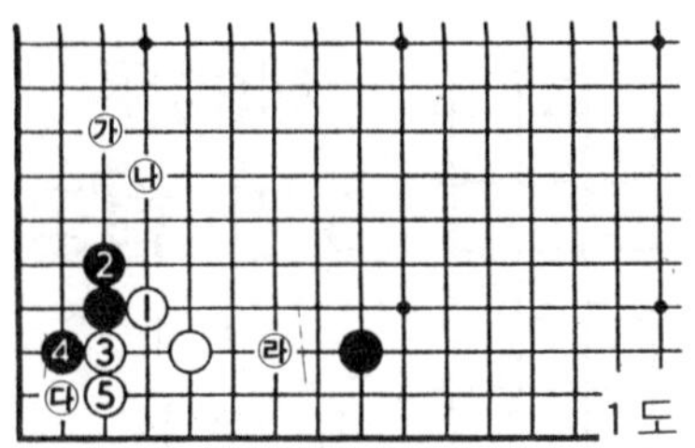

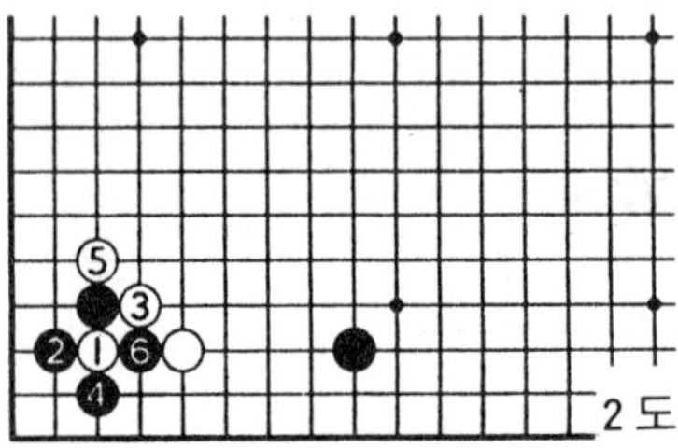

●마늘모 붙임 (제69 문 해답)

1 도 (정해) 백 1 의 마늘모 붙임에서 백 5 까지.

흑은 ㉮, ㉯ 로 두어 일단락이다.

백은 ㉰, ㉱ 로 둔다.

2 도 (참고) 백 1 의 붙임에는 4 의 반발이 있다.

1 도의 수순이 좋다.

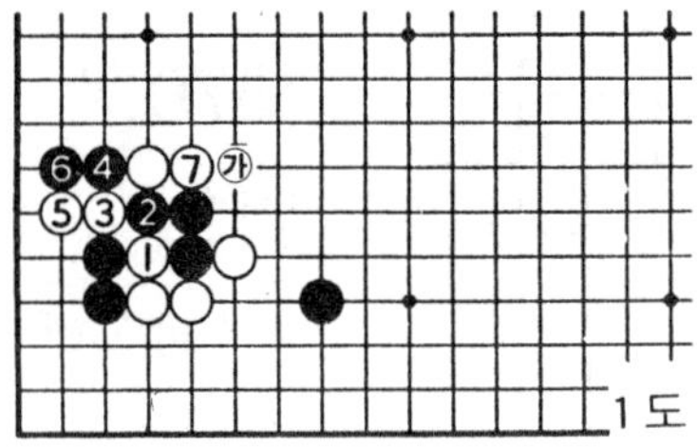

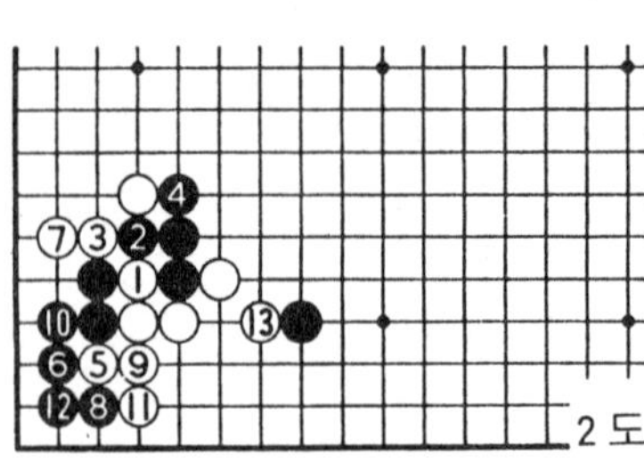

●나가끊음 (제70문 해답)

1 도 (정해) 축이 좋으면 백 1, 3 으로 나가 끊는다.

이하 7 까지 축이다.

2 도 (참고) 흑 4 는 백 5 로 두어 전투.

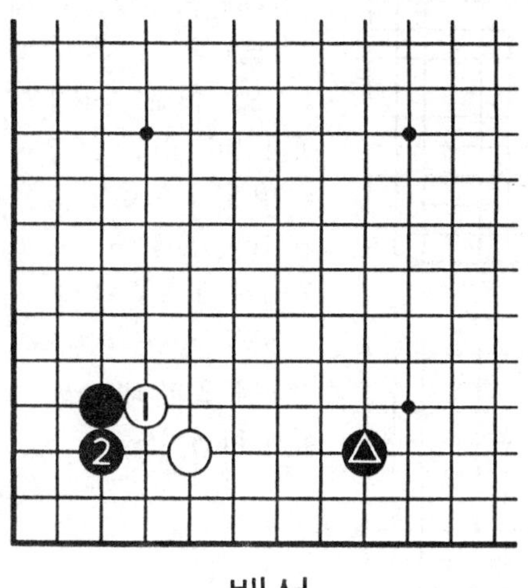

백선

제71문

원군(遠軍)

백 1에 흑 2의 내려섬은 흑 ▲표의 원군이 있다.

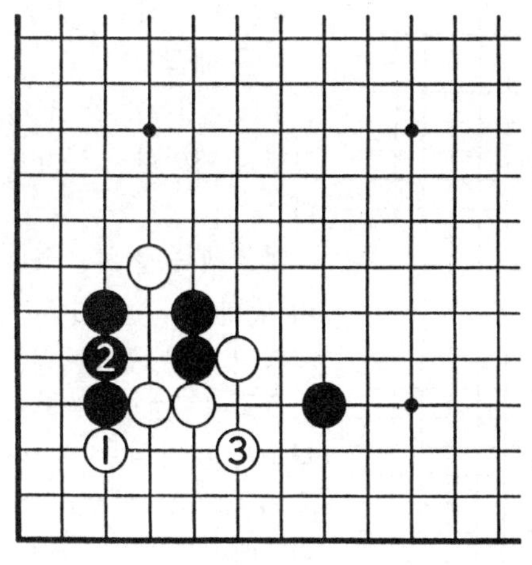

흑선

제72문

좋지 않다

백 1에서 3의 지킴. 백이 좋다.

흑의 응수는?

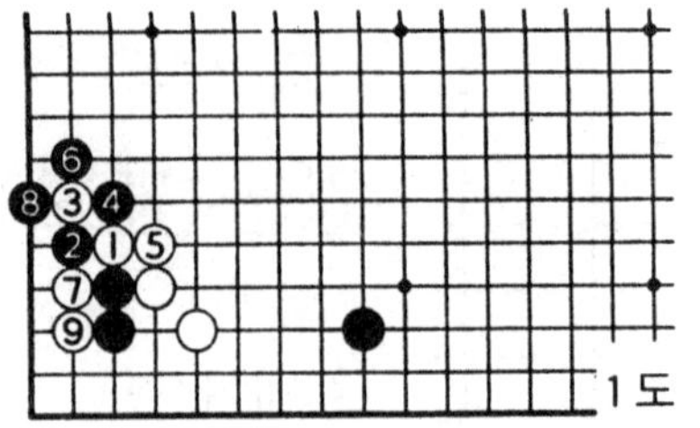

●내려섬(제71문 해답)

1 도 (정해) 백 1 의 내려섬이 있다. 흑 2 에는 백 3 의 2 단젖힘이 맥이다. 흑 4, 6 에 백 7 에서 9 까지 좋다.

2 도 (참고) 흑 2 의 젖힘에 3 의 내려섬. 이하 11까지—.

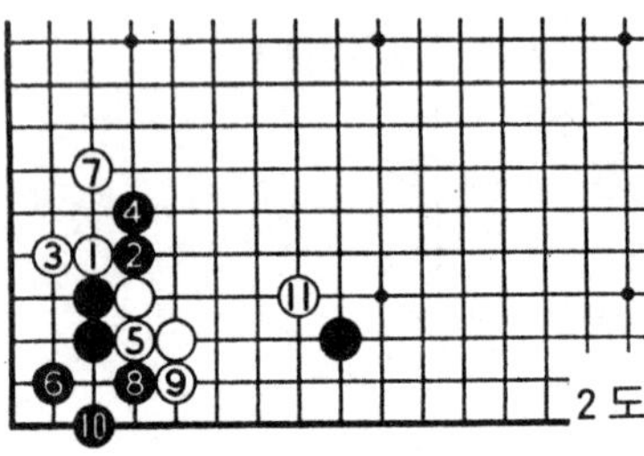

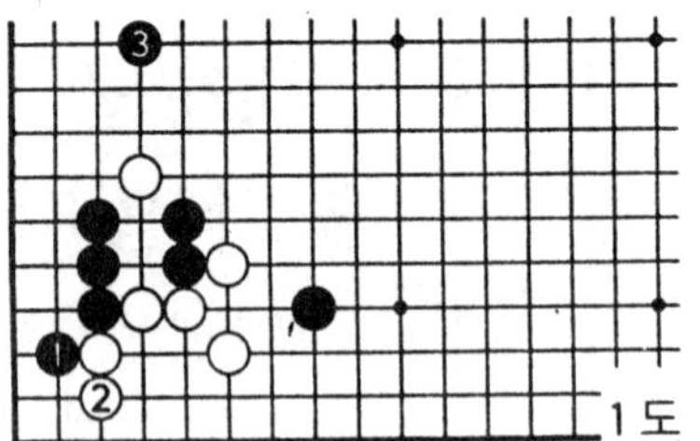

●젖힘이 좋다 (제72문 해답)

1 도 (정해) 흑 1 의 젖힘은 당연한 일착이다.

백 2 에는 3 의 전개가 좋다.

흑이 좋은 판정이다.

2 도 (참고) 흑 1 로 단순히 지키는 것은 백 2 의 내려섬이 좋은 수다. 백이 나쁘지 않다.

흑 1 이 완착이다.

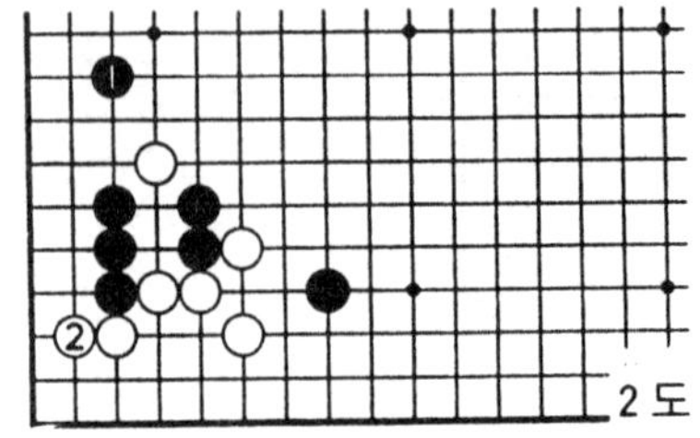

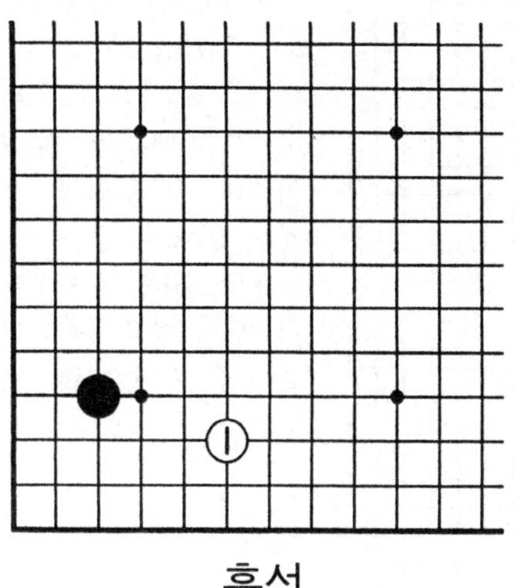

흑선

제73문 눈목자걸침

백 1의 눈목자 걸침이다.

이에 대하여 살펴보자.

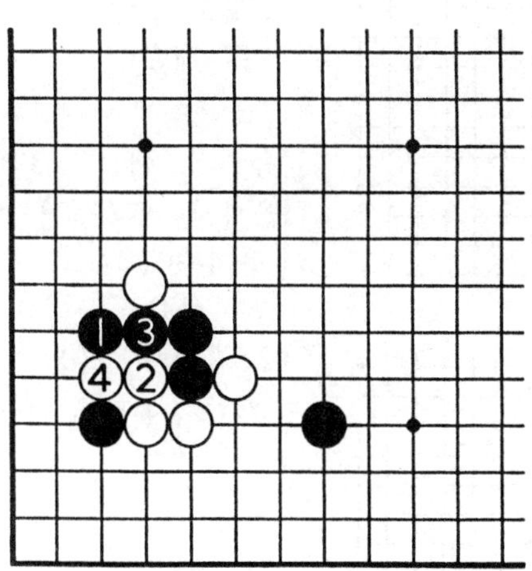

흑선

제74문 배분

흑 1에 대하여 백 2, 4로 나가는 수가 불안하기만 하다. 흑의 응수는?

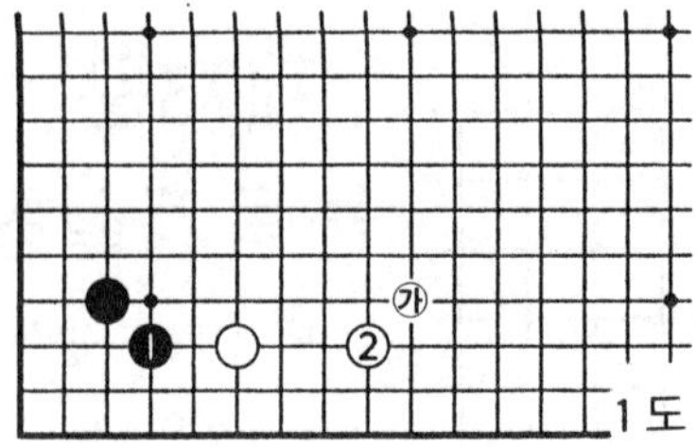
1 도

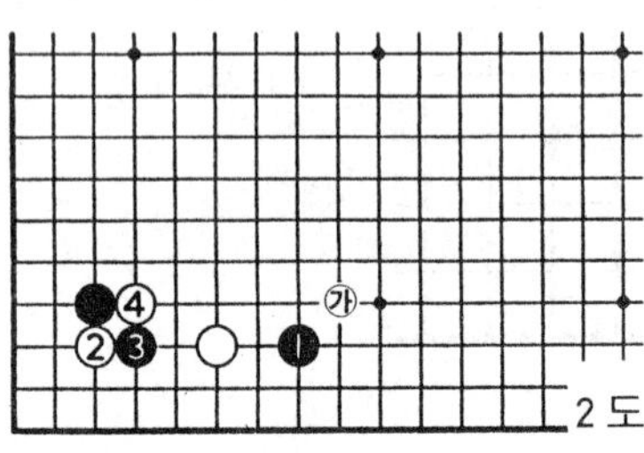
2 도

●마늘모와 붙여끊음 (제73문 해답)

1 도 (정해) 흑 **1** 의 마늘모는 백 **2** 의 벌림이 있다. ㉮ 방면의 전개도 있다.

2 도 (정해) 흑 **1** 이나 ㉮ 의 협공. 백 **2** 의 3·3 은 **4** 의 맞끊음이 있다.

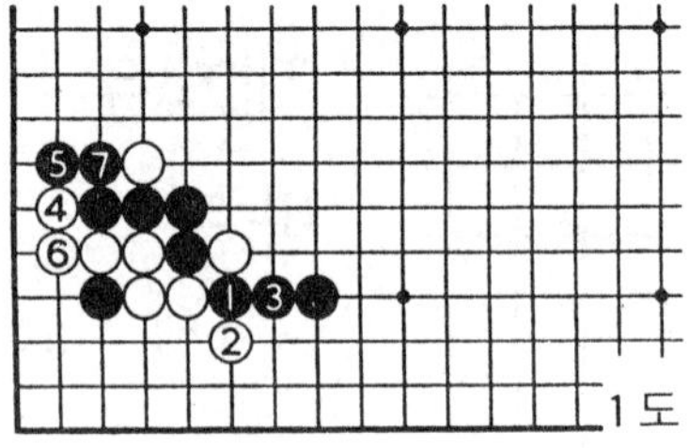
1 도

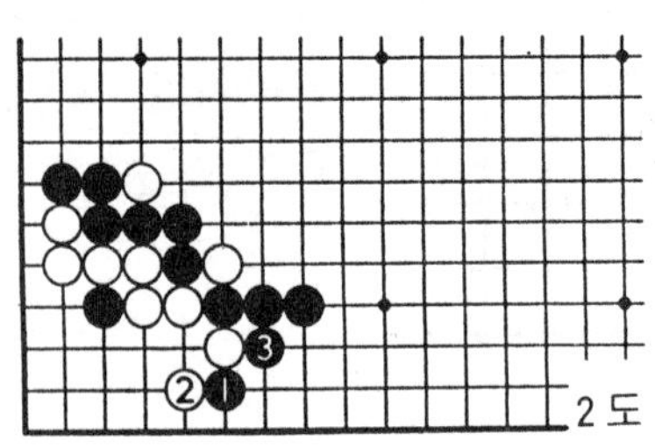
2 도

●흑이 두텁다(제74문 해답)

1 도 (정해) 흑 **1** 의 끊음. 백 **2** 에는 **3** 의 이음까지. 흑 **7** 까지 흑이 유리하다.

당연 중앙이 두텁다.

2 도 (참고) **1** 도 다음 흑 **1** 의 붙임이 맥이다.

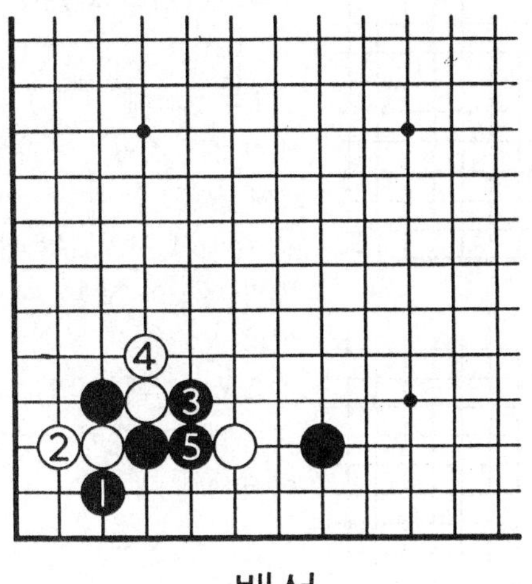

백선

제75문

보통의 수

앞문제 2도의 변화이다.

흑 5까지 된 다음 백의 응수는?

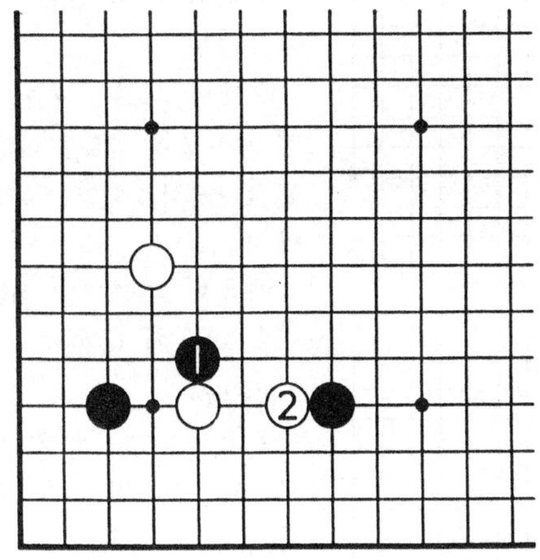

흑선

제76문

책략

흑 1의 붙임에 백 2의 수는 책략이 깃든 수이다. 흑의 응수는?

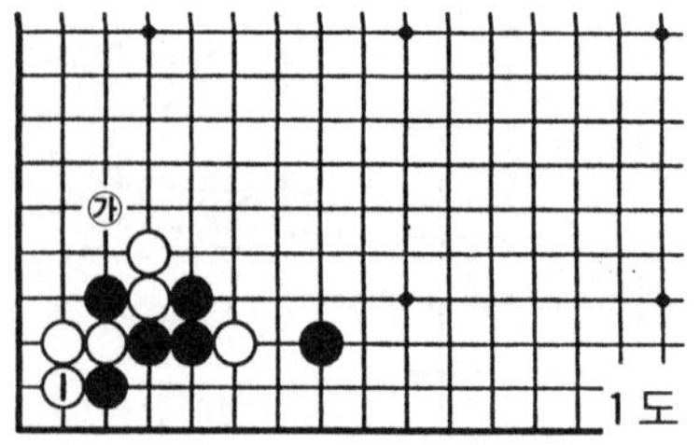

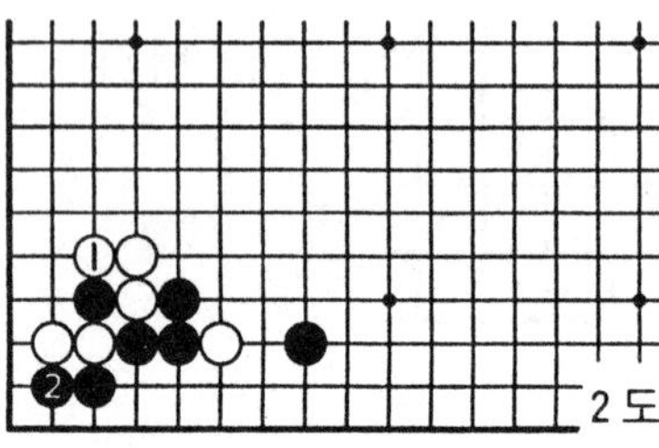

● 내려서다 (第75문 해답)

1 도 (정해) 백 1 로 내려서는 것이 근거에 관해 좋은 수이다. ㉮로 두어야 하지 않을까? 1의 방향이 보통 착상이다.

2 도 (실패) 백 1 의 내려섬은 흑 2 가 선수여서 실패다.

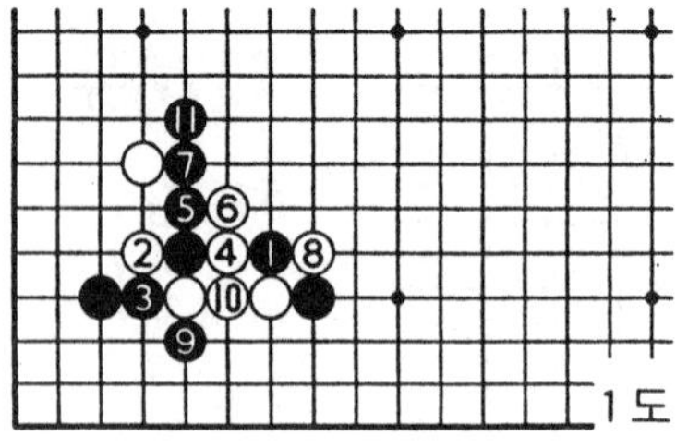

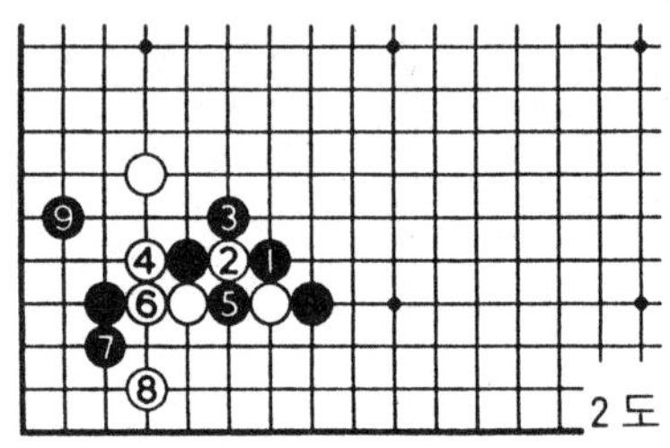

● 흑유리 (第76문 해답)

1 도 (정해) 흑 1 의 젖힘이 좋은 수다. 백은 2 로 젖혀 4 의 노림까지—.

백 8 에 대하여 흑 9의 단수 다음에 11까지 흑이 좋다.

2 도 (참고) 백 2, 4 의 수순에서 9 까지 흑이 산다.

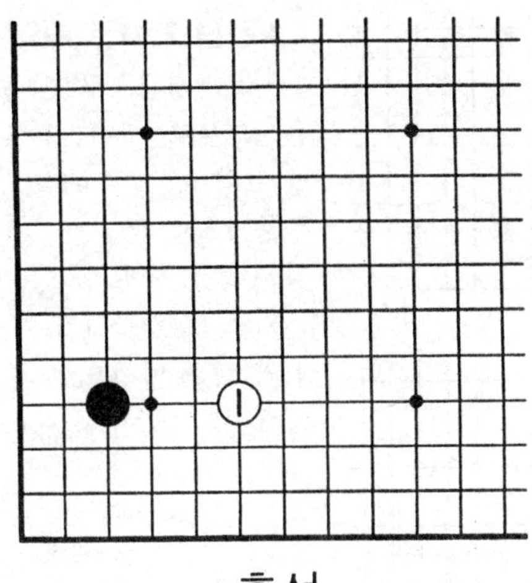

흑선

第77문
평범

백 1의 2칸 높은 걸침이다.

이에 대하여 흑은 평범하면서도 부분적으로 나쁘지 않는 수를 나타내보자.

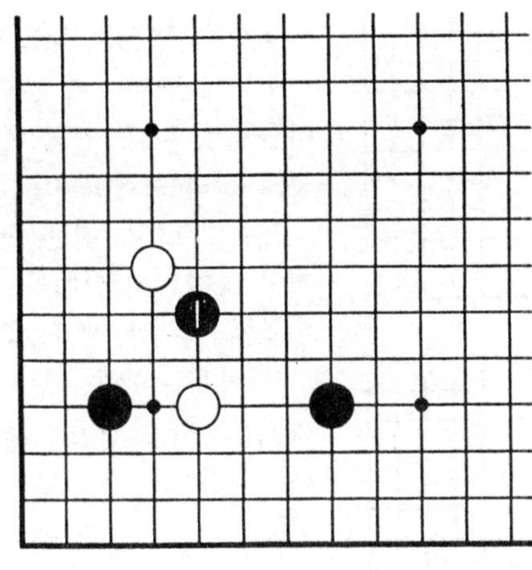

백선

第78문
비범

흑 1은 변화를 갖는 비범한 발상이다.

백의 타개 방법은?

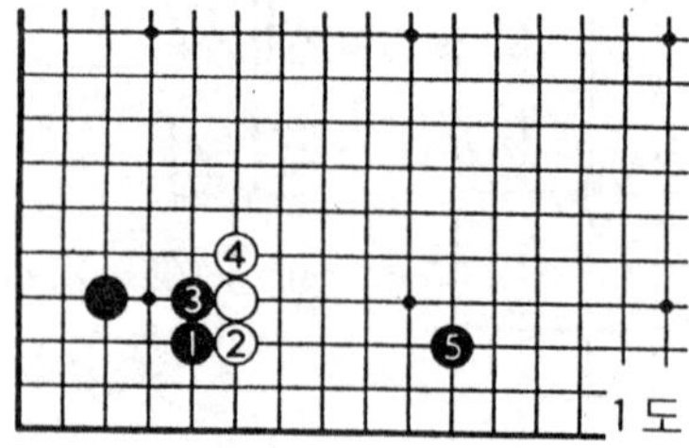

1도

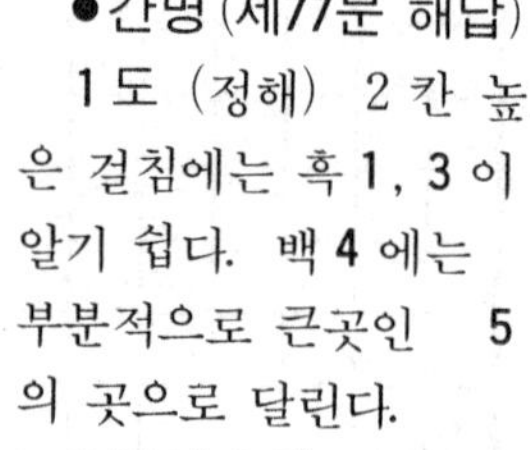

● 간명 (제77문 해답)

1도 (정해) 2칸 높은 걸침에는 흑 1, 3이 알기 쉽다. 백 4에는 부분적으로 큰곳인 5의 곳으로 달린다.

2도 (참고) 1도 흑 1의 다른 방법으로 ㉮에서 ㉮의 수단이 있다.

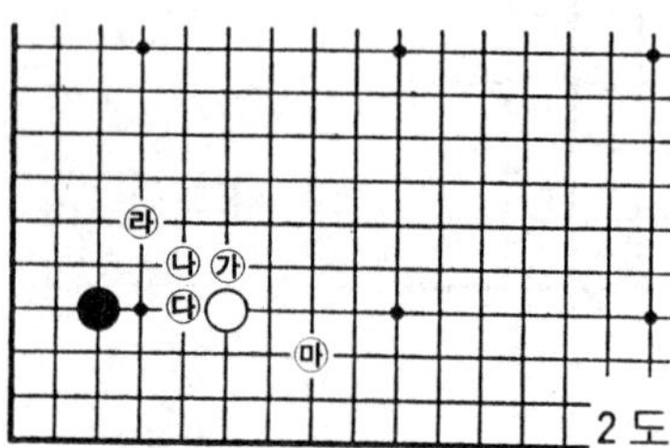

2도

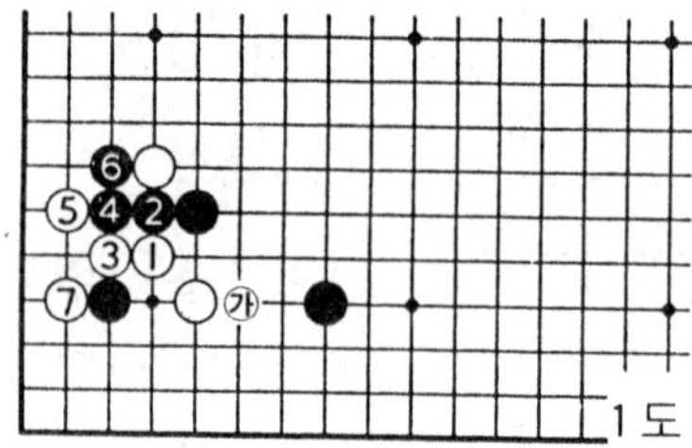

1도

● 호각 (제78문 해답)

1도 (정해) 백 1의 마늘모로 둔다. 결국 7까지 실리를 취한다.

흑은 두텁고, 백은 실리인 호각의 갈림이다.

2도 (참고) 백 1, 3으로 싸우는 것은 흑 8까지, 흑의 모양이 좋다.

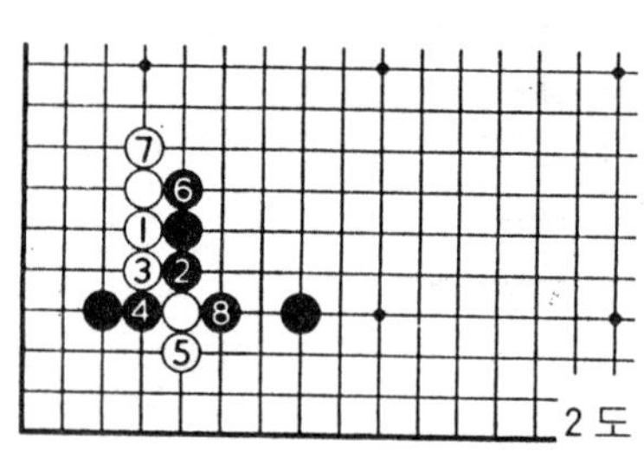

2도

3수로 결판내는 정석 입문

2015년 8월 30일 인쇄
2015년 8월 30일 펴냄

옮긴이/ 프로바둑연구회
펴낸이/ 최 상 일
펴낸곳/ 태 을 출 판 사
서울특별시 중구 동화동52-107 (동아빌딩내)
등록/1973년 1월 10일(제4-10호)

*잘못된 책은 구입하신 곳에서 교환해 드립니다.

■주문 및 연락처
우편번호 100-456
서울특별시 중구 동화동 52-107 (동아빌딩 내)
전화 / 2237-5577 팩스 / 2233-6166

ISBN 89-493-0318-3 13690